奄美人入門

歴史と、その意識の形成

榊原洋史

南方新社

※本書には一部差別的な表現が使用されています。差別が許されないのは当然のことですが、時代背景や歴史的事実であることにかんがみ、そのままといたしました。

あさはこわれやすいがらすだから東京へゆくな　ふるさとを創れ

詩「東京へゆくな」（谷川雁『谷川雁詩集』思潮社、一九六八年）抜粋

奄美人入門―歴史と、その意識の形成――目次

第一章　「奄美」とは何か――まだ見ぬ「想像の共同体」――13
昇曙夢が『大奄美史』を著した動機は――17
東京で芽生えた学生たちの「奄美人」意識――22
「新しい郷土性」の発見――泉芳朗――25
「琉球出身」と自称した昇曙夢と泉芳朗――28

第二章　「勝手世」運動――守旧派の策謀「黒糖専売」打破――33
島へ正しく伝えられなかった「黒糖の自由売買」布告――34
西欧で自由主義経済を学んだ青年が決起の旗を振った――34

第三章　「三法方」運動――大島郡挙げての民衆運動となる――39
未曽有の台風被害と借金地獄――新納中三の視察と対策――41
利権の独占を図った「県令三九号」撤廃運動と麓純則――48
慶應義塾出身の石井清吉が「三法方」運動を提唱――53
「大島の恩人」石井清吉の経歴と自由民権運動との関わり――68

麓議員「大島郡は沖縄県へ引っ越すぞ」と啖呵《たんか》を切った――87
「大島有志総代会」と鹿児島商人との裁判闘争が始まる――91
沖永良部「和泊騒動」と喜界島「凶徒聚衆事件」の背景――99
島を守るため「学問を武器とせよ！」――岡程良の訴え――105
大島信と岡程良の義兄弟――「大島」のために奮闘する――111

第四章　「川畑汽船」支援運動――島びとのための船会社を

――121
「離島苦」からの脱却――濱上謙翠（喜界島）の挑戦！――125
「砂糖と紬」景気で本土資本の離島航路開設が相次ぐ――127
好景気の影で――土地を手放して島を出る人々が急増――133
ある島びとの足跡から見る大正期の本土への「旅稼ぎ」――136
荷物扱いされた乗客――悪臭が漂う船室と粗末な食事――140
地元資本による島のための船会社「川畑汽船」の誕生――144
官民一体となった大島郡各地での「平壌丸」支援活動――156
阪神地区における大島郡出身者たちの熱烈な支援活動――164

第五章　奄美の「自給自立」を模索――浅松宮啓と啓良親子――181
浅松啓良「自らのパンを自給することをなせ！」と説く――183
産業振興の基盤「(徳之島) 秋利神水力発電所」を造った――184
浅松宮啓「黒糖は、大島を食ふ魔の神」と糖業の廃止を主張――186
沖永良部島で「ユリ栽培」の改良や普及に力を尽くす――189

第六章　大島経済を揺るがす「教育熱」――教育目的の変節――193
「薄粥をすすっても教育を」――本土支配からの脱却――194
亀津「日本一の学士村」と言われるほど進学率が高まった――195
大宅壮一「教育への〝出血投資〟」――飢餓に耐えて――201

第七章　さまよう大島郡出身者の思い――差別と「奄美」の発見――205
低賃金または過酷で危険な作業現場しか働き口がない――207
言葉や生活習慣の違いで偏見にさらされた出身者たち――209
「葺合」や「灘」に寄り集まっていた沖永良部島出身者――212

「六間道」周辺で肩を寄せ合っていた徳之島出身者 ――216
昇曙夢「奄美人《アマミンチュ》としての自覚を持ち、逞《たくま》しく生き抜け」 ――223

第八章 「シマ」の暮らし――貧しくも心豊かであった日々 ――227
夏の楽しみ――「浜下り」や「ウシトロシ（闘牛）」「十五夜綱引き」 ――230
大変だった製糖作業――キビ畑に仮小屋を建てて生活 ――237
街中の日常とシマ感覚――「フイ茶」「結い」の功罪 ――240
シマの人生観と人間関係――「浮世節」と「ウタ遊び」 ――246
シマの女たちの仕事人生――「機織《はたお》り」と「田植え唄」 ――249
雨水に頼る高地の集落――「天水田」「田の水を飲む」 ――253
海辺の暮らしと遊び――「製塩作業」「手マリ作り」 ――261
祖母たちの語りに表れた「シマ」感覚と「ユイ」精神 ――264

第九章 奄美の本土分離――「非日本人」となった人々の八年 ――275
「日本人」から弾き出された奄美出身者たちの思いと行動 ――277

「奄美連盟へ結集セヨ」——生き抜くための組織が必要 ——279
黒糖強奪事件と奄美連盟の動き——不良外国人との闘い ——283
「奄美連盟」のバッチを胸に付け——自己証明の言葉へ ——286
我が魂は「シマ」へと向かう——出身者にとっての故郷 ——288

第一〇章 「オーシマ」——在沖縄奄美出身者への偏見と蔑視 ——297

「島では食べていけない！」——沖縄へ渡った若者たち ——297
米軍相手の娼婦「パンパン」に身を落とした島の娘たち ——303
警察に狩り立てられる「無籍」の大島出身者 ——315
奄美の本土復帰で「外国人」になった——不平等な扱いと追放劇 ——322
在沖縄奄美連合会の設立——奄美出身者を混乱から救え ——331

第一一章 「シマ」への思いは——横綱「朝潮」と佐々木道雄 ——335

「シマの海を眺めたかっただけさ」——高砂親方の語り ——336
「外国人」力士の涙——闇夜に密航船で本土へ向かった若者 ——338

「奄美バカ」を自称し故郷のために貢献した大物ヤクザ――342
徳之島へ凱旋した佐々木道雄――少女の言葉に感激して――345
「故郷は遠きにありて」――心の拠り所としてのシマ――349
「シマ」より幅広い連帯感で人々を結ぶ――「奄美」へ――354
第一二章　七八年にわたる奄美民衆運動史――何を学ぶべきか――359
奄美民衆運動の大波は四回押し寄せた――有識者から大衆へ――360
間近に迫った「故郷」の消滅――急速に進む少子高齢化――375
あとがき――377

装丁　鈴木巳貴

第一章 「奄美」とは何か――まだ見ぬ「想像の共同体」

「陽《ひ》に焼けているねぇ。

どこから来たの。沖縄かな?」

「えっ、鹿児島?

鹿児島出身の知り合いがいるけど、言葉が違うよねぇ」

「オーシマ郡から?

伊豆大島から来たの?」

「アマミ?」

「どこかで聞いたことはあるけど……」

「トクノシマ?

四国の県だったっけ」

「鹿児島本土の南にある島？」

「ところで、何が名産なの？」

「えっ、黒糖、サトウキビ？

なんだ、やっぱり沖縄じゃん！」

「……」

数十年前まで本土に渡った奄美群島の出身者の多くは、こんなやりとりに遭遇した。いくら説明してもわかってもらえない憤りと悔しさが湧き上がる。同時に、自分でも上手《うま》く伝えられない無力感が全身を包み込んでいく。


「奄美《アマミ》」という言葉は、鹿児島県大島郡すべてを表す「一体性を持った地域概念」として昔からあったわけではない。とくに徳之島や沖永良部島、与論島など南三島の人々にとっては、「奄美大島（本島）」を指す言葉であった。

身近な地域概念としては「シマ」という言葉がある。これは「集落＝生活共同体」のことであり、自分のシマ以外は、すべて「他所《よそ》」だ。

「奄美」は明治初期から太平洋戦争直後にかけて、時代の荒波に翻弄《ほんろう》される中で日本本土「ヤマト」との関係で「意識せざるを得なかった地域概念」であった。

よって、本書では「奄美」を、自分の生まれ育ったリアルで多様な「シマ社会」を超えた新たな地域概念「想像の共同体」（註①）であると定義しておく。

「想像の共同体」とは「イメージとして心の中に想像され、共有されたもの」である。歴史において「国民（国家）」という言葉は、それまでの階級社会を打破する「水平的な同志愛で結ばれた民が主体となる国」として心に想い描かれ、人々をつなぐ統合のシンボルとなったものだ。

「奄美」という言葉も、「国民（国家）」と同じような意味合いを持つ地域概念として、御理解いただきたい。近年よく使われるようになった「奄美人《アマミンチュ》」も、古代史に記されている用語である「奄美嶋人」（註②）とは異なり、近代以降の新しい概念だ。「国民」と同じく大島郡の人々の心をつなぐ同胞意識「絆《きずな》を表す言葉」として、お考えいただきたい。

本土復帰運動の指導者となった泉芳朗は若い頃、それまでの「シマ」意識を超えた「新しい郷土性」が必要であると説いた。その概念に類するものとも言えよう。

近代史における「奄美人」は、本土や沖縄において大島郡出身者たちが味わった様々な偏見や差別への困惑と「自分たちの所属や特性に関する自問」から導き出された。そして、「尊厳ある人間」としての「自主自律運動」へとつながり、血肉を得た言葉となっていった。

要するに本書は薩藩時代、鹿児島本土と沖縄をつなぐだけの「道之島（通り道の島）」と見なされ、生まれ育った「シマ」以外に一地域としての主体性及び一体性を持たなかった島々の人々が明治以降、「奄美」という言葉を得て「奄美人」としての「自分たちらしさ」を獲得していく物語を綴《つづ》ったものである。

人々が、その言葉と自覚を得るまでには、幾多の苦難を乗り越えなければならなかった。

そうした思いが運動のかたちで表れたのは明治以降、四回あったと考えている。

一回目は、明治一〇年から同一三年にかけて奄美大島で巻き起こった「勝手世《カッテユ》」運動。

二回目は、同二〇年から同二五年にかけて群島各地で展開された「三法方《さんぽうほう》」運動。

三回目は、昭和五年から六年にかけて起こった地元資本「川畑汽船」への支援運動。

四回目は、昭和二二年から二八年にかけて全郡民が参加した「日本本土復帰」運動。

——以上だ。

まずは、「奄美」及び「奄美人」という概念が生み出された（歴史学的に言えば再定義）経緯と意義をまとめ、次いで前掲の四つについて語っていくことにする。

註① 「想像の共同体」とは、米国の政治学者、ベネディクト・アンダーソンの著書『想像の共同体』（一九八三年刊）によって定義された用語。（百科事典『マイペディア』）
「奄美出身者の組織化と領域的アイデンティティ」中西雄二（東海大学准教授）。同論文では、奄美出身者の同郷団体（郷友会など）を「想像の共同体」としている。本書では、出身者たちのイメージする「奄美＝新しい郷土性」と同様の概念が、大島郡の近代史においても民衆運動の過程で想い描かれ、その原動力になった点に注目して論を進めている。
註② 平安時代中期の貴族日記『小右記』や『権記』などに「奄美嶋人」が、九州各地を襲った事件が記されている。「南蛮（賊徒）」とも言われ、国家管理外で交易や略奪行為をおこなっていたらしい。

奄美の島々に寄留する東シナ海の海洋民であったと思われる。

昇曙夢が『大奄美史』を著した動機は

「奄美大島の奥座敷」と言われる加計呂麻《かけろま》島の芝《しば》集落に一八七八（明治一一）年、「奄美人《アマミンチュ》」の誕生に大きく関わる人物が生まれた。

昇直隆《のぼりなおたか》（のちの曙夢《しょむ》）である。

日本本土での奄美本土復帰運動の指導者であり、『大奄美史』（奄美社刊・昭和二四年）の著者としても知られる。

青年となった直隆は、島の尋常小学校と対岸の古仁屋に在った高等小学校を卒業した後、本土へ渡り、鹿児島正教会へ通う。その時に知り合ったギリシャ正教の牧師に誘われ、東京へ出た。ニコライ正教会の神学校へ入学。巡査（警察官）をしながら、神学とロシア文学を学んだ。そして、著名なロシア文学者として名声を得るまでに至った。

直隆は巡査をしていた頃、巷《ちまた》で起こる事件を扱う立場にあった。都会の片隅で地を舐めるような生活を強いられている島出身者たちに接し、その行状《ぎょうじょう》を耳にする機会があったようだ。増え続ける島出身者が生活に困り、追い詰められていく姿を見続けた。

「どうして島出身者は、こうした状況に追い込まれたのか？」

その問いが、直隆の歩むべき道を決めたのではないか。

この頃から郷土の歴史や民俗に関心を抱き、調査や資料収集を開始したようだ。

奄美群島（大島郡）は、二一世紀の現在でもなお「独立した一地域」として認められているとは言えず、「鹿児島本土の離島」という地位しか与えられていないのが実情である。

日本史の流れにそって地域を捉える習慣を持つ本土の人々は、史書において断片的にしか現れない奄美のような「辺境」の地に対して、ほとんど知識も関心も持ち合わせていないであろう。

そうした本土の認識に島々の出身者は、何をもって存在証明を果たしたらよいのだろうか。それをなそうとして日本史を振り返っても、広く知られた出来事を以て語り得ない……。

ロシア文学者として名を得た直隆は、「昇曙夢」の名で著作活動を精力的におこなった。その傍ら故郷の歴史や民俗に関する調査・資料収集を継続し、名著『大奄美史』を著すまでに至った。

動機となったのは、その存在証明の欠落を埋めるためであり、同時に、大島郡出身者が島々の歴史と生活を語れるようにしたいという願いからだったように思われる。

故郷のために力を尽くそうと心に決めた直隆に、一つの出会いがあった。

後に戦前を代表する刑法学者となった泉二《もとじ》新熊《しんくま》である。

新熊は一八七六（明治九）年、奄美大島の瀬名方《せなかた》（現・龍郷町《たつごう》）に生まれた。

鹿児島高等中学「造士館」を経て「熊本五高」（旧制高等学校）に進み、さらに一八九八（明治三一）年九月、「東京帝国大学法科」（現・東大法学部）へ入学した。まさに青雲の志を抱き、笈《おい》を背負って上京し、大望を遂げた逸材であった。

ちょうど直隆と同時期に、東京で学生生活を送っていた。

新熊は裕福な家で生まれ育ち、生活に苦労したことはなかった。

よって、故郷は「小夜更《さよふ》けて　月澄み行けば奄美島　磯の浦々千鳥鳴くなり」と、「麗美な追憶」にふける懐かしいだけの存在であった。

そんな新熊にも、胸に抱えるものがあった。

幼いころから猛烈な読書家であった彼は、歴史書も読み漁ったが、その中に奄美に関する記述は、ほとんどない。

本土に一族の歴史を持つ人々の多くは、姓や出身地域によって自らを語る言葉を持っている。「佐藤」「鈴木」などといった姓は、それぞれ先祖を辿ることができ、出身地域によっても「道産子」「津軽じょっぱり」「江戸っ子」「浪速っ子」「土佐いごっそう」「博多っ子」「肥後もっこす」「薩摩隼人」などと名乗り、自らの地域的気質を示すことができた。現在においても「県民性」ということで、「地域特有の気質」が語られる。

だが、奄美の人々は鹿児島本土とは文化的に異なり過ぎているので、「鹿児島県人の気質は――」

として一括《ひとくく》りにされることに違和感を覚える。

新熊も東京で各地からやってきた学生たちと交わる中で、「自らの由緒来歴を語る言葉」を持たないことに悩んでいた。

「身をして空しく『朧月《おぼろづき》引く影の薄き我身かな』の感懐、真に切実なるものあり」と、自らの「所在なさ」について嘆いている。

奄美出身者は、家筋（家柄）や出身地域によって自分の来歴を表すことができなかった。だが、それは氏素性《うじすじょう》、つまり「イエ（家）」に束縛されることもなく自由に考え、行動できることでもあった。

また、江戸時代の身分制度を支えていた「忠・義・礼・孝・悌」などの儒教道徳とも縁が薄く、そうした徳目を知らず知らずのうちに刷り込まれていた本土人と異なって自然な感情で動くことができた。

曙夢は、新熊らから郷土研究の成果を著作として公にすることを求められた。

『大奄美史』の序文において刊行に踏み切った理由を、三つ挙げている。

第一は「日本の歴史における奄美の文化的意義」、第二に「民俗学的意義」、そして、第三に挙げたのが「三〇万同胞の郷土意識を高める」ことであった。

とくに第三点目について曙夢は、次のように述べている。

わが奄美同胞が、歴史上多くの貴重なものを有しながら、全然それを知らうともしない無関心な態度に鑑《かんが》み、三十万同胞の郷土意識を高めることに努むる一方、余りにも圧迫された過去の悲惨な思い出と今では潜在意識にまでなつてゐる暗い心理より島民を解放して、明るい希望の生活に向け直したい一心から、その点を機会ある毎《ごと》に強調しておいた。特に同胞の熟慮と反省を求めて止《や》まない次第である。

（『大奄美史』「序」より）

（前略）何事にも事を始むるには、先《ま》ず第一に自覚と反省とが必要である。況《いわん》や新生活・新社会の建設といふが如き民族的運動は、当然、民族的自覚に立脚しなければならない。民族的自覚とは、ここでは、わが島民の民族としての根本的性格の自覚を指して言つたのである。この根本的自覚から発足した運動でなければ、百の宣言も千の標語も何等《なんら》役立たないであらう。

しからば、この根本的自覚は、何によつて得られるか。それは、言ふまでもなく過去の歴史と伝統の研究に俟《ま》つ外《ほか》はない。即ち如何なる歴史的事情と文化的伝統の下に、われらの民族性が構成されて来たかを深く考察して、その短所を棄て、長所を伸長せしむることによつて、将来の発展に資するところがなければならぬ。（後略）

（前掲書「新大島の建設と島民の自覚」）
※傍点、ルビ、改行は引用者

『大奄美史』が刊行された当時、奄美諸島は本土と分離され米軍の施政下にあった。

そうした状況の下で、「奄美群島祖国復帰運動」が始まった。

昇曙夢は一九四七（昭和二二）年一二月、本土在住の出身者による全国組織「奄美連合」全国総本部の委員長に就任した。

一九五〇年、曙夢は、谷村唯一郎（東京本部委員長）との連名でマッカーサー連合軍司令官に対し、「復帰の請願書」を提出する。

復帰運動の只中にあっての『大奄美史』刊行である。この書によって曙夢は奄美出身者に対して、「奄美《アマミ》同胞」としての「郷土意識」を高め、奄美人《アマミンチュ》としての「根本的な自覚」を求めた。復帰運動のためには「奄美出身者としての歴史認識と性格的自覚が必要」とする曙夢の思いが、うかがわれる。

東京で芽生えた学生たちの「奄美人」意識

一八九九（明治三二）年一月、上京して勉学や仕事に励む泉二新熊や昇直隆ら大島郡出身の若者たちが、新年会を企画した。上野公園内の「韻松亭」に約八〇名が集まって、故郷について語り合ったのだ。

これを契機として交流が深まるとともに、定例会を持ちたいという気運がしだいに盛り上がってきた。

五年後、出身者の親睦団体「在京大島郡青年会」（一九〇四（明治三七）年）が発足した。初代会長に就任したのは法曹界の俊英、二八歳の新熊だった。

会に参集した人々の中に、徳之島からやってきた久留義郷《ひさどめよしさと》と上村清延《かみむらきよのぶ》もいた。

久留義郷は一八七八（明治一一）年一一月生まれ、現在の徳之島町亀津で生まれた。

「東京帝国大学独法科」を卒業した後、鉄道省へ入った。仙台鉄道局長などの要職を経て、一九二七（昭和二）年の衆議院議員選挙に当選。翌年、議会解散に遭い落選するが、一九三〇年に返り咲く。大島郡の声を中央へ伝える代議士として活躍した人物である。

会長の新熊とは、とくに親しかったと思われる。鹿児島高等中学「造士館」時代の一年後輩で、東京帝大でも学部は異なるが後輩に当たるからだ。

上村清延は一八七九（明治一二）年一月生まれで、久留と故郷も同じ。年齢も、二カ月違い。大学まで同じで、生涯を通じて親交を保っていた。

「東京帝国大学独文科」を卒業した後、戦前は、海軍大学や旧制第七高等学校（鹿児島）教授などを務め、戦後は、埼玉大学および日本大学で教壇に立ち、また、ドイツ文学の研究者として『ゲーテ以後』（白水社、一九三七年）など数多くの著書を残した。

当初は単なる親睦団体だったが、大正年間には、後輩の育英事業（現在の奄美奨学会）に乗り出して人材の育成に努めた。

その分野において郷土の発展に大きく貢献しつつ一九四〇（昭和一五）年には、「小石川後楽園」で一〇〇〇名規模の大運動会を催すほどの「東京奄美会」へと姿を変えていった。

奄美の本土復帰二〇周年を記念して出版された『奄美の人々』という在本土島出身者の人物名鑑がある。

そこに編著者の重信健二郎氏（現・奄美市出身）が、関東、関西における奄美出身者の歩みを記しているので、それにそって郷友会の生成と流転の歴史を追ってみることにする。

まず重信氏は、「関東型」と「関西型」に分けている。

関東型は、大部分が学業を目的とした上京であり、関西型の場合は、ほとんどが出稼ぎを含め小商店や工場で働くために島を後にしている。また、関西型は、出郷の時期が二〇年ほど遅くなっているという。

つまり昇直隆や泉二新熊のように青雲の志を抱き、まだ定期航路も通わない明治の中期頃から東京（関東）へ上った者と、第一次世界大戦後の不況や昭和初期の大恐慌の影響、または島の人口増加などで食べていけなくなり、職を求めて工場が密集した関西（主に阪神地区）へ流れ込んだ者である。

郷友会の歴史は、関東が古い。最初の東京在住者は、一八七五（明治八）年に大山巌《いわお》少将に伴われて上京した名瀬出身の少年、大島仙蔵《せんぞう》であるといわれる。

大変な秀才で、「東京工科大学」（現・東大工学部）を卒業したのちアメリカへ留学し、日本で最初の鉄道技師長となった人物である。

また、「駒場農学校」（現・東大農学部）を卒業し、内務省の官僚として働き、後に代議士となった大島信《しん》（現・龍郷町出身）もいた。信は官僚時代から奄美を思い、鹿児島商人の黒糖流通の独占を批判した「大島郡糖業意見」を書いたりした。代議士になってからは、奄美大島への海底電信ケーブルの敷設など島々の環境整備に尽力した。

こうした先達者に導かれるようにして、大島郡から向学心に燃える有能な青少年が上京してくるに従って、自然発生的に親睦会が生まれた。親睦から発展して結成された「東京奄美会」は、終戦後の「奄美本土復帰運動」でも活動母体として大きな原動力となる。そこに一粒の種がまかれていた。

本土復帰運動の指導者、泉芳朗《ほうろう》である。

「新しい郷土性」の発見――泉芳朗

泉芳朗（敏登）は、一九〇五（明治三八）年、伊仙町上面縄に生まれた。面縄尋常小学校、伊仙尋常小学校高等科を経て「鹿児島県立第二師範学校」へ第一回生として入学。

一九二四（大正一三）年に同校を卒業したのち一九歳で大島郡赤木名小学校の教師となった。

二年後、母校の面縄尋常小学校へ転任。この年に創刊したばかりの白鳥省吾主宰の「大地会」へ加わり、詩誌『地上楽園』を舞台に本格的な詩作活動を開始する。

翌年、その成果をまとめて処女詩集『光は濡れてゐる』を大地舎から出版。

さらに次の年、二三歳の春を迎えた芳朗は、詩人としての第一歩を踏み出すべく上京し、千駄ヶ谷小学校へ奉職。さっそく第二詩集の編纂に取りかかった。

同時期、郷里の大先輩である昇曙夢と上村清延のもとに足しげく通った。この二人の外国文学者から、一生を揺るがすような影響を受けたようだ。

詩誌『モラル』の仲間であった久須耕造、田村昌由、中里廉らが戦後になって編んだ『泉芳朗詩集』の解説は、そのあたりの事情を次のように記す。

「一人の人間に、どのようなかたちにしろ、決定的な示竣《しさ》を与えた人を師と呼ぶならば、郷土の先輩ロシア文学者、昇曙夢、ドイツ文学者、上村清延の両氏は、まさしく、泉の師と呼ばなければならるまい。新しい時代の人間観、世界観を、泉は両氏から強く受けたようである。

昇氏は泉の第二詩集に序文を与え、民族詩人として、若い泉に大きな期待をかけたが、三〇余年後、はしなくも奄美大島日本復帰に民族詩人の期待たがわず、生命をもやすさまを昇氏は見たのである。又、上村氏はこの泉を奄美のバイロンと呼び激励したといわれる」

島から上京した翌年の一九二八（昭和三）年九月、芳朗は、島での生活を主題とした第二詩集『赭《あか》土《つち》にうたふ』を出版。この序文に昇曙夢は「南国より詩人出でよ！」という念願がかなったとの賛辞を前置きとして、「想ふに真の詩は、郷土意識から迸《ほとばし》ったものでなければならぬ。是れ民謡が何時《いつ》如何《いか》なる場合に於《お》いても、常に我々の心を強く若きつける所似《ゆえん》である」と記している。

この郷土意識（郷土性）と詩（唄）について芳朗自身も後年、「郷土詩への断想」（『詩生活』一九三八年）という一文の中で田園詩（風物詩）との違いを強調しながら、曙夢と同じような見解を示している。

「郷土は時代と共に発展する。発展することによって、その郷土性を失ってゐるのではない。その発展する郷土の中に新しい郷土性を発見するのが、これからの郷土詩人の知性の仕事である」

自らの根底に流れる「（奄美共通の）郷土性」は、奄美出身の二人にとっては、まさに詩的言語によってのみ汲み上げられるものであった。

若き日の詩を客観的に評価すれば、必ずしも「郷土性」の表現に成功しているとは言えないかもしれない。だが、目指す方向としては、曙夢と思いを共にしていることがわかる。

余談になるが、曙夢が民謡を「真の詩」と呼んだように芳朗も、こよなく島唄を愛した。若いときから酔えばかならず「かんつめ」や「いきゅんかな」が口をついて出た。また、名瀬にいた頃も毎月旧の二三日には自宅に徳之島出身者を集め、三味線《サムシル》、太鼓で唄い明かすのが慣例であったという。

だが、そうした唄・詩《うた》への思慕は「郷土詩」として充分な発酵を遂げる前に、時代の暗雲によって心の内へ仕舞い込まざるを得なくなった。

一九三一（昭和六）年、「満州事変」が勃発し、翌年には「五・一五事件」が起こる。軍部が政治に介入し、民衆の間にも「国粋主義」の空気が広がり始めた。

「琉球出身」と自称した昇曙夢と泉芳朗

この師弟は、常に自ら精神の根底をつかんではなさない「郷土性」を見つめていた。それは決して中央あっての地方色ではない。まさに「シマ」としか言いようのないものであった。

曙夢の故郷、加計呂麻島では、産湯《うぶゆ》に使った川から拾ってきた石「お三《み》つもの」を祀り、拝む習俗が残っている。

芳朗の徳之島でも同様で、次のような「魔除け唄」がある。

わんや……流し水ウブイ　何処《どく》ぬシマな出《で》てんば負ける相や無《ね》ん

（私は、……故郷の村の霊力ある湧き水を産湯として使った。

だから、どこへいっても負けるわけがない）

この産湯とともに身体の中へ流し込まれた郷土性としての「シマ」は、抜き難い心性として一生を左右した。しかし、それは明確な形をなさず、他地域への「違和感」としてのみ意識されるものであった。

戦後の本土分離によって師弟も東京と奄美に引き裂かれたが、その行動は軌《き》を一《いつ》にしていた。泉芳朗は一九五一（昭和二六）年、「奄美日本復帰協議会」を結成し、その議長として運動の先頭に立った。

昇曙夢も、同年に結成された「奄美連合」総本部日本復帰全国対策委員会の委員長に就任して本土側から運動の総指揮をとる立場となった。

まさに運命的な巡り合わせである。

このとき「なつかしい白と赤の象形」と「日の丸」を詩《うた》った芳朗であるが、戦争直前の段階では、真逆ともとれる発言をしている。

仲間であった伊波南哲の長篇叙事詩「オヤケ・アカハチ」の出版と映画化を祝う会の席上で、司会を担当した芳朗は、冒頭で「僕は著者、伊波南哲と同郷の琉球出身であります」と挨拶した。

さらにテーブルスピーチを指名された曙夢も「私は、琉球の出身です」と、臆することなく言ってのけた。

当時、朝鮮人やアイヌ人と同等の見方しかされていなかった「琉球人」を名乗ることは、「私は、日本人ではない」と言っているのに等しかった。

「私は、琉球の出身です」と口では述べても、心からそれを事実として思っていたわけではない。昇曙夢は学生時代から大島郡の歴史文化に興味をもち、後に『大奄美史』を著すほどの南島研究の先駆者である。奄美と沖縄との違いがわからぬはずもなかった。

伊波南哲は、泉芳朗と昇曙夢の発言を回顧して、急速に高まりつつある軍靴の足音への「レジスタンス（抵抗）ではなかったか」と、一九三六（昭和一一）年当時を振り返りつつ語っているが、的を射た指摘であろう。

豊かな文化の色彩を持つ地方色を圧殺し、カーキ色の制服で塗り込めようとする時流への違和感と反発が、「日本と琉球の文化の間《はざま》に立つ二人」の振り子を大きく南に振らせたと言ってよいのではないだろうか。

大正から昭和初期にかけて勢いのあったプロレタリア運動も衰え、転向者が続出する切迫した状況下で、反骨の姿勢を貫くことは、たとえ文人のモダニズム（近代主義）であったにせよ容易ならぬことであったと想われる。

戦争前夜の文壇も、「国粋主義的な民族意識と情感」を重んじる風潮の中にあった。「日本浪漫《ろうまん》派」の重鎮、保《やす》田《だ》與重郎《よじゅうろう》（註①）が綴る情緒的な「柔らかく肌にフィットする言葉」に人々は酔った。

だが、芳朗と曙夢は時代の波に押し流されることなく直立したまま、ジッと踏み留まっていた。なぜなら日本的感性の総称とされた「大和魂《やまとだましい》」は、二人にとっては自分の魂の名ではなく「ヤマト魂」であったからだ。

戦後になって芳朗と曙夢の「天秤（立場）の振り子」は、逆に動いた。奄美・沖縄を本土から切り離す「北緯三〇度線」(註②)が引かれたからだ。土台が傾けば常に真下を指す二人の「振り子」の針先は示す位置を変える。琉球（沖縄）から日本へと動いた。

進駐してきた米軍は、「琉球人は、日本人によって虐げられていた少数民族である」として奄美を含む南西諸島を施政下に置き、本土と切り離した。

芳朗は「奄美は、日本である。私たちは、日本人だ！」と声を挙げ、米軍に対するレジスタンスとして隠し持っていた手製の「日の丸」を群衆の前に掲げた。

戦前は国粋主義的風潮に反発して「琉球人」を名乗り、戦後は占領軍に対して「日本人」であることを強調した。

その言動の基軸（支柱）となっていたのは、「奄美人《アマミンチュ》」としての曙夢と芳朗の自意識ではなかっただろうか。

註① 著書『日本の橋』など。保守系の文筆家。
註② 北緯三〇度線とは一九四六（昭和二一）年二月、米軍司令部の「二・二宣言」によって引かれた国境線。トカラ列島の「口之島」から以南が、米軍の統治下に置かれた。

第二章　「勝手世」運動――守旧派の策謀「黒糖専売」打破

薩藩時代の島は、「黒糖地獄」と言われるほど搾取されていた。とくに江戸時代後期は、すべての黒糖が藩の専売（一八三〇年〜）となり、私有することは許されなくなった。ちなみに薩摩藩の年貢は「九公一民前後」（『鹿児島県の歴史』原口虎雄、山川出版刊、一九七三年）で、日本一厳しいものであった。

税として納めるべき定量を超えた分は、金銭ではなく「羽書《はがき》」という一種の手形で戻された。金銭は、使うことが禁止されていたのだ。購《あがな》う米や日用品も、藩が取り仕切った。藩が大量に安く買い入れた物品を、島の人々へ高値で売った。いわば二重に搾取されていたわけである。

島へ正しく伝えられなかった「黒糖の自由売買」布告

一八七三（明治六）年、国の中央官庁である大蔵省は、「黒糖の自由売買」を認めた。

しかし、鹿児島県庁守旧派は、この布告を奄美の人々に正しく伝えなかった。薩藩時代から黒糖取引の旨味《うまみ》を分かち合っていた御用商人たちと結託して「大島商社」という通商会社を設立し、それまでの利権の独占構造を引き継がせた。事情のわからない島の人々に対して、専売制を維持する内容の契約書に署名させたのだ。

それは、「五年間、大島商社にしか黒糖を売ることができず、また、本土の商品も同商社からしか買うことができない」というものだった。実務は、各地域の役場が担当した。つまり半官半民の収奪組織だったのである。

当然、島の黒糖は薩藩時代と同じく安く買いたたかれ、本土の商品は高く売りつけられるという状況となった。

西欧で自由主義経済を学んだ青年が決起の旗を振った

一八七五（明治八）年、県庁や御用商人たちの略取に耐えかねた奄美大島の人々が、立ち上がった。旗を振ったのは名瀬の金久《かねく》(現・奄美市名瀬金久町)出身で、英国で学んだ丸田南里《まるたなんり》(一八五一~八六年)である。

南里は幕末に長崎の貿易商、トーマス・グラバーに随行して一四歳で英国へ渡り、島へ戻ってきた二四歳の青年だ。大型製糖機の設置のため奄美大島を訪れたグラバーの目に留まったらしい。一〇年の間、音信不通であったため、郷里では「もう亡くなっているのではないか?」と思われていた。その南里が一八七五(明治八)年の初頭、突然、帰郷した。

この期間に南里は激動する西欧諸国の有様を見聞きし、様々な経験を積んだようだ。西欧滞在中にヨーロッパ全土を揺るがした「普仏戦争」(一八七〇~七一年)と「パリ・コミューン事件」(一八七一年)があり、日本からアメリカとヨーロッパを巡る「岩倉使節団」(一八七一~七三(明治四~六)年)がやってきた。

人物像としては、「少年の頃に日本を離れたため学問の程度は浅いけれども、英国や清国を経巡《へめぐ》り、常に文明の空気に当たっていただけでなく、雑多な事件にも遭遇しつつ十年もの長い間を過ごしただけあって、それだけ才気にあふれ(国際的な)常識に富んでいるところは、じつに驚くべきばかり」(『大島ノ来歴』口語訳、補語は引用者)とのこと。

このように西欧の自由主義経済を知る南里は、県や商人たちの横暴ぶりと島の悲惨な現状を見て、怒り心頭に発した。ただちに行動を起こす。

「人民が作る所の物産はその好む所に売り、また人民が要する品物はその欲する所に購入すべきはこれ自然の条理なり。なんぞ鹿児島商人一手の下に束縛をうくるの理あらんや。速《すみ》やかにこれを解除し、勝手商売を行うべし」と唱えて有志を集め、蜂起したのだ。いわゆる「勝手世《カッテユ》」運動（騒動）である。「勝手世」とは、「自由売買が許された時代」という意味だ。

丸田南里が掲げた旗の下に集まった人々は、県庁に対して請願運動を起こした。「大島商社の解散と貿易の自由化」を求めたのだ。

だが、黒糖取引の旨味を知る鹿児島本土側が、利権を手放すはずもなかった。請願運動は「不逞《ふてい》分子の暴動」とされ、南里を扇動者として逮捕し暴行を加えた。

一八七七（明治一〇）年、それでも人々は、請願を続けた。だが、「西南戦争」で西郷隆盛率いる反乱軍側に付き、多大な軍資金を必要としていた県庁守旧派は、請願に訪れた代表者たちの請願を受け入れるどころか、牢獄へ放り込んだ。さらには、三五名を戦場へと駆り出した。その結果、六名が戦死――。

戦いが終わって、生き残った者は解放された。二八名が帰途についたが、その途中、十島灘で遭難。彼らの行李《こうり》だけが、笠利の浜に流れ着いたという。

県庁側にとって大切なのは、鹿児島本土の利益だけであったのだろう。

終戦後、中央政府は、鹿児島県庁の体制を改めた。県令（県知事）に高知県出身者を任命し、薩藩時代からの守旧派を牽制しようとした。丸田南里も、獄から放たれた。

しかし、政府にも薩藩出身者は多く、県庁内においても守旧派が力を保っていた。

奄美の請願団と鹿児島本土の利権を守ろうとする守旧派は、新体制となった県庁へそれぞれ請願をおこなった。その結果、守旧派側の請願が通ってしまった。

おそらく政府の中枢にも奄美の島々の悲惨な現状を伝える者がなく、鹿児島本土側の主張ばかりが耳に入ったため、状況を放置していたと思われる。政府及び新体制の県庁としても、守旧派側の話を「鵜呑み」にしておいた方が、財政的に都合が良かったからではないだろうか。

敗れた奄美大島での運動は、再び燃え上がった。心ある人々が立ち上がり、島の各地で抗議行動が展開された。その過程で南里は、再び収監された。

一八七八（明治一一）年、名瀬で総決起集会が開かれた。運動の火は奄美大島全域に燃え拡がり、政府や県も見過ごすことができないまでになった。

ようやく重い腰を上げた政府と県は、現地責任者である奄美の支庁長を解任し、新たな支庁長を派遣した。

実質的な「黒糖の自由売買」は、五年にわたる抵抗運動を経て、やっと日の目を見た。島の人々は、歓喜に沸き返った。

第三章　「三法方」運動——大島郡挙げての民衆運動となる

だが、悲劇は、終わったわけではなかった。

新たな苦難が待ち受けていた。資本主義経済の荒波が、島々へ押し寄せたのである。

一八三〇（天保元）年から一八七三（明治六）年まで金銭取引を禁止されていたため、奄美の人々は貨幣経済から縁遠い状態にあった。

当時の世相を描いた『徳之島事情』（都成南峰著、吉滿義志信編著）は、次のように語る。

……商人は、争うようにきて、産糖売買契約をするため、各々酒肴《それぞれしゅこう》を携えて各村々を回り、甘言《かんげん》をもって人心を手なづけ、農民の出産糖に不相応の物品を渡し、または、金を前貸ししたため、島民は将来のことを思わず、いたずらに衣食住のおごりに流れて農事を怠り、その上、毎年台風のため農作物の収穫は少なくなり、租税その他の歳費さえ払うことができず、そのために負債《ふさい》は累積《るいせき》し、所有の家屋《かおく》、地所《じしょ》に至るまですべてその負債の抵当《ていとう》に書き入れとなし、ついに弁償《べんしょう》の方法なく、そのため人心振わなくなり農事を怠るようになった。

(名瀬市史編纂委員会編『奄美史談・徳之島事情』同会、一九六四年三月)

島の人々は、生産した黒糖の正当な価格設定や決済方法など知らなかった。とくに「負債」や「利息」については、理解し難かったらしい。「前貸し」などは、負債とは思わず「タダでくれたもの」くらいの感覚であったようだ。

しかし、未曽有《みぞう》(これまで経験したことのない)の台風被害で黒糖生産ができず、鹿児島商人との売買契約が果たせなくなったときから容赦《ようしゃ》のない取り立てが始まり、島の生産者は追い込まれていった。

そして、両者の間に対立構造が生まれ、闘争が始まる。

その状況と経緯は当時、大阪で発行されていた日刊紙『東雲新聞《しののめ》』(註①)に「大島糖業事件」として一八八八(明治二一)年一一月から四回にわたって連載され、翌年『鹿児島県下大隅国大島郡惨状実記』として小冊子にまとめられた。

なお、この闘争は民権家の間で「東洋のアイルランド闘争」(註②)と評された。

さらに闘争の全体像は、当事者であった浅松宮啓(註③)の「大島の恩人――新納中三・石井清吉――両氏の功績付三法方由来」(月刊紙『奄美大島』奄美社、昭和三~四年連載)によって知ることができる。

よって、この二つを基本資料としながら他の文献資料や現地調査資料で補いながら論じていくことにする。

未曽有の台風被害と借金地獄――新納中三の視察と対策

一八八一（明治一四）年から一八八六（明治一九）年にかけては、台風の当たり年であったという。当然、サトウキビなどの作物は大きな被害を受け、まともに収穫できなかった。諸経費や税金すら払えない状態だった。

そんな中で、「ベーガラシ」（倍返し）といった貸借方法が、公然とおこなわれるようになった。例えば、黒糖「百斤」（一斤＝六〇〇グラム）、六〇キロの債務を負い、春の収穫終了時に返済する約束をしたとする。

春になっても、返せない。その負債を秋収穫予定の米「六斗五升」で返済するという証書を作る。やはり返せない。さらに米を黒糖「二百十六斤」の証書に書き換えた。つまり一年足らずで負債が二・六倍に膨れ上がる。

返済できない黒糖を、米や金銭に転々と書き換えていくのだ。その間に根拠のない不当な換算がなされる。人々は、アッという間に身ぐるみ剥がされてしまった。

家屋や田畑を手放し、夜逃げをする人々も続出した。本土の商人に雇われ、借金の取り立てをおこなう者（島の人間であった）が、村々を回っていた。（『徳之島町誌』を参照）

その頃の感覚では、冒頭に述べたように自分の生まれ育った極めて狭い範囲のシマ（集落）以外は「外の世界」であり、そうした「身内ではない人々」に対して手荒な手段で返済を迫ることに、躊躇《ためら》いはなかったであろう。

こうした荒《すさ》んだ島々の状況を憂いて、救済に乗り出した人物がいた。

一八八五（明治一八）年、奄美大島の支庁に新しい支庁長（後に島司）が、赴任した。新納中三《にいろちゅうぞう》（一八三二～八九）である。

新納家は薩摩藩の家老を務めていた家柄で、薩藩時代には、中三も要職に就いていた。軍役方総頭取（軍奉行）として兵制を西洋式に改め、「薩英戦争」を指揮するなどした。

このとき英国軍艦のアームストロング砲で、徹底的に叩かれたことから開国派に転じた。

幕末には有能な若者たちを率いて秘密裏に渡欧し、フランスやイギリスなどヨーロッパ諸国を視察して回った（奄美に関して言えば、大型製糖機の輸入交渉もおこなった。当時から、製糖作業の効率化を考えていたようだ）。

また、維新後は判事（裁判官）に任ぜられて名古屋や函館などの地方裁判所を回り、大審院（現・最高裁判所）判事まで務めた。

この間に裁判を通じて民間の事情を知り、その生活を思いやる姿勢を養っていったことであろう。

支庁長に着任した中三は、早速、大島郡の実態調査に乗り出した。約半年間、島々を視察して回った。同時に訪れた地で人々を集め、施政の方針を直に伝えたという。その折、優秀な人材を郡内各地から見いだし、手元に集めた。

おそらく彼らに対して、西欧諸国を巡り歩いて見聞した所感や、判事として転任しながら得た本土各地の動き、つまり明治初期における自由民権運動の動向などを語って聞かせたのではないだろうか。

中三の在任期間は短かったが、この時まいた種が、後に大きく花開いた。この時に参集した若者たちが島の人々の「奄美」への目覚めを促し、自主自立への気運を盛り上げ、推進していく原動力、中核的存在となっていったのだ。

『名瀬市誌』によれば、後に郡内の振興に務めたことで知られる浜上謙翠（喜界島）をはじめ、代議士となった嶺山時善（徳之島）、村長を務めた折田実積（喜界島）と西正直（瀬戸内）、県議の森貞隆（瀬戸内）など有望な人材が、中三によって各地から召集され、島庁で研鑽を積んだようだ。また島庁関係者の中からも麓純則（名瀬）や岡程良（龍郷）らを登用した。この二人は、中三の手足となって働いた。後に純則は県議会議員、程良は司法官として奄美の黒糖流通問題に関わることとなる。

中三は家柄から言えば鹿児島本土側の肩を持ってもおかしくない立場であったが、島々の救済のために立ち上がった。

まず鹿児島県庁や商人たちに話したが、取り合ってもらえなかった。

そこで、一八八六（明治一九）年の夏、直接、政府に訴えるため上京した。大蔵大臣であった松方正義に、掛け合ったのだ。

救済金一〇万円（一万円を二億円と換算して、約二〇億円）を出させ、それを基金として正当な黒糖流通システムを構築しようとした。

この交渉には当時、内務省の官僚であった大島信も関わったと思われる（大島信は一八九二（明治二五）年、松方正義系の代議士として当選している）。

信は陳情に訪れた中三らを側面から助け、また、奄美経済の実態を詳しく調査して、対策も含め政府に知らしめようとした。その成果は、「大島郡糖業意見」（一八八七（明治二〇）年一月）として提出されている。

中三は、鹿児島と利害関係のない大阪の商社「阿部組」に公正な黒糖取引を委託した。

阿部組は島々に支店を設け、市場相場にそった取引を始めた。

鹿児島商人は、米一斗（一〇升＝一五キロ）を黒糖四斤（二・四キロ）と換えていたが、阿部組は、黒糖一・四斤（〇・八四キロ）とした。これは阿部組が黒糖を高く引き取ったというよりも、それが国内での標準的な相場であった。当時、黒糖は、まだまだ貴重品だったからである。

つまり鹿児島商人たちは相場の三分の一の安値で買い叩き、高値で市場へ売り出していたのだ。

また、本土で仕入れた紙などの日用品を三倍以上の値段で、島民に売りつけていた。

折しも一八八六（明治一九）年一一月、今まで経験したことのないような超大型台風が、島々を襲った。

『徳之島小史』（一九一七年刊）の著者、坂井友直は一一歳のとき、この台風による暴風雨を故郷（現・伊仙町）で体験した。

「家屋は吹き倒されて雨露《あめつゆ》を凌《しの》ぐの途《みち》なく、農作物は焼野の如く枯死して生命を繋《つな》ぐに苦しむに至り、海に行きて海苔《のり》を摘み野山に入りてツバ（ツワブキ）を採りバシ（クワズイモ）を掘り来《きた》りて、これを食するを以《もっ》て、人々は肉落ち顔面蒼白を呈《てい》し、意気大いに衰えたり」

黒雲が渦巻き横殴りの風雨が、家屋や樹木を薙ぎ倒す。空に舞い上がった波しぶきは、強風によって島の内陸部にまで運ばれ、サトウキビなどの作物の上に降り注ぐ。風雨が収まった後には、塩害で赤茶けてしまった田畑が広がっている。

目が窪み、骨と皮ばかりとなった人々が、今日を生きるために山へ入って土を掘り、海辺の磯の上を這いずり回るといった光景が思い浮かぶ（猛毒のクワズイモを食するなど、余程のことだ）。

一八八六（明治一九）年一二月、阿部彦太郎との打ち合わせのため一カ月前から大阪に出向いていた中三は、その報せを受け、ただちに帰途に就いた。その途中、島司職を解任された（動向は、「大島ノ来歴」の記載に基づく）。「越権行為」という理由によってである。むろん背後には、県庁内に巣食う守旧派と鹿児島商人たちの策謀があったであろう。

その指示は当時の県知事、渡辺千秋が出した。

後に宮内大臣まで上り詰めた。鹿児島県の書記官から昇任した。切れ者ではあったが、狡猾《こうかつ》な人物だったらしい。大臣を辞任したのは、宮内省における収賄の嫌疑を受けてのことであった。

千秋は、中三と阿部組の動きを阻止しようとしていた。

『東雲新聞』の記事によれば、千秋が所用で上京した際、阿部彦太郎の出身地である滋賀県の知事で、同じく上京中であった中井弘の宿舎を訪ね、「阿部組が来てから、鹿児島商人たちが従来通りの商売ができずに困っている。阿部に大島から引き揚げるように説得してほしい」と頼んだという。

このエピソードからも県当局と鹿児島商人が、どれだけ癒着していたかが推察される。

職を解かれ私人となった中三であったが、大島郡を見捨てたりはしなかった。

翌年二月から、また一カ月かけて島々を見て歩いた。実情は思ったより酷く、中三自身も「青菜一つ、口にすることができなかった」くらいだった。

かなりつらい旅だったようで、「四方より『命を助けよ!』との嘆願の声を聴き、まったく閉口した」と語っている。

島々の惨状を自分の目で確かめ、人々の悲痛な訴えに耳を傾けた中三は政府へ現状を伝えるとともに、私財を投じて緊急的な救済措置をおこなうことにした。

中三は自分の土地家屋を抵当に入れ、「第百四十七銀行」から二万円（約四億円?）を借りた（後の話になるが中三は、この借入金の返済で全財産を失った)。

同年三月、その資金で大阪の「阿部組」阿部彦太郎に依頼して、奄美の島々に米を運び込んだ。七月までの約四カ月間、一日一人当たり二合半を配給した。この応急措置によって、どれほど多くの人の命が救われたか言うまでもないであろう。

この時期、県庁は解任した新納中三の後任として、守旧派と鹿児島商人たちの意向を酌《く》んだ人物を送り込んでいた。

一八八七(明治二〇)年一月、新納中三の後任として島司の職に就いた多賀義行は、飢えに苦しむ島民の現状を知りながら、さらに人々を苦しめる法令を次々と発した。

まず着任後すぐに出したのが、「島令二号」である。

これは「大島物産の保護」を名目に黒糖を筆頭とする大島郡内の物産に関して、県外の業者と自由に取引することを制限する法令であった。「止むを得ない場合は、島庁の認可を受けよ」と命じた。言うまでもなく、新納中三と阿部組の動きを意識したものであろう。

同月下旬、タイミングを計ったように「南島興産商社」が、鹿児島商人たちの手によって設立されている。営業種目は、黒糖の委託販売と金銭の貸付であった。

発起人は、黒糖取引関係者二一名。提唱者は、県の商業界を牛耳っていた山田海三だ。海三は「第百四十七銀行」の支配人であり、中三が最初に奄美の救済を相談した人物である。しかし、協力を拒絶したばかりでなく、その情報を県庁や商人たちに伝え、中三の島司解任につなげた。さらには、借入の事情を知りながら中三に返済を督促し、窮地に追い込んだ。

「南島興産商社」の正式な発足は同年五月となっているが、すでに冬から島々に入って支店の開設準備を始めるなど、実質的に同社の名前で動いている。「島令二号」を踏まえての行動であったろう。

利権の独占を図った「県令三九号」撤廃運動と麓純則

この「南島興産商社」の設立と歩調を合わせたのか、県外商社との自由取引の道を完全に閉ざす法令が出された。悪名高き「県令三九号・大島郡糖業規則」（一八八七（明治二〇）年四月発布）である。出したのは、言うまでもなく県知事、渡辺千秋だ。

県令は、黒糖の生産者と取引業者に組合をつくらせ、県の認可を得ることを義務付けたものだ。違反した者は、罰金が課せられたり留置所送りとなったりした。

島民は、打ち続く災害から立ち直れずにいた。そして、これらの法令である。

鹿児島商人たちが徒党を組んだ組織体である「南島興産商社」は、各地域に支店を出し、阿部組を排除していこうとしていた。

まずは商人三名を奄美大島へ派遣し、初めての支店開設をおこなう。

その姿勢は、県庁の威光を笠に着るだけでなく、実際に暴力的でさえあった。

「大島郡ノ来歴」(註④)によると一八八七(明治二〇)年の冬、先陣を切って奄美大島へ乗り込んできた鹿児島商人たちは、警察官十数人に守られながら隊列を組んで島へ上陸した。

そして、翌日の夜九時頃、商社側の人間(雇われた無頼漢《ぶらいかん》などか?)が「竹槍や梶棒を手に手に持ち、着物の懐には(投石用の)礫石《つぶていし》を蓄え、阿部商会めがけて押し寄せ、手当たり次第に石を投げつけ、これに抵抗する者は容赦なく殴り飛ばす」(口語訳と補語は、引用者)などしたという。目の前に警察の詰所があり、阿部商会(阿部組)の人間が逃げ込んで助けを求めたりしても警察官は取り合わず、ただ傍観するのみであったらしい。

この事件に関しては鹿児島始審裁判所大島支庁の中江検事が憤激し、自ら指揮して暴行を加えた商社側の頭目四名を検挙した。

後に「三法方」運動に深く関わることとなる岡程良は当時、同裁判所支庁の書記を務めていた。よって、その暴行の一部始終をリアルに知り得る立場にあった。さて、いかなる感慨を抱いたであろうか。

こうした鹿児島商人たちの妨害や「島令二号」及び「県令三九号」の施行によって、阿部組は、大島郡から撤退せざるを得なくなった。

当時、島庁職員であった麓純則は、この「騒動」と「県令三九号」の発布に憤激し、「建白書」とともに辞表を知事宛に叩きつけた。

この「建白書」は三条から成るが、最後に「騒動」に対する怒りがつづられている。

第三条、鹿児島商人が梶棒を携え阿部商会へ暴れ込み、被害者より保護を要求するにもかかわらず、その場所が警察署の門前なるにもかかわらず、これを顧みざるがごとき無政府的の行動を警察官に敢《あ》えてせしむるは、知事の職権を誤りたるの甚《はなは》だしきものと認むること故《ゆえ》にかかる不法なる行政の下に吏員《りいん》(地方公務員)としての職をおくは、純則の心事、潔《いさぎよ》しとせざるを以《もっ》て、職務を免《ゆる》されたしき旨《むね》にて建白書と共に辞表を提出したり

(前掲書)

※ひらがな変換と補語は、引用者

職を辞した麓純則は同年の夏、同志を集めて「県令三九号」撤廃運動を開始する。折よく翌年(一八八八年)三月に鹿児島県議会選挙がおこなわれることになり、純則は満を持して出馬し、当選した。そして、「奄美」(大島郡)を代表して鹿児島本土の利権勢力との激しい戦いに臨むこととなる。

純則は一八五七(安政四)年、名瀬の旧家である麓家に生まれた。

鹿児島で漢学を学び、教員養成所で免許を得て、新設された「名瀬小学校」の教員となった(この教員歴は岡程良と重なるが、交流があったかどうかは不明)。

その後、名瀬地区の副戸長、農耕生活を経て、大島支庁(島庁)の書記となった。前述の騒動当

時は、学務課に所属していた。

人物像は、坂井友直（『徳之島小史』の著者）が「蓋世不抜《がいせいふばつ》、躯幹卓絶《くかんたくぜつ》にして、堂々たる風采《ふうさい》は古武士を思わしめるものがある」と評している。つまり「激しい気性で意志が強く、ガッチリとした体つきの古武士を想像させる」ということだ。

純則の若い頃からの直情的かつ敏速な行動を顧みるとき、その評は至極妥当なものであると言えよう。余談になるが、そのエピソードの一つを紹介しておく。

一八七七（明治一〇）年、「西南戦争」の最中、副戸長であった麓純則（二〇歳）は、西郷軍側であった大山県令の命令を受けて、武器を収集するため徳之島へ渡った。

島で銃や弾薬などを徴発し、母間《ぼま》村（現・徳之島町）の港へ集めた。

鹿児島本土へ集積した物資を船で運ぶため、順風を待っていたとき、同島の山（同町・山）港へ官軍側の巡査五名が乗った船が到着した。純則は、拘束された。

「島の中心地である亀津へ（賊軍の）純則らが連行され、今日明日中にも死刑にされる」という噂が島中に流れた。人々は、死刑の執行を見物に行こうと大騒ぎしていた。

だが、死刑は執行されなかった。純則が、弁を尽くして言い逃れたからだ。武器類は、土に埋めて隠したらしい。巡査たちは、それを発見できなかったのであろう。事情を知る人々は、その豪胆さと弁解の巧みさに感嘆した。

さて、一八八七（明治二〇）年の春以降、県外資本である阿部組との取引ができなくなった島民は、県当局の後ろ盾の下《もと》に進出してきた「南島興産商社」と出荷契約を結ばざるを得なくなった。

徳之島での「約定書」（鹿児島県立奄美図書館所蔵）を見ると、次の通りである。

まず四月の時点で、その年の黒糖生産見込み数量を農家に出させる。その見込み数量を基にして、生産に必要な金を貸し出すのだ。そのときに商社側は、抵当として田畑や宅地などの証書（地券）を承諾書とともに預かってしまう。

少額であれば借入証書や保証人を必要とせず、会社の「判取帳」に署名捺印するだけで借りられたため、疲弊の最中《さなか》にあった島民は、喉《のど》の渇きに耐えかねた者が水を求めるかのように借金を重ねた。それは、瞬く間に膨《ふく》れ上がっていった。

負債は、それだけではなかった。暴風雨災害で徴収不能となっていた鹿児島商人たちの債権と県の税金を「南島興産商社」が肩代わりし、一本化していた。よって、島の人々の負債は、莫大なものとなっていった。

一八八八（明治二一）年の時点で大島郡の総負債額は、七〇万円にも上った。

その頃の郡全体の黒糖生産量は、金額に直すと三六万円で、その他の産物を加えても総収入は、四六万円でしかなかった。

この数字から税金一二万円と生産経費を引いた金額が、島民の収入のすべてであった。要するに、収入の二倍以上の負債を抱えていたのだ。

慶應義塾出身の石井清吉が「三法方」運動を提唱

一八八七（明治二〇）年は、前年に引き続き暴風雨の被害を受けた。積み重なった借金は、すぐには返せない状態となっていた。しかし、商社側は、それまでの笑顔を変じて、容赦ない取り立てを始めた。未収の税金を商社に肩代わりさせている県庁も加担し、役人や警察官を同行させたりした。僅かに残った土地家屋を奪い、娘を売らせた。やせ細った島民に証文を振りかざして返済を迫り、ときには殴る蹴るの暴行を加えるなどする光景が、各所で展開されたのではないだろうか。

見かねた新納中三は郡内の有志に声を掛け、「県令三九号・大島郡糖業規則」の撤廃を陳情をすることを勧めた。有志会が結成され、窮状を県庁へ訴えたが、受け入れられなかった。

だが、有志会は諦めなかった。現状を踏まえれば、もはや退く道はない。

一八八八（明治二一）年四月上旬、名瀬の「西本願寺説教所」に郡内二二カ村の戸長と有志が集まった。呼びかけ人として正面に座ったのは、新納中三である。

浅松宮啓も、会場の片隅にいた。そして、息詰まる集会の様子を記録していたことだろう。

重苦しい空気に包まれた会場で、まずは中三が状況を説明し、対策に関する意見を求めた。しかし、誰も口を開かず、そのまま散会するしかなかった。

二日目の冒頭、中三が口火を切った。

「商人に対して郡民が背負っている負債額を調べてみたら、昨二〇年三月支払額は、砂糖二八六斤、本年三月までの一年間の利子を八割としているので利子糖が二二八万八〇〇〇斤、これを加えると元利合計五一四万八〇〇〇斤となる。一挺《ちょう》（樽などの数え方）一三〇斤入りの樽に換算して三九万五五九〇挺だ。

大島郡の一年間の産糖額は、二〇万挺内外に過ぎないのに、この倍の負債糖を背負わされている。これでは、まったく手も足も出ない状態だ。

こうした中で（鹿児島）商人は、郡民の飼育した牛馬や豚などに勝手な値段をつけ取り上げている。

はなはだしい場合は、容姿の美しい娘と見ると妾として引き取っていく。一人娘でさえも泣く泣く手放し、奪われていった例も少なくない。じつに見るにしのびなかった」

島々の現状を視察して回った感想を、ため息とともに切々と語る。

場内は、おそらく水を打ったように静まり返っていたであろう。だが、怒りと悲しみの情念が満ち溢れていたはずだ。すすり泣きの声や怒りを抑えかねて漏れた呻《うめ》き声が、あちこちから上がったかもしれない。

しばらくして一人の男が、立ち上がった。徳之島亀津村（現・徳之島町亀津）の福澤福祐だ。

「いま徳之島の母間村に『沖縄産業会社』の社長で、石井清吉という人が来ています。

経歴を聞くと明治一五（一八八二）年に慶應義塾の外国法律科を終え、ただちに尾崎行雄とともに校主、福澤諭吉先生の命を受け、近く公布される帝国憲法の趣旨を普及させるため、信州及び北陸地方を巡講中に『沖縄中学校』校長に招聘されて三年間奉職した後、職を辞して首里の産業会社の社長に就任したとのことです。

つきましては、お互い衆が何日相談しても、これといった妙案は出てこないようですし、また、二〇万郡民の浮沈に関する重要な問題を考えなくてはならないわけですから、この人を招いて、その意見を聞いてみたらどうでしょう」

福祐は、そう提案した。

中三は、すぐに反応した。

「石井氏が慶應義塾の出身ならば、必ずや聞くべきものがあるだろう。校主の福澤諭吉先生はフランス法の学士であり、目下、政府の憲法起草委員だと聞く。この人の門弟だとすると、ぜひ招かなくてはならない」

中三自身、裁判官としての経歴を持つ。諭吉のことは、よく知っていたはずだ。返す言葉に、熱がこもっていたと思われる。

打ち沈んでいた会場も、一挙に沸き立ったのではないか。

直ちに衆議一決し、石井清吉を迎えに行くことになった。

使者として福澤福祐の他、加計呂麻《かけろま》島の実久《さねく》村芝（現・瀬戸内町芝）から来ていた叶操長と与論島茶花村（与論町茶花）の戸長、大野富廣三（前廣？）が選ばれた。

三人は、すぐに奄美大島の南部にある古仁屋《こにや》の港へ向かった。ここから繰船（クリ舟？）に乗って徳之島へ渡った。

徳之島へ着いた一行は、母間集落で石井清吉と面会した。

この集落は、小さな湾の奥まったところに位置し、船着き場もあった。隣村の花徳方面には、島には珍しく水田地帯が広がっている。

来意を聴き、中三の手紙を読み終えた清吉は、しばらく考えていた。

「お話とお手紙により事情は、よくわかりました。

私は、社用で徳之島へ来ています。

じつは一昨年、社員二、三名に金や品物を持たせて、こちらに派遣しました。

ところが、社員らは、僅かな未済米の取り立てを名目として、これに二倍三倍の利子を付けて証文を切り替えさせ、その整理と称して徳之島に留まり続け、帰って来ませんでした。

そこで私自ら出向いてきて取引相手と会い、調査をしました。

その結果、相手側には債務がないことが確かめられましたので、証文は返しました。よって、社用の大部分は片付きました。

もともと貸借の利息には上限があるにもかかわらず、島の農民の正直なのに付け込んで高い利子を付け、農民を苦しめるなど、まったく憎むべきところです」

清吉は、自分の部下が犯した所業を包み隠さず話した。

当時の商慣行では、田植え前に金品を農民に渡して、収穫時に利息分を上乗せした金額相当の米を受け取ることになっていた。

したがって取引形態自体には問題なかったが、社員たちは「鹿児島商人たちのやり口」を真似たのか、農民たちの無知に付け込んで不当な利息を上乗せしていたのである。

それを知った清吉は恥じ入り、社員たちに対して怒《いか》ったことであろう。

清吉の公明正大な態度に打たれた三人は手を突き、頭を下げた。前にも増して熱心に名瀬への同行を頼み込んだ。

三人の懇願を前にして清吉も、うなずかざるを得なかった。

清吉は残務整理を社員たちに任せ、舟に乗り込み名瀬へと出立した。もう四月も半ばとなっていた。


名瀬へ到着した清吉は、「勝手世」運動(騒動)の指導者、丸田南里の縁者である丸田よしづる宅へ落ち着いた。ここは、阿部組も拠点としていた所である。

すぐに新納中三と会って事情を聞いた。夜は、『三昌亭』(料亭か?)での歓迎会に臨み、有志会の面々と親睦を深めた。

翌日、西本願寺の大広間は、張り詰めた空気に包まれていた。なぜなら、この場には、有志会のメンバーなど大島郡側の人間の他、債権者である鹿児島商人の代表者も招かれていたからだ。

人々は、息を飲んで「噂の人物」の登場を待っていた。

招待客の名が、呼ばれた。

男は、一冊の法律書を抱えて登壇した。石井清吉である。

清吉は、当年とって三二歳。ほっそりとした面立《おもだ》ちで、顔には疱瘡《ほうそう》を患った跡がある。

回顧録を記した浅松宮啓も、会場にいた。同じ年齢の清吉を見上げて、どんな思いを抱いたことであろうか。

紹介を受けた後、清吉は正面の座長席に就いた。

会場のザワつきが収まったのを見計らって、口を開いた。

宮啓は、清吉の言葉を一言も逃すまいと筆を走らせたと思われる。

「大島郡の糖業復興策の名を『三法方』としたいと思います。

いかがでしょうか?

『三法方』とは、まず第一に負債を償却すること、第二に勤勉であること、第三に節約に努めること、……以上、三つを表します」

清吉は、まず復興策の基本方針を示した。

「法」とは原則を示し、「方」は方法を表す。よって、「三法方」は、「三つの原則に基づく方法」という意味であろう。

後には一般的に「三方法」と称されているが、清吉の示した方針を具体策として落とし込む際に、改名されたと考えられる。

「勤勉」は姿勢（精神的態度）であり、「法」に関わる部分である。「三方法」では、この語句の代わりに「農事改良」を入れている。「勤勉」の具体的な姿が、「生産性を上げるための改善努力」ということかもしれない。

これを聞いた鹿児島商人たちは、ホッと胸をなでおろしたことであろう。だが、具体的な話に入って、その表情は一変したはずだ。

「『大島郡負債調査書』を見ますと、砂糖の元高は、二八六万斤。これに八割の利子糖を加えて、元利糖五一四万八〇〇〇斤とあります。

まことに驚くべき大負債と言わざるを得ません。

しかし、この負債は法律上、返済の義務のないものです。

なぜなら、この負債糖は、一昨年の風水害のためサトウキビが枯死して薪《たきぎ》と変わり、砂糖の生産が皆無となったため、弁済できずに生じたものであるからです。

つまり商人と農民との間で『先物取引《さきもの》』契約が結ばれたのですが、天災地変のため砂糖生産が絶無となりました。ですから、双方とも『天の災い』として、それに関する債権と債務は無効とするのが、正当な処置です。

それなのに商人が農民に対して高利さえ付けて債務の履行を迫るなどということは、無法極まることであります。

このような場合は、ことごとく訴訟を起こして、その判決を待つべきでしょう。

我が国も、来《きた》る明治二三年に憲法が発布され、それに基づく法律によって天災地変の場合の貸借の効果や利息の制限のようなものが制定されるはずですが、それを待つまでもなく今回のような貸借は、無効であります」

清吉は、一気に言い切った。

大島郡側の席は、歓喜の声で満たされたであろう。

一方、鹿児島商人たちは、身を固くして歯ぎしりしていたに違いない。

その中から名瀬で店を営む大山格兵衛が、立ち上がった。

「我ら商人は、昨二〇年の春に製造される予定の砂糖を買い取るため内地で借金をし、それで商品を仕入れて大島に供給した。また、風水害の物資欠乏に際し、郡民の便を図って存亡の危機を救った。

このように農民と商人は、密接な関係を保ってきたのだ。

その密接な取引関係に対して、法律による制裁や他人にクチバシを入れられることで貸借関係を無効にしたり両者が絶交したりするようなことがあれば、これから将来、大島を相手に商売する商人は、この天下に一人もいなくなる。

大島のように毎年、暴風雨の被害を受ける場所で物資を供給する商人がいないとなったら、郡民は餓死するしかない。

また、大島の産業も不振に陥り、不利な状態を招くことになるだろう。

それに、石井殿の言うような『払わず、取らず』といった法律があるはずもない」

格兵衛の弁に商人たちは、拍手喝采した。

清吉は動じず、冷静に論を返す。

「大山君の説は、『我田引水』です。

大島は、薩摩藩の宝庫であり、『薩摩藩の財源は大島の砂糖にあり』と言われるほど、重要な商品です。如何なることがあっても、この重要な商品取引を中止するような商人は、いるはずがありません。

したがって、負債糖をどうするかは、判決を待つべきです。

ただし郡民の生計に差し支えない範囲に置いて、『二〇年賦《ぷ》』で償還することにしたら、共存共栄の趣旨にも適《かな》うので、裁判沙汰を止《や》めてもよいのですが——」

前半の歴史的事実の前には、さすがの商人たちも反論の余地がなかったであろう。

よって、論点を後半の年賦に絞って来た。

商人側の二番手は、徳之島で商売をする村山治太郎であった。

「年賦償還は、もっともの意見のように聞こえるが、我われ商人の立場は、これを認める余裕がない。

なぜなら我われは、国許《くにもと》の仕入れ先から金品を『信用借り』して、郡民と取り引きしている。もし一度でも返済を怠ったときは、仕入れ先より取り引きを中絶されてしまう。だから、この年賦償還は、認めることができない。

郡民が年賦で償還するとなったなら、郡民は生きても商人は死ぬというもの。

よって、石井氏の説を受け入れることはできない。

また、暴風雨による被害のため、郡民に対する我われの貸し付けが無効となるとならば、我われが国許において借り入れた金品も、返済の義務がないはずだ。

ともかく我われは、郡民が砂糖不払いのときは、抵当に入っている土地を引き取る。

年賦の相談は、絶対に受け付けるわけにはいかない」

治太郎は、そう言って清吉の提案を撥《は》ねつけた。

だが、清吉は、治太郎の述べた理屈を（当時の慣例に基づいて）論理的に突き崩した。

「村山君が、内地の商家から金品を借りたとき『砂糖で返済する』と約束したならば、砂糖生産が不能な場合は、その約束を履行するに及びません。

しかし、『現金で返済する』との約束であれば、現金は天災に関わる性格のものではないので、現金で返済するのは、当然のことです。

次に『土地の引き渡し請求』ですが、認められません。

なぜなら『土地を買収する約束』で金品を貸し付けた場合なら、『土地引き渡し請求権』はあります。ですが『砂糖の不払い、または不足したとき土地を引き渡す約束』の場合は、その砂糖の不払い、または不足の原因が暴風雨災害のような天災にあるならば、土地の引き渡しは、請求できません。とくに公簿に登記をしているわけではないので、抵当に入っている土地を引き取ることは、法律上も不可能です」

そう淡々と述べ、商人側の席を見渡した。

商人たちの怒りのボルテージは、最高潮に達していたことであろう。

論議は紛糾したまま、収まる気配を見せなかった。

結局、両者の意見は対立したまま決裂した。

「負債糖は、一斤も渡さない。

もし商人側が訴訟を起こすなら、なすがままに任せて裁判の判決を待ち、それに従うしかない」

生産者である郡民側は申し合わせをおこない、その趣旨を徹底させるため、各村に総代を置き、無報酬で尽力することを決議した。

さらに参集した人々の中から、総代を選んだ。

浅松宮啓は、その場で総代の名を書き留めている。

【喜界島】田中慶蔵（圭三）・安弘安、他数名

【笠利方】碇山偵和喜、他数名

【名瀬方】麓純則、他数名
【焼内方】奥宮向、他数名
【西方間切】戸長の泰山・英孫、他数名
【瀬戸内一円】祷宮都喜（実久村西阿室）・叶佐慶長（芝）・森偵良（古仁屋手安）・平長圓（秋名）、他数名
【亀津村】福澤福祐・龍偵行・福島清志・森島角山、他数名
【島尻村】戸長の平福偵、他数名
【兼久村阿布木名、他九カ村】県会議員の時直董、他数名
【沖永良部島】和泊村戸長の坂本元明、他数名
【与論島】茶花村戸長の大野前廣、他数名

この他にも、それぞれ若干名の総代を配置

こうして「大島有志総代会」は、発足した。

総代たちは地元に戻って「三法方（三方法）」運動の趣旨を伝え、組織化を図っていった。

その趣旨は、徳之島の島尻村《しまじり》（現在の伊仙町）阿権の平《たいら》福世喜（一八三六〜一九〇二）と娘婿の窪田喜忠（一八六八〜一九三八、鹿児島県会議員）が残した文書によって知ることができる。（一九三五年に喜忠が、孫である忠儀に口述筆記させたらしい）

次は、その冒頭部分である。

大島振興問題の産声《うぶごえ》は、斯《か》くの如し

本郡の政治史に徴すれば文政一一年より郡民唯一の産物砂糖の自由売買を束縛され、桎梏《しっこく》(手かせ足かせ)を受けたる事、四五か年、その間の濁世《だくせ》は今これを論ぜざるも明治の聖代に至りて、大蔵省より勝手売買が許可されると共に、鹿児島商人が入り込んで所々に商店を開いた所が、純朴無智《じゅんぼくむち》の島民は、彼等《かれら》鹿児島商人等を君主の如く神の如くに崇拝してついに彼等の網《あみ》に引罹《ひっかか》り膏血《こうけつ》(苦心して得た利益)を吸食《きゅうしょく》せられ、遂《つい》に疲弊のどん底に投げ込まれた。

この時、三重県人、石井清吉という慶應義塾出身の救世軍が現れた。而(し)て、各島を遊説して同志を糾合《きゅうごう》し、名瀬西本願寺において大島郡民惣代会を開催し「三方法」を議定し、その実行工作を樹《た》て、猛運動を開始した。

当時、石井氏と相《あい》提携してこの実行運動に従事したる本郡の志士は、田中圭三、橋口仲栄志、叶佐応長、山下喜美等が委員となり、平福世喜、指宿文都志、時直薫の三人が商取引視察委員として大阪へ出張するなど革新運動の陣容を整えたものだ。三方法の趣意書、次の如《ごと》し。

趣意書

わが大島五島人民は、幸か不幸か、其不幸たる豈《あに》誰か知らざな(ら)んや、封建の濁世はおいて論ぜず。明治の聖代に至るに及んで、政府の保護は益々《ますます》厚からざるに非《あら》ず、また其徳澤《とくたく》はいよいよ周《あまね》からざるにあらずと雖《いえど》も鹿児島商人の壟断《ろうだん》（利益を独占すること）憚《はばか》らず暴行壓《おさえ》なき独り五島の商権を占断《せんだん》（占有）して百事慾《ほっ》するところを遂《と》ぐ、二〇年間の久しきに、高利を設定し、負債の至極《しごく》（道理にかなっていること）を説《とい》て以《もっ》て我ら五島人民を禦《ぎょ》（誘導）せり。
　我ら五島人民は、元来、朴直世事《ぼくちょくせじ》に疎《うと》く、商人を視《み》るに君主や神の如くにして遂に彼等の数《すう》賣《ばい》に罹《かか》り、その至酷《しこく》（むごい扱い）を受け、頻《しきり》に膏血《こうけつ》（油や血）を吸食せられて、疲困（疲れ果て）自ら立つ能《あた》わず（自分で立つことができない）、鹿児島商人の残忍過酷《ざんにんかこく》は、島民をして斯《かく》の如きの惨《さん》（いたましさ）、即ち今回大島郡金久村西本願寺に於《お》いて、各方各村の総代有志が相《あい》会《かい》して憂友《りょゆう》の至情《しじょう》（深い気持ち）を顕《あら》わし、満脳（考え得る限り）の知識を尽くし、以《もっ》て議定したる三方法の由《よっ》て起こる所以《ゆえん》なり。（以下、略）
（松田清「徳之島阿権の窪田家文書——明治二一年三方法運動史料」『道之島通信』第一四四号、一九九八年三月）
※ルビ、補語は引用者

同文書は、運動の趣旨に引き続き「三方法」の具体的方法を記している。

三つの柱は「高利負債償却の方法」（九条からなる）、「農事改良法準則」（七条）、「節倹法準則」（四条）である。

一つ目の「高利負債償却の方法」は高利負債の定義をした上で、総代会としての返済基準と方法を具体的に述べたものである。その事務担当者と手続き、及び経費に至るまで定めている。

二つ目は「農事改良法準則」で、村ごとに「勧農係」(農業技術相談員?)を置き、「農談会」を開いて、利害関係の調整や「甘蔗栽培の方法、製糖の方法」などを話し合うことを定めている。さらには作業の効率化をはかることはもちろん、メンバーである農民の働きぶりを褒めたり注意したりして「やる気」を出させる方策を立案することまで要求している。

以上の内容を地区ごとに「細則」としてまとめ、明治二一(一八八八)年九月一日から実行することとした。もしその日に実行できない場合は、理由を地区担当委員に報告し、日延べを願い出ることを義務付けた。

三つ目は「節倹法準則」で、「無駄な経費を省き、貯蓄する方法」「衣食住は質素を旨とし、華美装飾をしないこと」とし、「違反した場合は懲罰を与えること」を地区ごとに話し合って決めることを求めている。開始日その他は、二つ目と同じである。

この「三方法」に関する申し合わせ事項は、極めて具体的で実効性を重視したものだ。これが明治中期における大島郡で話し合われたことに驚きを感じる。いったい誰が論議をリードし、まとめたのであろうか。

文中にもある通り、総代会は、砂糖取引の実態を調査するために平福世喜らを大阪市場へ送り、視察させた。また、阿部組を訪れ、大島郡で事業を再開してくれるように阿部彦太郎へ要請したようだ。（この視察団の派遣は明治二一（一八八八）年後半で、麓純則が渡辺県知事と対決し、「県令三九号」の撤廃が見通せた時期におこなわれたのであろう）

視察団には、当時二〇歳過ぎの青年であった窪田喜忠も同行していた。

喜忠は、本土での取引価格と鹿児島商人たちが島の人々から買い上げる黒糖価格の差を目の当りにして、どのような思いを抱いたであろうか。おそらく激しい怒りを感じたであろう。それが、前述の文章からうかがわれる。

それまで「シマ（集落）」単位でしか身内意識を持てなかった人々が、初めて大島郡全体を意識し、「奄美人《アマミンチュ》」として鹿児島の「本土人《ヤマトンチュ》」と対等な立場で、また、組織的に相対することを決意した記念すべき一瞬であった。

石井清吉は、このときから総代会議長として数年間、「三法方」運動を導いていくことになる。

「大島の恩人」石井清吉の経歴と自由民権運動との関わり

大島郡のキビ作農家が立ち上がり、全郡を挙げての抵抗運動となった「三法方（三方法）」運動は一八八八（明治二一）年一一月、自由民権運動の理論的指導者、中江兆民が主筆を務める日刊『東雲新聞』(註②)で連載され、民権家の間で周知される出来事となった。

ちなみに一八八八年は国会開設（一八八九年二月、憲法公布）を間近に控え、自由民権運動が最後の盛り上がりを見せていた時期であった。

よって、この「三法方（三方法）」運動は単なる一地方の出来事としてだけではなく、自由民権運動の一環として運動家の間では捉えられていたと思われる。石井清吉自身も有志会の席で、憲法公布が近いことを述べている。

同紙は英国の「アイルランド問題」(註③)に例えて、民衆の抵抗運動であるとの考えを示した。

では「三法方（三方法）」を提唱し、指導者となった石井清吉とは、どんな人物で、自由民権運動との関わりは、どうであったのだろうか。

清吉は一八五七（安政四）年一〇月、現在の三重県伊勢市小俣《おばた》町で生まれた。

時代は幕末、ペリー来航によって一八五四（嘉永七）年、日米和親条約の締結を迫られてから、その三年後のことである。

石井清吉（写真提供／石井家）

その頃の小俣村は、伊勢参宮の宿場町として栄えていた。
石井家は、清吉の祖父の時代に庄屋を務めたほどの家柄であった。
宮川を挟んで伊勢神宮の森を望む地にあって、清吉はこれといった不自由もなく平凡な少年期を過ごしていたことであろう。
そんな清吉の人生に変化をもたらしたのは、後に「第一次護憲運動」の指導者として活躍し、「憲政の神様」と言われるまでになった尾崎行雄の存在であった。

当時、清吉の家から川沿いに一キロほど離れた所に、行雄の家があった。

しかし、尾崎家は、土地の人間ではない。転勤族であった。行雄は一八五八（安政五）年、相模国津久井県又野村（現・神奈川県相模原市）で生まれた。

一八七二（明治五）年、渡会県参事（現在の三重県知事）となった安岡良亮の下役を務めていた父とともに引っ越してきたのだ。

行雄は、幼い頃より漢文学や英語を学んできた。転勤とともに現地の「宮崎文庫英学校」へ入学し、研鑽を積んでいた。

通っていた「宮崎文庫英学校」が門を閉じることになったので、行雄は上京して「慶應義塾」へ入学することを父親へ願い出る。

「慶應義塾」は福澤諭吉の『学問のすゝめ』（一八七二年刊）が評判を呼び、新しい知識に飢える若者たちの憧れの的となっていた。英語を学んでいた行雄が目指したのも、当然のことであったろう。折しも父の転勤が決まっていたため、すぐに許しが出た。

一八七四（明治七）年五月、行雄は弟とともに入社を許された。一四歳のときである（「慶應義塾入社帳」に拠る。「慶應義塾」福澤研究センターの好意によって提供いただいた）。

しかし、慶應義塾へ入ることになったのは、行雄兄弟だけではなかった。

後を追うようにして同年九月二四日、近くに住んでいた野呂家の兄弟と清吉も入社した（前述、入社帳）。野呂家は江戸時代に総庄屋を代々務めていた豪農である。おそらく尾崎家と縁があり、行雄の慶應義塾入学を知って共に学ばせることにしたのであろう。

清吉が同行することになったのは、石井家もかつて庄屋であったことから野呂家と付き合いがあり、その関係からではないだろうか。

ともあれ清吉は、一八歳で慶應義塾へ入った（明治八（一八七五）年四月以降の記録では、本科ではなく「予備大人科」に在籍となっている）。

当時の慶應義塾に入学試験はなかった。ただ徹底した能力主義を採っており、入ってからが大変だったはずだ。

当時の状況を文献調査したところ、驚くべきことに慶應義塾に石井清吉の「学業勤惰表」（成績表）が残されていた（福澤研究センター提供）。

月ごとに試験があり、学期末にもあった。その結果によって順位が上がったり下がったりする。「学業勤惰表」は、保証人（安岡雄吉）と実家へも送られた。

尾崎行雄は本科へ進み、さらに「飛び級」を重ねていった。それに比べると、清吉の出席率及び学業成績は優秀であったとは言い難い。結局、予科（予備大人科）で上下を繰り返すだけで終わった。

行雄は幼いころから学問を積んできており、能力自体も優れていたのであろう。入学してすぐにランクを駆け上っていった。

一方、清吉は田舎育ちで、平凡な少年時代を過ごしていた。特別な教育も受けていなかったであろう。それが、全国から集まった秀才たちの中に放り込まれたのだ。かなり戸惑ったに違いない。

二年後の一八七六（明治九）年、家督を継ぐために実家へ戻った（同年五月一八日に家督相続）。以後、徳之島へ姿を現すまでの消息は、明確ではない。

ただ生家に残されていた履歴を記す記録には、慶應義塾とともに「協（共？）立学舎」で学んだとある。慶應義塾に通いながら同学舎で英語を学んだか、または、家督を弟に譲って再び上京したのではないか。

再び上京したとすれば、東京で激動する若い明治国家の息吹に触れてしまったため、田舎で安穏と暮らすことなど、とても耐えられなかったからであったろう。

本論では、「再上京説」で論を進めていくことにする。

「共立学舎」を主宰していたのは、尺振八《せきしんぱち》（一九三九〜八六）という人物である。

振八は幕末から明治初期にかけて活躍した洋学者で、江戸の佐久間町（現・千代田区神田）で生まれ育った。江戸時代の最高学府であった「昌平黌《しょうへいこう》（昌平坂学問所）」で儒学、英語を中浜（ジョン）万次郎らに学んだ。

一八六一（文久元）年、幕府に翻訳方として出仕し、遣欧使節団にも随行した。明治になってからは、大蔵省の翻訳局長などの要職を歴任した。

一八七〇（明治三）年から官庁勤めの傍ら家塾「共立学舎」を開き、英語教育を始めた。

この塾は当時、大学進学のための予備門として位置づけられていたようだ。ちなみに尺振八と福澤諭吉は、友人関係にあった。

家業を継ぐため、いったんは慶應義塾の本科進級を断念した石井清吉であるが、再挑戦すべく慶應義塾へ再入学し、「共立学舎」へも入門したのではないか。慶應義塾の本科では原書を読みこなせなければならないので、相当な英語力が必要であった。

振八は一八七五（明治八）年、すべての官職を辞して一八八〇（明治一三）年まで共立学舎での教育に専念した。

この間に明治期の自由民権運動に大きな影響を与えたスペンサー著『教育論』を訳している。よって、それに関する講義もおこなわれていたことだろう。

学舎を閉じるに至った理由も、「自由民権運動家の巣窟となったため」と噂されている。同年に施行された「集会条例」によって自由民権運動に政府の規制がかかり、学舎関係者の身辺にも監視の目が光るようになったため、それを憂いた振八が、自ら門を閉じたらしい。

あくまでも推論であるが、清吉は、一八七七（明治一〇）年から一八八〇（明治一三）年の間に慶應義塾と共立学舎で学んだのではないだろうか。ならば、自由民権運動の洗礼をモロに受けていたことになる。

さて、後の裁判闘争で石井清吉は、精緻な法律論を展開している。その豊富な法知識は、どこで身に付けたのであろうか。

亀津村の福澤福祐が聞いたとされる話（浅松宮啓の回顧録）では、清吉は一八八二（明治一五）年に慶應義塾の「外国法律科」を卒業したことになっている。しかし、当時の同塾には、そのような学科は存在しない。法律関係学科が設けられるのは、だいぶ後のことだ。

では、まったくのデタラメなのかと言うと、そうとも断じ得ない。清吉の誇張、宮啓の聞き違いや思い込みはあるにしても、清吉は、どこかで法学の基礎と商法を学んでいるはずだからだ。

その可能性を探っていくと、一八八〇（明治一三）年に慶應義塾で金子賢太郎（後に帝国憲法を起草）ら米国のハーバード大学留学から帰ったばかりの若い研究者たちが、「夜間講座」を開いていた事実に行き合った。

この講座では二年間で憲法をはじめ、「契約・売買・損害・預け物」などを教えることになっていた。だが、教授陣の都合もあり半ばで閉講となっている。

それでも一年余りは続いているので、この席に清吉が居たとすれば、時期的にも辻褄《つじつま》が合う。門を閉じた共立学舎から、こちらへ学びの場を移したとも考えられる。ただ調べたところ、正規の「入社帳」（受講者名簿）に石井清吉の名前はなかった。しかし、受講していた可能性は捨てきれない。

以上は、断片記録と状況証拠に基づく推論である。だが、その後の活躍に見られる知識・思想の背景としては、十分に検討するに値すると思われる。

次に「尾崎行雄とともに校主、福澤諭吉先生の命を受け、近く公布される帝国憲法の趣旨を普及させるため、信州及び北陸地方を巡講」という部分についてであるが、そうした事実について現時点では、証拠を見つけ出してはいない。

しかし、明治時代中期の徳之島で暮らしていた福澤福祐が、尾崎行雄や福澤諭吉の名を知っていたとも思われず、清吉自身が語ったことではあったろう。よって、何らかのかたちで地方遊説に関わっていたことは考えられる。

状況証拠として、当時の自由民権運動の動きを簡単にまとめておく。

一八八一（明治一四）年、憲法制定と国会開設の勅諭が出され、一〇年後に国会が開かれることになった。

憲法の内容と国会の在り方については、政府内でも様々な考え方があった。とくに君主大権を重んじるプロシア（ドイツ）型を考えていた伊藤博文と英国流の議院内閣制を主張する大隈重信が、対立していた。

その結果、大隈重信は政争に敗れ、下野することになる。同時に慶應義塾出身の官僚たちが、政府機関から追放された。

理由は、明白だった。大隈の考え方の背後には福澤諭吉の民権思想があり、官僚たちは政策ブレーンであったからだ。いわゆる「一四年の政変」である。

追放された官僚の中には、尾崎行雄の姿もあった。

野に下った大隈重信は一八八二（明治一五）年、「立憲改進党」を立ち上げた。慶應義塾出身者たちも、党の旗揚げとともに加わった。

この政党は、英国流の立憲政治を目指すもので、勤め人や商工業者の支持を受けた。そのため「都市民権派」とも呼ばれた。党是は「官民の調和」で、政府側にも過激な民権派にも与《くみ》しない「中道路線」を採っていた。憲法を基軸とした「法治主義」を旨とする。

ここで慶應義塾と尾崎行雄の関係について触れておく。

尾崎行雄は一八七六（明治九）年、慶應義塾を退学した。奇しくも石井清吉が家督を継ぐため、故郷へ帰った年でもある。理由は、官界の猟官運動を批判する論文を塾へ提出し、教師から「議論するのは良いが、実行の方は……」と評され、「口舌《こうぜつ》の徒《と》」ではないことを示すため「染物屋になろう」と決意し、退学届けを出したとのこと。

塾は辞めても福澤諭吉との関係は、続いていたようだ。諭吉の勧めで演説の修行をし、さらには推薦を受けて「新潟新聞」の主筆となっている。つまり、諭吉に才を認められた「秘蔵っ子」であったのだろう。

その後、官僚にもなったが、「一四年の政変」で官界から追放された。

すぐに「郵便報知新聞」へ入社した。この新聞社は大隈重信がオーナーとなっており、実質的に立憲改進党の機関紙だった。社長は、やはり福沢諭吉の愛弟子であり、その推薦で大蔵省の官僚となり、政変で職を辞した矢野文雄（竜渓）である。

行雄は紙面で健筆を振るいつつ、立憲改進党のスター弁士として全国を駆け回ることになる。しかし、その遊説記録にも、石井清吉の名は見当たらなかった。

行雄は、野呂兄弟から清吉の名前くらいは聞いてはいただろう。だが、慶應義塾でもトントン拍子に進級し、世に出てからも日の当たる場所を歩いてきた行雄にとって、気に留めるほどの存在ではなかったのではないだろうか。

ちなみに野呂巽之助とは交流が続き、行雄が政界へ出てからは三重県における有力な後援者となっている。

他の活動家の記録も調べてみたが、石井清吉の名を見付けることはできなかった。

ただ一八八三（明治一六）年、小野梓と東洋議政会の吉田熹六らが、約三週間にわたって新潟と長野を遊説している。

小野梓は司法省の元官僚（「明治一四年の政変」で下野）で、大隈重信とは親友であった。東京専門学校（現・早稲田大学）の創立に尽力した人物。欧米留学経験を持ち、法学者として活躍した。「東洋議政会」は慶應義塾系の政治団体で、矢野文雄の呼びかけで結成された。尾崎行雄ら「郵便報知新聞」の社員も所属していた。吉田熹六は慶應義塾出身、郵便報知新聞の社員であった。

こうして調べていくと慶應義塾出身者たちが、さかんに地方遊説をおこなっていたことがわかる。立憲改進党の立場からすれば、一〇年後の憲法制定と国会開設に向けて、伊藤博文らの「君主大権＝天皇による意思決定」を重んずるプロシア型憲法採用に傾いた国の流れを、少しでも英国型の「議員内閣制」へと変えていく必要があった。

「議院内閣制＝国民による意思決定」は福澤諭吉の持論であり、その意向を受けた弟子たちが民衆の「草の根」論議を高めるために全国を回っていたとも見ることができよう。ならば清吉の「福澤諭吉先生の命を受け――」という表現も、多少の誇張はあるにしても、まったくの偽りというわけではないだろう。

こうした当時の状況を考え合わせれば、石井清吉が記録に残るような弁士ではないにしても遊説隊のメンバーとして同行していた可能性はあるように思われる。それでなくては、「信州（長野？）及び北陸（新潟？）地方を巡講」という具体的な地方名は、清吉の口から出てこないはずである。石井清吉は、本土の自由民権運動の中で尾崎行雄のような花形スターではなかったが、奄美にとっては、新納中三と並んで「恩人」と言うべき存在であった。

それは、浅松宮啓の次の文章でも、例証することができる。宮啓の心情が直に伝わってくる名文なので、そのまま転載しておく。（改行・ルビ・補語は、引用者が追加）

「三法方の貢献」

大島郡今日の人物の輩出、経済の発展、文化の向上は、実にこの「三法方の精神」に負ふこと少なからざるものと信ず。如何《いか》なれば、この「三法方の精神」に依って島民伸張の機運を生みたればなり。

すなわち明治二二、三年頃までは、薩藩時代の習慣その儘《まま》にて内地人の横暴依然として跡を絶たず。島民を「島豚《しまぶた》」と呼び捨て、（島民も）犬猫同様に卑下《ひげ》し、島民亦《また》内地人の地位階級を問わず「大和旦那様《やまとだんなさま》」又は甚《はなは》だしきは「殿神《とのがみ》」と尊称して益々《ますます》内地人の傲慢《ごうまん》を増長せしめ、その下に屈服して如何《いかん》ともなし得ざる境遇に置かれたるが、この石井氏渡島して「三法方の精神」を普及し、「人間は平等なり、島民は内地人に対して余りに卑屈なり。内地人、島民対等の地位に於いて応対すべきものなり。西欧諸国の例は斯々《かくかく》なり。近く実施されるべき帝国憲法の精神も黙々《もくもく》なり」と、恰《あたか》も小学校の先生が教えるが如く懇々《こんこん》と「四民平等論」を説いて島民の覚醒《かくせい》を促《うなが》し、内地人の跋扈《ばっこ》を掣肘《せいちゅう》したるを以《も》って、茲《ここ》に初めて島民伸張の機運を生み、この思想、年と共に発展し、同時に、かの不当負債揉み消しは、島民経済振興の端を開き、延《し》いて「大島文化」の基礎を作るを得たり。
これ実に「三法方」の恵澤《けいたく》なり。

（浅松宮啓「大島の恩人」月刊誌『奄美大島』一九二八～二九年にかけて連載）

この文章からわかるように「三法方」運動の根底には自由民権思想があり、時代のうねりと無縁でなかったことは、重要な視点として提示しておかなければならない。その仲介者が、石井清吉であった。

清吉が慶應義塾系の中道的な民権思想（福澤諭吉の考え方）を持っていたことは、ほぼ確かであろう。

具体的に言えば「三法方」の考え方には、福澤諭吉の『学問のすゝめ』(一八七二年初刊)とスマイルズの『西国立志編』(中村正直訳、一八七一年刊)の影響があると推察される。

この二つの著書は明治期にベストセラーとなり、当時の若者たちに多大な影響を与えた。

『学問のすゝめ』は、冒頭に置かれた「天は人の上に人を造らず、人の下に人を造らずと云へり」の一句で知られるように「万民の平等」と「独立自尊」の精神を説いている。

『西国立志編』(自助論)も「天は、自ら助くる者を助く」の印象的な文言で、人々の心を捉えた。同著は立身出世を成し遂げた者の伝記集であり、その趣旨は「金も地位もない人間でも、他人に頼らず独力で勤勉と節約によって出世できる」というものであった。

「福運は常に勤勉なる人に添うこと、順風穏波の航海に巧みなる者に従うが如《ごと》し」、または「自主自立することを保存せんと欲するならば、節倹の道おこなうべきを要す」などといった章句が随所に散りばめられている。歴史において名高い人々が、いかにこうした信条を基に自分の道を歩み、望みをかなえてきたかを語っているのだ。

まだ封建制度下の身分、藩閥意識から抜け出せないでいた明治初期の青年たちに対して、「自分の意志と努力だけで、途《みち》を拓《ひら》いていける」という内容は、それを可能にせしめる時代状況と相まって衝撃的とも言える影響を与えたことであろう。

おそらく石井清吉も、その中の一人であったと思われる。

宮啓が清吉から聞いた「三法方」の柱は「負債の償却・勤勉・節約」であり、この本の趣旨と合致する。「負債の償却」は、「約束事の順守」を意味すると考えられる。

さらに想像を広げるならば、石井清吉を通じて奄美の青年たちも、「四民平等」及び「自助」「独立自尊」の精神を身に付けていったのではないだろうか。

それが、宮啓の言う「島民伸張の機運」につながり、さらに言えば昇曙夢が日本本土へ進出した「奄美人」の良質面として挙げている「独立独歩、何処《どこ》までも自己の運命を開拓して、少しも倦《う》まない積極的気性《きしょう》」にまで及んでいるのではないかと筆者は考えている。

さて、ひょんなことから徳之島へ住むことになった石井清吉であるが、その後、どうしていたのであろうか。

まずは最初に縁のあった母間集落へ居を構えたようだ。

同集落出身のジャーナリスト、新天領の思い出話によると、塾を開いて島の若者たちを集めて学問を教える傍ら、自由民権運動の思想を説いていたらしい。

——当時、徳之島母間村は、石井塾ありしが為に、先生の学徳才芸を慕ふ四方の俊英、雲のごとく集まり、さながら徳州学徒の淵叢《えんそう》たる観を呈して居たやうである。

私は、此等《これら》塾生たちにも可愛がられて勉強部屋にも天下御免で通れるし、また、石井先生を中心に、彼等が討論会の席にも、勝手に出入りしたのであるが、只《ただ》私は、あまりにも幼かった……後年、先生の薫陶《くんとう》感化を受けた先輩の人たちに就いて稽《こ》ふれば、この学園では常に天下国家が論じられ、自由民権が叫ばれ、官僚の暴圧に抗争して、民衆の揚達を期するといったやうな思想が培われてゐたやうである。

（新天領、月刊『奄美（大島）』）

※新 天領（寳栄）、生没年不明。

現在の大島郡徳之島町母間生まれ。月刊『奄美大島』の神戸支局主任を務める。後に奄美大島へ移住し、日刊新聞の編集や発行に携わる。

この記述から想起されるのは、まさしく吉田松陰の「松下村塾」である。

一八九〇（明治二三）年、石井清吉は、島の中心地である亀津村（現・徳之島町）へ転居した。「三法方」運動の大島有志総代会の議長として、また、本格化した裁判闘争の代人（弁護人）としての仕事が忙しくなったからであろう。

当時の控訴状の職種欄には、「商業」と記されている。まったくの想像ではあるが、その時期は、「阿部組」の仕事（糖業の契約業務）を請け負っていたのではないだろうか。

「三法方」運動のリーダーとしての清吉の名は、一般の人々の間にも拡がっていった。

当時の様子を地元紙が古老からの聞き取りを基に、次のように記している。

「亀津ダンパツ」――その歴史的展望（9）

法律の強さ

南島商社問題は郡民対商社の貸借問題として各島でごたつき、名瀬や喜界、沖永良部では血なまぐさい事件さへ起こったので、徳之島へも警部（検事ともいう）が派遣され農家を扇動する者として石井清吉を警察に引っぱった。

生き神様のごとくいわれている石井が引っぱられたので、うわさは島内に広まり、亀津の人々は驚いて警察署の周りに集まった。署長室にはいった石井は顔色一つかえず、その署長（当時警部補が署長で橋口警部補という）の尋問に、てきぱきと答え、しかも「君たちは――」と君たちよばわりを盛んに連発して、農家の実状を全然知らないとこきおろし負債償却、勤勉、節約の三方法を提唱して何が悪いか、農家の生活改善と共に、商社よりの高利負債を帳消しにするか、しないかは才（裁）判に争うべき問題で純然たる民事問題で君たち警察は干渉できない問題だ、君たちよりもおれの方が知っているんだ。おれがこの島にいる間はほかの島のように血なまぐさい暴動は起させないとたんかをきったので、理の当然とていちょうにお茶などをのまして帰した。

さきほどから署長室での問答をぬすみ聞きしていた村人連中も、法律を知っている人の強さ、石井清吉の強さ、えらさを痛切に感じ、石井の名は高まり、島内各地に大きな話題となり、慶應義塾法科卒業の石井の法学思想は亀津ダンパツの青少年に大きな影響を与えたと考えられる。

（『徳州新聞』連載記事、一九六七年五月一五日付）

裁判闘争が、ひと山越えたと思われる頃、浅間村（現・天城町浅間）へ移った。浅松宮啓が住む集落である。

今度は、農業に取り組み始めた。清吉は、もともと農家の子である。本土の進んだ農業技術や経営は、見知っていたはずだ。「三法方」運動を推進する中で、島の農業の近代化を図る必要性を感じたのかも知れない。

さらに一八九七（明治三〇）年、知人からの誘いをきっかけとして、浅間と岡前集落の十数家族を率いて種子島へ入植した。同島には、未開の地が残されていた。人々の先頭に立って原野を拓き、新しい農業経営を確立しようと試みた。

筆者が種子島で現地調査をした当時、石井清吉の家で農業の手伝いをしていたという人が存命なさっていて、お話をうかがうことができた。また、種子島で暮らしていた頃の清吉の様子については調査に同行していただいた地元の郷土史家、中島信夫氏（一九二八（昭和三）年生まれ、祖父母は、天城町浅間出身）編集『二十番郷土誌』（中種子町立歴史民俗資料館刊、一九九一（平成三）年三月）に詳しく記されているので、そちらをご参照いただきたい。

ただ一つだけ清吉が福澤諭吉と直接、面識があったらしいことを示す興味深いエピソードを聞くことができたので、同誌の記述を引用して紹介しておきたい。

ある年の秋、県の農業技師が来島して、石井清吉の自宅で講演をおこなった。清吉も正座して静かに耳を傾けていたが、その話ぶりが高飛車（上から目線）であったためか、終了後、床の間の横の机の引き出しから一冊の本を取り出し、技師の前へ差し出した。技師は、不審に思いながら本を手に取った。福澤諭吉の『学問のすゝめ』であった。言うまでもなく、「万民平等」を冒頭で説いている本だ。

本をめくり、最後の白紙の部分を見て技師は、真っ青になった。

「贈・石井清吉君へ　福澤諭吉」と署名してあったのだ。

技師は「これは失礼致しました」と述べ、早々に立ち去ったとのこと。

（『二十番郷土誌』）

このエピソードを信ずるならば、清吉は諭吉から本を贈られるほどの関係であったということである。また、ずっと傍らに本を置いていたほど、諭吉に対して敬意を抱いていたということなのだろう。

一九二四（大正一三）年五月三日、入植した種子島で石井清吉は、六七年の生涯を閉じた。最期は弟の清八が看取り、遺骨を三重県小俣《おばた》町の生家へ持ち帰った。

清八は兄、清吉の人物像を次のように記している。

「――性狷介《けんかい》、不羈《ふき》不撓《ふとう》不屈《ふくつ》、種子島西之表ニ於テ瞑ス」

信念を貫き、何事にも束縛されず、権威や権力にも屈しない一生であった。

人生の後半は開拓農民のリーダーとして、荒れ地に鍬《くわ》を打ち込んだ。

思うに、その信念とは、「法の下における平等と自主自立の精神に基づくもの」であり、青春時代に自由民権運動（立憲改進党系）の中で培われ、奄美での「三法方（方法）」運動によって磨き抜かれたものであろう。

また、新納中三の影響も見逃せない。

浅松宮啓によれば、中三は奄美大島を離れるとき清吉に対して、次のように語ったという。

「大島は、島司の二、三名を犠牲にするくらいでなければ民意を引き上げ、経済を向上させることなど望めません。

今後も、いっそう大島のため、よろしくお頼みします」

名家の出身らしく堂々たる体躯と風貌の新納中三が、痩せぎすで痘痕面《あばたづら》の青年、石井清吉に頭を下げた。

清吉は、その無私と赤誠（素直で偽りのない気持ちや態度）に心を打たれ、涙を流した。

バトンを手渡された石井清吉は以後、「三法方（三方法）」運動を通じて奄美大島の人々のために全精力を捧げることとなる。

麓議員「大島郡は沖縄県へ引っ越すぞ」と啖呵《たんか》を切った

話を一八八八（明治二一）年当時へ戻す。

名瀬の西本願寺における大会議を契機に、奄美の農民と鹿児島商人との対立関係は、決定的なものとなった。

こうした構図は、この場で急に形づくられたものではない。一年前、「県令三九号」が公表された（発布は一八八七年四月）ときから始まっている。

県庁へ辞表を叩きつけた麓純則は、「県令三九号撤廃」を求める運動を有志らと開始する。純則らは「砂糖販売規則」が知事の権限を逸脱した違法なものであることを県庁へ申し立て、また、農民たちに対しては、従う義務のない規則であることを説いて回った。

この運動を母体として純則は一八八八年三月、鹿児島県議会議員に当選し、議会を舞台にして渡辺千秋知事と対決することになる。

大会議の後、大島郡あげての組織的な抵抗運動の火蓋が切られたのだ。

県議となった麓純則は渡辺県知事と面会し、県令廃止の嘆願書を手渡した。その際の二人のやり取りが浅松宮啓の回顧録に記されているので、口語体に直して転載しておく。

これは、宮啓が陳情団として同行して見聞きしたものか、または関係者から聞き取ったものであると思われる。

麓県議会議員は渡辺知事を訪問し、「県令三九号は、大島砂糖の販路を断って大島を死地に陥れるものである」ことを力説して、同県令の廃止を請願したが、渡辺知事は、

「いったん公布した県令を、すぐに廃止することは不可能である。

また、警察当局の調査によれば、（嘆願書は）大島有志が勝手におこなったもので、多数の郡民は関知しないことだ。だから、有志は民意をたばかるもので、同時に新納（元）島司の措置は、越権行為である。

そのような怪しい願書を入れて県令を廃止するようなことがあったなら、自分の身上（進退問題）にも関係してくる」

と、頑強《がんきょう》に撥《は》ねつけた。

麓県議会議員は、これに屈することなく、

「けして怪しい嘆願書ではない。民意詐称とは、もってのほかだ。

嘆願書は急を要していたので、大島各地方の人びと多数の署名を（まだ）得てはいないが、いま現在、各離島に至るまで願書を取りまとめ中である。

各離島は、いずれも船便に頼っており交通が不便であるため、書類の取りまとめは遅れているが、ぜんぶ島民から起こった論議であることは間違いなく、大島警察の調査は誤りである。

それなのに県当局が少しも郡民の願意を考慮することなく、我が大島の重要な産物である砂糖の販売を抑圧するような県令の実施に固執するならば、我われ郡民としては鹿児島県の管轄下を去る方法を講ずるしか他に道はない。我われ大島島民は、いつまでも鹿児島人の継子扱いや労役夫扱いに甘んじてはいない。

我われ（大島郡選出の議員）は、ただちに県議会議員を辞職して帰島し、郡民に訴えて古来から関係の深い沖縄県と握手し、同県管内に走るよう郡民あげて政府に向かって必死の運動を試みるつもりだ」

と、その固い決意を述べて、願意の貫徹を図った。

ここにおいて渡辺知事も、大島郡が「鹿児島県からの離脱」運動をおこなうことの意味の重大性に気付いてか、最初の剣幕とは打って変わって、

「それならば同県令の取り扱いを寛大にして、砂糖の販路は制限せずに、どことも広く取り引きをおこなえるようにしよう」

と、折れるに至った。

麓議員は、さっそく帰島して郡民にその旨を伝え、再び阿部氏と砂糖の取り引きをおこなうことを交渉し、阿部氏は、再び大島各地に開店した。

（前掲誌「大島の恩人」）

ここで注目したいのは、「大島郡は、鹿児島本土と対等な自立した地域である」とし、もしこのまま抑圧を続けるならば、「沖縄県の管轄下へ引っ越すぞ」と啖呵《たんか》を切っている点である。

確かに奄美群島は一五世紀から一六世紀にかけて琉球王朝の支配下にあり、風俗習慣も似通っている。一六〇九（慶長一四）年、薩摩軍の侵攻によって薩摩藩に組み入れられただけで、最初から属していたわけではない。江戸時代の間、「無理やり従わされてきた」とも言える。

明治時代になって、藩制度は消滅した。よって、その軛《くびき》に繋《つな》がれていなければならない道理はないのだ。

法律として「府県制」が定まったのは一八九〇（明治二三）年になってからなので、一八八八年の時点において鹿児島県からの離脱は理論上、不可能ではなかった。

また、一八七四（明治七）年、政府は莫大な利益をもたらす砂糖産業を鹿児島県から切り離して「大島県」を設けて直接、管理しようとした。むろん、そんな計画を薩摩藩出身の大久保利通が認めるはずもなく、実現しなかった。だが、そうした動きが政府にあったことだけは事実として残った。

政府の動向を知る渡辺知事が、慌てたのも無理なかった。

たとえ実現しなくとも、大島郡をあげての離脱運動が展開されたら政府に対して顔向けできなくなる。中央政界へ打って出ることを考えていた渡辺千秋としては、絶対に避けたいことであったろう。よって、白旗を上げざるを得なかった。

こうして「県令三九号」は事実上撤廃され、大島郡での活動を再開した「阿部組」と「南島興産商社」との間で激しい競合が始まった。県当局は「南島興産商社」に肩入れし、役場や警察を使って農民に対して圧力を掛けた。しかし、多くの農民は、「阿部組」を支持した。

いくら県当局が有形無形のかたちで圧力を掛けても、自由競争のもとでは支持者が多い方が勝ちである。

「南島興産商社」は日増しに劣勢となり、ついには「興産の名は、全く空物に帰して、殆《ほとん》ど降参の二文字に変化せんとする」と『東雲《しののめ》新聞』に揶揄《やゆ》されるような切迫した状態となった。

しかし、それは暫くしてからのことであり、当初は裁判闘争と公権力の支援で圧迫し、農民側を抑え込もうとした。

「大島有志総代会」と鹿児島商人との裁判闘争が始まる

名瀬の大会議で産声を上げた「大島有志総代会」は、県令撤廃の運動と並行して、村単位での組織づくりをおこなっていった。

一方、「南島興産商社」も黙ってはいなかった。訴訟を起こし、個別に追い詰めていこうとした。その被告第一号が、笠利村の総代、碇山偵和喜と他一名であった。

総代会側は、岡本直熊を代言人（弁護士）として立て、石井清吉が背後から支えた。

第一審は、鹿児島始審裁判所大島支庁で争われた。ここでは、まず総代会側が勝利した。それを伝える『東雲新聞』の記事（一八八九（明治二二）年三月一〇日付）で、その結果を紹介しておく。

「――同支庁に於てハ原被両告をして、数回の論争陳弁を為さしめし上、昨年一二月中旬に至り、漸《ようや》く右の数件とも言渡《いいわたし》をなし、全く被告たる各島糖業者の勝利となりて、即《すな》ハち砂糖代価の契約ハ不当なるにより島地の時価に直し法律上の利息を付して返済する事となり、且《か》つ砂糖前売の未必条件ハ砂糖の天災に罹《かか》り、引渡し得ざる者に限り、凡《すべ》て其《そ》の前借せし処《ところ》の金穀を返済するに及バざる事となり、又《また》委託販売に係《かかわ》る事件ハ興産商社の非理に帰し、大島郡なる高利負債の金額大凡《おおよ》そ六五万円ハ、其の裁判官言渡の旨意《しいよ》に依りて計算を為すに僅かに一〇万円内外に過ぎざる事なりし――」

この判決を受けて「大島有志総代会」は、さらに組織固めを図るべく一八八九（明治二二）年二月、また名瀬で総代人の集会を開き、これからの運動方針を話し合った。

その時の「申し合わせ事項」が、同記事の最後に掲載されている。

申合規約

第壱条　内地商人より係る高利負債ハ　明治廿一年一二月一二日　裁判官言渡の振合に従ひ計算したる上に非されバ　村中一人も返済す可からず

第弐条　明治廿二年春製糖ハ村中一定の場所に積立　最も高価なる処に売渡すものとす

第三条　各自人民より書入抵当ハ　何様の事故あるも売買譲渡譲受及び其物件を預り或いハ小作等をなすものハ　一切村中の交際を断つものとす

第四条　組合人民の内　若し内地商人の為め尽力をなし妨害をなすものハ　前同断とす
第五条　組合中より公選を以て組合の総代人を互選し　其総代人の指揮を受くるものとす
第六条　此組合中ハ　五人宛の組合を定むとす　若し其組合中に違約者あるときハ　五人連帯中にて一切負担するものとす
第七条　本年二月六日名瀬西本願寺に於て全郡有志が決議したる条款ハ　いっさい我々に於て履行するものとす
第八条　此組合に加入せざるものハ　一切村中の交際を断つものとす
第九条　前条に違背するものハ　金五円より廿円迄　過料を出すものとす
右の通　村中協議の上　決定申合候間違背なきもの也

この「申し合わせ事項」からも「三法方（三方法）」運動が、全郡的かつ組織だったものであったことがうかがえる。また、内容から相当の決意が感じられる。さらに言えば、「ボイコット運動」の側面を持っていたことも興味深い。

総代たちは、ここで話し合われたことを各地区へ持ち帰り、人々へ伝えた。

こうした総代会側の動きに対して「南島興産商社」も後には引けず、さらに対立姿勢を強めていった。総代会に関わる糖業者（農民）を相手取って次々と訴訟を起こしていく。

浅松宮啓も一八八九（明治二二）年七月二七日、商社から訴えられた。

その「貸金請求之訴」と「貸金請求之答」、さらに「貸金請求反対之控訴」（三点とも鹿児島県立奄美図書館所蔵）が残っているので、裁判闘争の論点が何であったか文献に基づいて見ていくことにする（現代文に訳して記した）。

まず経過であるが初審は、「鹿児島始審裁判所大島支庁」でおこなわれた。

原告の商社側は、「貸金証書」六通を証拠として提出した。そして、「返金を請求しても苦情を唱え、応じなかったため、訴えることになった」と述べた。

これに対し、被告側は岡本直熊を代言人（弁護士）として立て、次のような反論を行っている。

甲一号証は、明治一九年度に借り入れた金銭ならびに品代、つごう六〇円七三銭を、二〇年の春に収穫・製造される予定の砂糖を目当てに、自ら（勝手に）定めた価格、すなわち砂糖一斤に付き一銭二厘で計算し直し、その砂糖六〇六〇斤八合を二〇年の春、請求した。

しかし、同年は（一九年一一月の台風による）凶歳（不作の年）であったため、一斤も払い込むことができなかった。

すると原告は、警察の保護（権力）、または他の手段を使って、右の砂糖を一斤に付き三銭で金銭に改めさせた。

その一五〇円八二銭五厘に、前年四月から七月までの金利四円八五銭九厘、および登録料一円、印紙代と用紙代二二銭二厘を加えて合計したことによって成ったものである。

右の事実のごとく金銭と砂糖を転々とさせる間に理由のない不当な計算をして、みだりに証書面の負債額を増やした。

まったく原告は、島民の朴直愚昧《ぼくちょくぐまい》を奇貨として内地商人（原告ら）合体して「依らしむべし、知らしむべからず」の瞞着《まんちゃく》主義を採用し、それで島民を自由にさせないようにした結果として生じたことだ。

だから「甲一号証」の金額は、正当に成立したものではないので法律上、無効なものに過ぎない」（以下略）

この裁判記録から分かるのは「南島興産商社」（鹿児島商人）が、明治二〇年の春に生産製造されるはずの砂糖六〇六〇斤八合を受け取る約束で、浅松に六〇円七三銭を前渡しした。

しかし、見込んでいたサトウキビは同一九年一一月の台風で収穫不能となり、商人に渡すことができなかった。

同二〇年の秋にも台風に襲われ収穫が激減したが、それでも浅松は同二一年三月、一〇五九斤を商人へ渡した。それにもかかわらず商人側は、「それは、現金で買い取った分である」と言って、最初に受け取るはずだった砂糖を一斤当たり三銭に計算し直して、請求したのである。

つまり六〇円七三銭の借金が、一五〇円八二銭五厘になっていたのだ。まさしく文字通り「ベーガラシ（倍返し）」である。

大島有志総代会の結成と各地区での情宣活動で、島の人々も鹿児島商人側の不当な金額操作のやり口を知り、負債糖を金銭に換算し、借金証書に改めることを拒否することを申し合わせた。するど、警察から召喚状が送られてきた。応じなければ、拘留するというのである。人々の多くは恐怖し、やむなく従った。

負債者ハ　其不当ノ請求ニ応ズベカラザルノ協議ヲ開シ処　意外ナル警察署ヨリ其重立《おもだち》タル者（糖業組合長及ビ惣代有志者等）ニ向テ召喚状ヲ発シ　応セサル者ハ　拘留スヘシトノ事ナリ　シテ以テ其重立タル者ヲ初メトシ世事《せじ》ニ疎《うと》キ人民ハ一統《いっとう》之《これ》に恐怖シ　原告ノ不当ナル請求ヲ拒《こば》ムニ由《ヨシ》ナク　止《や》ム得ス　遂ニ……ノ証書ヲ差シイレタリ　（以下略）

『貸金請求之答書』被告代言人　岡本直熊

浅松宮啓も、致し方なく同二一年七月に、借りてもいない一五七円九〇銭六厘の借金証書を差し入れたのである。

初審では、これが証拠となって敗訴した。岡本直熊の反論は、退けられたのだ。

そこで、総代会側は同二三年一〇月二四日、長崎控訴院へ控訴した。

今度は、石井清吉が宮啓の代人として表に立ち、弁を振るった。大島有志総代会議長の肩書で登場しているところから見て、単に浅松宮啓個人の代弁をするという以上に、総代会の主張を述べるといった意味合いが強いように思わる。この前日には福島常徳（亀津）、三日後には寛義鼎（伊仙）の控訴状を提出し、ほぼ同様の論述をおこなっている。

これらの控訴状が、石井清吉の肉声を伝える唯一のものなので、その一部（浅松宮啓の分）を転記（ルビは、引用者）しておく。

右控訴代人ハ　石井清吉申上候《もうしあげそうろう》　控訴人ハ　明治廿二年七月七日貸金請求ノ控ヲ受ケ　原裁判断斯《これ》ニ於《おい》て不利ノ裁判ヲ與《あた》ヘラレタルモ　該《この》裁判ハ　控訴人ニ於テ服シ兼《かね》ヌルヲ以テ　更《さ》ラニ適理ノ審判ヲ受クル為　爰《ここ》ニ控訴　仕《つかまつり》　左ニ其《その》事実理由開陳　仕候《つかまつりそうろう》

控訴人ハ明治十九年　旧債主則《すなわ》チ当時被控訴社ノ社員ヨリ　明治廿年春　控訴人製造ノ砂糖ヲ引渡ス見込ヲ以テ　豫《あらかじ》メ其代金代物トシテ都合金《つごうかね》ニシテ六拾円七拾三銭ヲ　壱斤一銭二厘宛ニ計算シ　其砂糖六千六拾斤八合ヲ算出シタリ　然ルニ明治廿年春ハ古来未曾有《みぞう》ノ大嵐ニシテ甘蔗《かんしょ》枯死　全ク砂糖ヲ製スル能ハス　飢餓旦夕《たんせき》ニ迫マリタルノ惨状ニ乗ジ　旧債主ハ其砂糖ノ請求頻《しき》リニシテ　之《こ》レガ引渡シヲ為サヾル者ハ一斤三銭ニテ金《かね》ニ改メ　金借用証ヲ差入ル可《べ》キ旨《むね》ヲ以《もっ》テ　警察ノ保護等ニ依《よっ》テ　遂ニ其証書ヲ領シタル者ハ　初審第一証ナリトス

暫《しばら》ク控訴人ガ急迫ニ乗ジ　剰《あまつさ》ヘ警官ノ威力ヲ以テ　既ニ目的物消滅シ　全ク権義ノ関係ナキ砂糖ニ根基《こんき》シテ不当ノ計算ヲ為シタル金額ナレバ　固ヨリ控訴人ガ正当ニ負担シタル義務ニアラザルニ　原裁判所ガ其《その》金額ヲ正当ナリトシタルハ不当ナリ（以下略）

この控訴審は、清吉の弁の効あってか勝訴した。宮啓は、「この奸計《かんけい》は、裁判官の看破《かんぱ》する處《ところ》となりて敗訴の判決を受け、商人は裁判費用倒れの憂目《うきめ》を見、商賣不況の因をなしたり」と回顧録で述べ、勝利したことを誇っている。

しかし、すべての裁判が、有志総代会側に有利な判決であったわけではない。

一八九四（明治二七）年、日清戦争の勃発で国家主義的風潮が高まり、「自由民権運動」は勢いを失っていった。その流れの中で、これらの裁判も歴史の中に埋もれていく。よって、以後の詳細は不明である。

大審院にまで至り、大阪控訴院に差し戻され、その大半が鹿児島商人たちの勝利に終わった。

だが、勝敗は別として、これらの裁判闘争を通じて島の人々は、単なる鹿児島本土の離島（僻地）ではなく、相対する一個の主体としての「奄美」を意識するようになっていった。また、日本全体の動きに関する知識や情報が乏しかったために、いわれのない不当な扱いに甘んじてきた自分たちの歴史と立場を知った。

これは、石井清吉が「三法方」運動を通じて、訴えてきたことでもある。代言人の岡本直熊が指摘しているように、島の人々は薩藩時代から自由な経済活動を封じられ、砂糖を生産することだけを強いられてきた。明治時代になっても、県当局と鹿児島商人たちは、その収奪構造を崩すまいとしてきた。

東京で自由民権運動の洗礼を受けた清吉の目には、そうした状況は、許しがたいものに見えたに違いない。彼は、その非を「暴動」といった感情の激発ではなく、「論理」で正そうとした。

控訴審では、法律論議で「南島興産商社（鹿児島商人たち）」の不当性を理路整然と説き、追及していった。その過程は、関わった島の人々の「目覚めの過程」でもあっただろう。

沖永良部「和泊騒動」と喜界島「凶徒聚衆事件」の背景

石井清吉が主導する法廷闘争の傍らで、島々では「南島興産商社」側と島の農民との間で小競り合いも各地で起こっていた。

その代表的なものが、沖永良部島の「和泊《わどまり》騒動」と喜界島の「兇《きょう》徒《と》聚《しゅう》衆《しゅう》事件」である。

この二つの騒動は、これまで別個の出来事として扱われてきたが、これらも「三法方」運動の流れの中で起きたことである。

「和泊騒動」は、浅松宮啓の「回顧録」によれば「大島有志総代会」の総代で、和泊村の戸長であった坂元元明が村民大会を開いて「三法方」運動の趣旨を説明している最中に、「南島興産商社の店員が農家に押し寄せ、砂糖樽を強奪していった」との知らせが会場に届いた。そこで、集まっていた人々が立ち上がって会場から商社の支店へ向かい、奪われた砂糖を取り戻したことから始まる。

日時は特定されていないが「三法方」運動の趣旨と総代会の申し合わせ事項の説明をおこなっていた場のようなので、一八八九（明治二二）年二月六日に名瀬で開かれた「大島有志総代会」から間もなくの頃の出来事であったであろう。

総代会の「申し合わせ事項」には、「内地商人より係る高利負債ハ　明治廿一年一二月一二日　裁判官言渡の振合に従ひ計算したる上に非されバ　村中一人も返済す可からず」とあるので、大会に参加した村民としては当然の行動であったと考えられる。

商社側は、ただちに店員を集め、村役場の倉庫へ納めておいた砂糖を再び奪おうとしていた。そうした事態を憂慮した土持《つちもち》政照は、「社倉」の庭で仲裁案を協議していた。状況から考えれば、協議の相手は商社側の人間だったはずだ。

その場面を目撃した人たちが「土持一派は、商人びいきだ！」と誤解し、会合の席に向かって投石したため、土持側が火縄銃で応戦するという騒ぎになった。

しばらくして誤解も解け、その場は収まった。

だが、農民たちは商社側の襲撃を警戒して七日間、火縄銃を構えて役場の倉庫を守ったという。商社側と農民たちの対立感情が高まり、一撃触発の状態にあったことがうかがわれるエピソードである。

土持政照は、備荒貯蓄のための「社倉」を設けるなど衆望の厚い人物であった。だが、元は薩摩藩の役人であり、鹿児島本土の人間とも繋がりを持っていたため、誤解されたのかもしれない。ちなみに政照は沖永良部島に流罪となった西郷隆盛を温かく世話をした人物として知られている。薩摩藩士の身分ではあったが、赴任してきた役人の島妻《アンゴ》（薩摩藩士が島に滞在している間、島の娘を妾《めかけ》として一時的に徴用していた）の子で、微妙な立場に置かれていた。

島のことを第一に思い、島の人々のために力を尽くしていた。そんな政照が成り行きとは言え人々に火縄銃を向けるに至ってしまった（宮啓の記録が正しかったとすればの話であるが）ことは、さぞかし苦渋に満ちた選択であったであろうと想像される。

喜界島の「兇徒聚衆事件」も、こうした緊張の中から偶発的に生じたものであった。

宮啓の「回顧録」によれば一八九〇（明治二三）年、初審と同様に控訴審でも勝利した碇山偵和喜（笠利出身）の快報を伝えようと村民大会を開いた早町村の総代、田中圭三を警察が「無届集会」の罪で拘置したため村民が激怒して留置所を襲い、圭三を助け出そうとしたことから起こった事件であるという。

郷土誌『趣味の喜界島史』（竹内譲、「南陽社」刊、一九三三年）では、事件の成り行きを詳細に記している。

同書によれば喜界島では、「南島興産商社」に負債を持つ農民一四三名が「有志」と称する同盟（大島有志総代会）を結んだ。そして、生産糖は、すべて田中圭三の手を経て「阿部商店（阿部組）」

に販売委託をし、日用品の供給を受けることにした。

ところが一八九〇（明治二三）年六月五日、田中圭三が「喜界島巡査派出所」に逮捕令状もなく拘引《こういん》され、留置された。

農民たちは、「田中圭三との間で生産糖の取引計算が済んでいないため、代金を受け取ることができない。計算が済むまで釈放してもらいたい」と嘆願したが、聞き入れられなかった。

その交渉の過程で、圭三が逮捕されたのは、「南島興産商社」の喜界島分店の訴えによるものであることが分かった。

怒った農民たちは、「どうしても田中を助け出さなければならぬ」と決意して同月二四日、農民三〇〇余名が天神山に集まり、圭三の「責付嘆願書」と「有志人民天神山集結届書」を持って派出所へ赴き、提出した。

翌二五日の朝、再び数百名が集合し、代表者が派出所の巡査（警察官）と交渉したが拒否され、解散を命じられた。それを不服として、代表者たちが押し問答をしているうちに人々が集まってきた。

その中で派出所の小吏（下役人）が、一人の悪口を聞きとがめ着物の襟をつかんで門の中へ引きずり込もうとした。それをきっかけに群衆の怒りが爆発し、窓ガラスが割られるなどの騒ぎとなった。

やむなく巡査は田中圭三を釈放し、人々は歓声を挙げて引き揚げた。

しばらくして大島本島から検事と応援の警察官がやってきて圭三が再逮捕され、多くの関係者も引っ張られた。

そして、「兇徒聚衆事件」の首謀者として裁判に掛けられることとなった。

「兇徒聚衆罪」は一八八二（明治一五）年、多人数による集団的暴動に対する罪名で、「自由民権運動」を弾圧するために制定されたと言われる。多くの人を集めて暴動を起こし、官吏を強迫したり、また官吏の説諭に服せず、家屋などを破壊したりした罪をいう。

初審は「（鹿児島軽罪）裁判所大島支庁」でおこなわれ、予審で一部が有罪相当と認められ、公訴されようとした。しかし、ある検事の計《はか》らいで「長崎軽罪裁判所」へ審議が移された。その結果、石を投げた者と窓ガラスを割った（障子を破った？）者以外は、免訴（不起訴）や無罪となったらしい。

この事件は、田中圭三が「大島有志総代会」の「申し合わせ事項」を基に、喜界島での組織化を図っていた過程での出来事であり、また、それがうまくいっていたことの傍証となろう。

さて、田中圭三の人物像と来歴であるが、まだ詳しいことはわかっていない。『奄美郷土研究会報』第四号に記載された「郷土の恩人　田中圭三のこと及び古事など」（平和人）だけが手掛かりである。

それによると圭三は、幕末に現在の鹿児島県薩摩川内市白和町で生まれた。

幼い頃、鹿児島の商家に預けられたが、学問好きであったため、上京して私塾へ入った。そこで学ぶうちに西欧留学を思うようになった。

一八七六（明治九）年、同郷の先輩が、領事か何かで渡欧するという話を耳にした。すぐに決意して長崎へ向かったが、船はすでに出港していた。

あてもなくボンヤリと長崎の街を歩いていると偶然、東京の私塾時代の友人と出会った。その友人に、長崎と鹿児島を結ぶ船の事務長の仕事を紹介してもらった。

その後、西南戦争を間近にした鹿児島で、「私学校」の生徒に官軍の密偵と間違われて捕まるなど波乱万丈の人生を送り、喜界島へ流れ着いたようだ。

明治九年と言えば、石井清吉が二〇歳を迎えて家督を継ぐため、慶應義塾を離れて故郷へ帰った年だ。そこから考えると圭三も、同じ年齢くらいではなかったろうか。事件のときは、三〇歳代前半であったと推測される。

渡欧を決意したのは、「洋学塾で、学んでいた」ためと考えるのが順当であろう。ならば、清吉と同じく『西国立志編』（明治四年刊）や『学問のすゝめ』（明治五～九年刊）を胸躍らせて読み、自由民権運動の胎動を肌で感じていたのではないだろうか。

石井清吉とは「大島有志総代会」で、顔を合わせていたはずである。おそらく清吉の「三法方」運動の本旨を理解し、共感して積極的に運動を推進させようとしていたのではないだろうか。

清吉と圭三の関係は、現段階において筆者の勝手な想像の域を出ていない。いずれ詳しく調べてみたい。

島を守るため「学問を武器とせよ！」——岡程良の訴え

「三法方」運動を陰で支え、喜界島の「兇徒聚衆事件」の再調査をおこなった人物がいる。岡程良（一八五七〜九四年）である。奄美大島の龍郷村（現・龍郷町）大勝で生まれた。

薩摩藩が中国との密貿易をおこなうための唐通詞（通訳）を祖父が務めていたため、「郷士《ごうし》格（扱い）」であった。ただ身分は農民で、帯刀も許されず月代《さかやき》を剃ることもなく「藩に貢献した地域の富農または知識人」というだけのことである。

程良は、この祖父から漢学などの基礎教育を受け、一七歳のとき戸口の「掟《ウッチ》」（下級役人）となった。この時期に地元の篤農家から農業に関する知識を学んだ。

一八七五（明治八）年、名瀬に開設された小学校の教員となった。

名瀬小学校は、名瀬の郷校（変則小学校）が衣替えして同年一二月から「正則」（正規）の小学校となったものだ。発足当初の教員三名の内の一人が程良である。まだ一九歳の若者であった。

同年、イギリスから帰国した新進気鋭の青年、丸田南里が、「勝手世」運動（騒動）の烽火《のろし》を上げた。このとき程良は、南里の姉の家に下宿していたとも言われる。その話が事実であるとすれば南里と会い、直接話を聴いていた可能性がある。年齢も近く、大いに心を動かされであろう。

「正則」の名瀬小学校教員となった程良であったが、正式の資格は持っていなかった。そのため翌年、本土へ渡って鹿児島師範学校「小学正則伝習方」へ入学する。このコースは一〇カ月で、准教員を養成するものである（当時、奄美出身者は本科へ入学することは、許されていなかった）。

一八七七（明治一〇）年、帰郷して「大勝小学校」の教員となる。この年は「西南戦争」が勃発し、「黒糖の自由売買」を求めて上鹿した島の陳情団が、戦場へ駆り出された年でもある。

二年半後の一八七九（明治一二）年、再び本土へ渡って横浜で巡査となった。法律知識を身に付け、島のために尽くそうと考えた。

しかし、働きながら学ぶのは難しく、勉強に専念するため、東京の神田にあった法律学校に入った。だが、学資が続かず、中途で退学した。

一八八一（明治一四）年、島に帰って郡役所へ勤めるが、すぐに大島警察署へ移った。翌年、徳之島警察分署の署長に任ぜられる。この後、再び大島警察署へ戻された。

一八八五（明治一八）年一〇月、新納中三が奄美大島の支庁長として赴任してきた。

翌一一月、程良は、鹿児島始審裁判所に詰めることになった。同年、「判事登用規則」に基づく判事の登用試験が初めて実施され、合格したからだ。

試験勉強中は布団で寝ることはなく、机に突っ伏して仮眠をとるだけといった猛勉強をしたらしい。

中三は維新後、判事として名古屋や函館などの地方裁判所を回り、大審院（現・最高裁）判事まで務めた。程良にとっては、法曹界の大先輩に当たる。おそらく親しみと尊敬の念を抱いていたであろう。

この出会いが、その後の活動を決定づける運命的な契機となった。

中三は奄美大島の窮状を知り、ただちに中央政府へ訴え、救済を図るために動き出す。このとき政府の内部で助けたのが、内務官僚であった大島信であったことは先に述べた。

程良と信は、姻戚関係にあった。同じ龍郷村に生まれ、義兄弟《ぎけいてい》の関係でもあったのだ。信が四歳年上で、義兄に当たる。

官僚として大島信が新納中三を助け、岡程良が法律家として石井清吉らの運動を助けたということになる。まことに縁と言うしかないであろう。

一八八七（明治二〇）年七月、判事試補として鹿児島始審裁判所大島支庁へ転任する。

ここで関清英と出会うことになる。程良は清英の、「法の番人」としての厳正さに感銘を受け、心酔する。

関清英は佐賀藩（佐賀県）出身の官僚で、各地方裁判所の検事正を務めた後、警視総監にまで上り詰め、貴族院議員も務めた人物である。

程良は、清英から「法律に背反することは、たとえ皇帝陛下の命令といえどもこれに応ずるべきものではありません」「不正を許してはならない」といった訓戒を受けたという。

この時期の清英は確かに法務官僚として謹厳実直な態度を示していた。鹿児島始審裁判所の大島支庁が県庁や鹿児島商人たちの意向を受けて動いているのを見抜き、正しい判断が下されるように

「兇徒聚衆事件」を長崎の裁判所へ移したのも清秀であった。

黒糖取引をめぐる「南島興産商社」との裁判は数千件にも上ったらしい。その結果は、必ずしも思わしいものではなかった。

その原因の一つとして島の農民側に立つ法律の専門家が、少ないということがあった。これまでの経緯や事情を踏まえて論理展開ができる人材は数えるほどだった。表向きの契約内容だけを見て審議や判断をされると、不利はまぬがれなかった。

一八八八（明治二一）年、岡程良は、陳情のため上京した「大島有志総代会」の人々（大阪市場視察団が、そのまま東京へ行ったのか？）に対して講演をおこなった。その内容が残っている。地元の郷土史家による要約を転載しておく。

我々郡の有志の目標は、わが一三万の同胞をして、一日一度米の飯を食うことのできる程度に引き上げることができればよしとしよう。

現在の郡民の所得は、一日一人につき一銭四厘というまずしさだ。これを三倍の一日四銭二厘平均に引きあげることができれば、同胞たちは一日に一度は米の飯を食うことができるようになる。

それには島の主要産業である糖業を近代化することだ。

新納島司や内務省にいる島出身の大島信（程良の妻の兄）の意見のように、キビ耕作と砂糖製造を専門化する農工分離を行わなければならない。

キビ作の為には、もっと土づくりに努めなければならない。

この島の農業はおくれている。製糖業の方は組合をつくって政府資金を借り入れ、近代的な組合経営の工場をつくるという意見を実現しなければならない。

島の下層の子弟は、農工分離の糖業を先進地で学ぶため、四国の糖業地実習やハワイに移民することをすすめる。

中層の子弟は、本土に出て実業を身につけさせよ、実業軽視の風潮は改めよ。

上層の子弟は島民を守るために法律を勉強せよ。

島を守れないのは武器がないからである。島を守る文明の武器とは道理を弁明する学問であり、法廷闘争の技術である。目下イギリス法律学校で麓純義が勉強しているから、一両年中には卒業して代言人（弁護士）の試験に合格して島の役に立つようになろう。

自分がかねてとりはからって代言人の弟子とし、訴訟事務を勉強している島の青年たちもいるから、二、三年後には訴訟についての心配はなくなる。

民間では皆様方「有志」の運動に期待しています。

（東隆治「岡程良の生涯と、泉二新熊（岡程良の妻の甥）に及ぼした影響について」鹿児島県立大島高校研究紀要『安陵』一九九三年）

この講演内容からわかるように岡程良は、大島郡の経済浮揚策において明確な目標を掲げ、その実現のために何をすべきかを具体的に述べている。

また、一連の法廷闘争に打ち勝つためには、「法律の知識」が必要であることを説いた。

一八八八(明治二一)年一〇月、程良は講演の草稿を「大島郡経済に関スル意見」と題する論文にまとめている。

同論文では大島経済を立て直し、島民の生活を安定させるための方策を自問自答形式で、具体的かつ詳細に述べている。大半は、糖業に関するものだ。

しかし、島民がいくら生産性の向上に励んでも、流通を鹿児島商人たちに握られ暴利をむさぼられていては、収益の改善にはつながらない。

「産物ハ右ノゴトク出来テモ　従来ノ如ク薩商等ニ狼食セラレタルハ精農ノ効ナシ……」と述べ、「鹿児島商人というオオカミに食い散らかされている大島郡の現状」を憂い、対抗策を示している。

さらに興味深いのは、義兄の大島信と親密な関係を持っていたことが推察できる記述があることだ。

「……愚生ハ当地ニ来タリシ以来　親戚某(大島信?)ノ説話ヲ聞キ　頗《すこぶ》ル悟リシ所モアルヲ以テ」

【訳】私は、当地(埼玉県)へ来てから、親戚である大島信の話を聞き、とても理解したところもあって……(訳は引用者)

「小生の親戚某《ぼう》ハ　御承知ノ如ク農学ノ一端ヲ修メ　且ツ永年農事ニ関スル事務ヲ執《と》レル者ナリ
（注・義兄ノ農商務省勤務　農学士　大島信ノコトナラン）」

【訳】私の親戚である大島信は、（皆さん）御承知のように農学の一端を学び、さらに農業に関する業務に携わっている者です。

「迂生《うせい》ノ親戚某ハ……日夜大島郡ノ将来ヲ憂慮シ居ル者ナリ……小生へ依頼御申込越シ相成度小生ニ於テ　仝《どう》人ニ依頼　可　仕《つかまつりべく》候。

【訳】私の親戚である大島信は……いつも大島郡の将来を憂慮しておる者です……（彼に依頼したいことがあれば）、私に言っていただければ私から彼に、その依頼を伝えます。

（玉江末駒「『大島郡経済ニ関スル意見』岡程良」『奄美郷土研究会報』三号、一九六一年四月）

※補語、ルビ、現代語訳は引用者

一八八八（明治二一）年五月、岡程良は現在の埼玉県さいたま市浦和区に在った浦和治安裁判所に転任し、判事補を務めていた。

大島信と岡程良の義兄弟――「大島」のために奮闘する

大島信は、「駒場農学校（現・東大農学部）」を卒業し、埼玉県庁勤務を経て内務省の官僚となった。いわば、農政のスペシャリストである。

ここで、それまでの略歴を記しておこう。

信は一八五三（嘉永六）年九月、現在の大島郡龍郷町中勝で生まれた。家は豪農で父親は、「与人《ヨッチュ》」（現在の町村長にあたる）を務めていた。藩政末期に郷士格（士分扱い）に取り立てられ、「信」の姓を与えられた。

本来の姓名は、「信《しな》 正熊《しょうぐま》」であった。

一八七二（明治五）年、薩摩藩の藩校であった「造士館」（一八七一年に『本学校』と改名、中等教育を担う）に在学していた。その年、明治天皇が来訪し、成績優秀であった信は「御前読書説明役」に選ばれた。天皇に拝謁する栄誉を得たのだ。一緒に選ばれたのが、仙蔵である。

二人は、奄美大島の出身であったため、教授から「今日から『大島』を名乗りなさい」と言われたという。陛下に紹介するのに「一字姓では、恥ずかしい」という理由からであったらしい。仙蔵に関しては平民だったので、正式の姓を持っていなかったからであろう。

一八七七（明治一〇）年、上京して「駒場農学校」に入学した。鹿児島を離れた理由の一つが、「西南の役」による混乱と影響を避けるためであったと言われている。影響とは、戦乱に巻き込まれた陳情団のメンバーの中に親族がいたことだ。程良と同じく、信にとっても「勝手世」運動（騒動）は他人事ではなく、身近なものであったのではないだろうか。

「駒場農学校」は、大久保利通の主導で創設された。一八七一（明治四）年の欧米視察の過程でヨーロッパ式の近代農業を知った利通は、生産効率の低い日本の農業を改良すべく実地研究及び指導者育成を旨とする学校を設けた。

この学校は、「実際の農業に役立つ農学」をめざしていた。その精神は信に、少なからぬ影響を与えたことであろう。

信は、官僚となっても故郷の「奄美」を思い、その悲惨な現状を調査して「大島郡糖業意見」(一八八七(明治二〇)年一月)としてまとめ、政府へ提出した。

一方で、大島郡の救済を求めて政府への働きかけをおこなっていた新納中三らの活動を陰から支援してきた。

こうした経緯から見ても、程良は信と日頃から連絡を取り合っており、大島郡の現状を聞かされていたはずだ。それで「奄美」のことを深く考えるようになっていったのではないだろうか。程良の「大島郡経済ニ関スル意見」も、信の教えを基に記されていると推察される。

一八九一(明治二四)年九月、判事補を務めていた本土の浦和治安裁判所から鹿児島県大島区裁判所の検事補として戻って来た。

この措置は、前任者であった関清英が、岡程良の人柄を見込んで後任として推薦し、成った人事であったとされている。だが、東京近郊の裁判所から故郷であると言っても中央から見たら僻地である鹿児島の裁判所、それも離島の支庁への転任だ。傍目《はため》には、文字通り「島流し=更迭」と映ったはずである。しかし、本人は、大いに喜んだに違いない。

同じ時期、義兄の大島信も中央官僚の地位を捨て、島へ戻ってきている。そして、翌年の二月、大島は第二回国政選挙に打って出て当選し、代議士となった。

二人揃って大島郡のために尽くそうと、決意したのではないだろうか。

ときに法廷闘争において「大島有志総代会」側は敗訴を重ね、苦境に立っていた。主な原因は、大島郡の現状や黒糖取引の経緯に関する裁判所の無理解であった。

そうした状況を憂慮して、「奄美（大島郡）」を守り、振興させるため行動を起こしたと思われる。島へ戻った岡程良は検事として、喜界島の「兇徒聚衆事件」を洗い直した。官憲による摘発と裁判過程に不審な点があったからだ。当時の記録を読み込み、関係者から事情聴取をおこなった。さらには、家宅捜索まで実施した。

その結果、捜査の過程で起こった「偽証事件」を公訴した。また、「南島興産商社」側と事件の担当判事との間に、癒着があったことも指摘した。程良は、まだ解き明かされていなかった「事件の闇」を照らしていったのだ。

しかし、こうした行為は、官民一体となった鹿児島本土の勢力にとって看過し難いものであった。とくに県の裁判所の眼には、許しがたい越権行為と映った。特に本田判事宅から手紙を押収した件に関して「官吏侮辱罪」に当たるとして糾弾した。

この手紙とは、本田判事が「南島興産商社の支配人に対して、借金の申し込みをおこなった」ものである。裁判所は、判事の「私信」を押収して暴露したという点のみを取り上げ、程良を責めたのだ。

公判は程良の手から取り上げられ、「鹿児島始審裁判所」へ移管された。憤激した程良は、尊敬する先輩検事の関清英へ訴えた。「いかなる権力にも左右されない法の厳正さ」を程良に説いた清英に期待し、本人の意思ではなく「近侍せし者（側近）」の仕業であるとも考えていたからだ。しかし、経緯を調べる過程で、清英本人も同意していることを知った。「裏切られた」と思ったであろう。そのショックは、如何ばかりのものであっただろうか。程良は諦めきれず、司法大臣宛に建白書を提出した。だが、意は届かなかった。

結局、程良は一八九二（明治二五）年一〇月、検事としての職から去ることになった。佐賀の地方裁判所へ異動となり、一八九四（明治二七）年四月、同地で生涯を終えた。享年四〇歳であった。

一方、義兄の大島信は、どうであっただろうか。

それまでも内務官僚として、大いに腕を振るってきた。松方正義が、後ろ盾として存在していたからであろう。

大島に親戚もいて、奄美に理解があり、奄美の糖業振興について関心をもっている人だった。大島信が内務省にいたころは、松方はすでに大蔵卿に転じていたので、彼の系統の鹿児島出身者も内務省に多く、大島信の力になってくれた。

（亀井勝信「奄美の初期の代議士大島信」『龍郷町誌』）

地元では鹿児島本土の人間と島の人々は対立していたが、中央政界では同じ鹿児島県人として協力し合える関係であったようだ。

そのため、陳情に訪れた新納中三と政府関係者を繋ぐこともできた。

一八九二（明治二五）年二月、衆議院議員となった大島信は一八九八（明治三一）年三月まで三期（六年間）、奄美の代表として地域振興に努めた。

糖業などの農業関連はもちろんのこと、本土と島々を結ぶ海底電信ケーブルの敷設など多くの業績を残している。だが、その過程は、容易ではなかった。銀行誘致や生産者組合の結成など奄美の流通近代化を図ろうとすると、これまでの利権に固執する鹿児島商人たちが立ちはだかった。

政界を引退するとき、「新潟県知事にならないか」との内示を受けたが、「中央で奄美の人の世話をしなければならないのに新潟は遠すぎる」と断ったという。

結局、佐賀県松浦郡の郡長となり一八九九（明治三二）年三月、任期中に病死した。満四六歳であった（以上の経緯は、『龍郷町誌』前掲文を参照して記述）。

大島信の行動を支えていたのは終生変わらぬ郷里への思いと、新納中三への敬愛の念であった。

『南嶋探験』の著者で後に島司となった笹森儀助（一八四五〜一九一五年）が一八九二（明治二五）年一〇月、南西諸島の踏査の帰路、奄美大島へ立ち寄った際、次のように語ったという。

中三が残した功績と鹿児島商人たちの讒訴《ざんそ》（事実を曲げて言いつけること）によって島司を解任された経緯を語った後、「……官位を剥奪《はくだつ》されたが旧部下は、これ（新納島司）を慕って止まず、あるいは追慕して、その（顕彰）祭を起こさんとする者もあった」（口語訳と補語は、引用者）と語っている。

生涯を奄美のために尽くした大島信と岡程良の義兄弟は、奇しくも同じ佐賀県で亡くなった。また、二人の遺骨は故郷の龍郷町に持ち帰られ、同地で眠っている。

ここで特に記しておきたいのは、二人はそれぞれのかたちで「勝手世」運動（騒動）を身近で見聞きし、新納中三の意から始まった「三法方（方法）」運動を支援したことである。彼らの思いと意志は、関わった島の人々によって次代へと受け継がれていく。

中でも二人と縁が深く、彼らの思いを両肩に担ったのが、泉二《もとじ》新熊《しんくま》であった。

新熊は、冒頭で触れたように戦前の法曹界を代表する刑法学者となった人物である。また、終生にわたって「奄美」を心に掛け、大島郡の振興と出身者たちの支援に尽力したことで知られる。やはり龍郷の生まれで、大島信と岡程良の甥に当たる。特に、母方の叔父である信とは親密な関係があり、一八九〇（明治二三）年（一五歳）に上京して「郁文館中学」に通っていた頃は、信の家に寄宿していたほどだ。

この時期は、浦和や川越の裁判所判事であった程良も近くに住んでいた。よって、この義理の叔父（叔母の配偶者）との交流もあったはずである。

程良が信の家を訪れ、大島郡の現状を憂いて話し合う姿を傍らに見て、その脳裏に刻み付けていたのではないだろうか。

註① 日刊『東雲新聞』は大阪で発行され、自由民権運動の紹介者である中江兆民が主筆を務めていた。

同紙連載記事のネタ元は、碇山偵和喜（笠利出身）などの裁判記録と、大阪に本社を置く「阿部組（商店）」当事者への取材によるものだったらしい。

また、「三法方」を「勝手世」運動に連なる抵抗運動と見ていたようだ。

（前略）西欧先進国の革命運動に血を沸かせていた記者たちは、いきりたった。

彼らはこぶしをたたいて提言した。

「中江先生、これこそ東洋のアイルランドですよ。絶海の孤島の住民が、あの薩藩の長年にわたる暴政に反抗して、徒手空拳で命がけで数百里の海を渡って藩庁に押しかけて抗議し、全員投獄されたり、西南戦争に強制従軍させられて戦死したり、その上、帰島の途次、遭難して海中の藻屑となったという大悲劇を生んでいます」

「これは大層立派な義挙です。正に人民大衆による革命行為であり、彼らは革命戦士です」

「筆をふるって書きたてましょう。薩摩の暴政を暴露して天下万民に訴えましょう」

こうして集められた資料をもとにして、東雲新聞の連載ははじまった。
（中村安太郎『奄美儀人　麓純則伝』奄美文化研究所、二〇〇三年）

註② 英国の「アイルランド問題」は長期にわたるが、一八八〇〜八三年にかけて英国人地主と小作人との間で「土地戦争」が起こった。現在でも使われる「ボイコット運動」（取引の断絶など）という用語は、この時期に生まれた（WEB『世界史の窓』世界史用語解説、「アイルランド問題」参照）。ボイコット戦術は「三法方（三方法）」や「川畑汽船支援」運動でも採られている。

註③ 浅松宮啓は一八五六（安政三）年、徳之島の浅間村（現・天城町浅間）に生まれた。「三法方」運動の生き証人。月刊誌『奄美大島』に「大島の恩人――新納中三・石井清吉――両氏の功績附三法方由来」を連載（一九二八〜二九年）。

註④ 大山麟五郎「『大島郡ノ来歴』及び『大島郡惨状実記』解題」『奄美郷土研究会報』一九七〇年より。

第四章　「川畑汽船」支援運動――島びとのための船会社を

沖縄で「シマチャビ＝島痛み、離島苦」という言葉が使われる。島の不便さを表す方言だと思われがちだが、そうではない。大正時代に「沖縄学の父」と言われる民俗学者、伊波普猷《いはふゆう》がドイツ語の翻訳として作った言葉である。

明治中期以前の奄美や沖縄では、ほぼ島の中で生活が完結していたので、一般の島民に「離島苦」といった感覚は、なかったであろう。

奄美において日用品や農機具などの必需品、またはソーメンなどの嗜好品《しこう》も、薩藩時代も鹿児島本土に頼っていたが流通は鹿児島商人たちに握られており、島民が関与できるものではなかった。当然のことながら、主生産物である黒糖も同様である。

島の人々にとって垣根となる環礁の向こうに広がる蒼き外海《そとうみ》は、「神々や霊魂の源郷」または「災い（暴風雨・病気・ネズミや害虫）の大元《おおもと》」であり、遠く眺めたり祈ったりするだけの存在であったに過ぎない。例外として沖縄由来の海人《ウミンチュ》、イトマン(またはクダカ)たちだけが漁師や行商人として舟を操《あやつ》り、沖縄を含む島々を行き来していた。

要するに、薩藩時代は役人への「支給米(給与)」や「余計糖《よけいとう》(納税用以外の黒糖)」と交換するための農具や日用品等を届け、黒糖を運び去っていく藩の御用船と、ウリズンの草木の萌える頃に南西の風に乗って琉球からやってきて、また秋の北東風を帆に受けて鹿児島からの帰路に立ち寄る馬艦船《マーラン》によって、島々と「外の世界」は結ばれていたのだ。この馬艦船は主に水瓶や綿布などの日用雑貨を満載しており、島々で水を保給するかたわら交易をおこなった。

「離島苦」を島の人々が実感するようになったのは、黒糖の自由売買をめざすようになってからであろう。つまり黒糖の流通全体に関わろうとしたときに、「壁」として感じざるを得なかった。具体的には、「三法方(方法)」運動が始まってからのことであると思われる。砂糖の市場価格などの情報を素早く入手できないだけでなく、契約手続き、輸送手段、金融等々といった事項が、障壁として立ちはだかった。

島の生産者代表として大阪の黒糖市場を視察した「有志総代会」の面々も、痛感したに違いない。島々と本土市場の間にある一〇〇〇キロ近い距離を感じ、口惜しさと無力感に苛まれたであろう。「旅する蝶」アサギマダラは毎年、その距離を超えて、本土と南西諸島の島々の間を往復する。だが、空を渡る羽を持たぬ人間は、そうはいかないのだ。

鹿児島商人たちは、その障壁を上手《うま》く利用して事《こと》を有利に運ぼうとしていた。黒糖の搬出は、商人が船を雇ったり船会社と契約したりしておこなうのが通例であった。

『鹿児島県史』によれば一八七七（明治一〇）年、「商通社」が汽船「豊端丸」を運用して大島の黒糖の運搬をおこなったという。西欧型の帆船も使われていたようだ。

定期航路としては同年、本土と沖縄が結ばれ、次いで一八七九（明治一二）年、大島航路が開かれた。

一八八四（明治一七）年、「大阪商船株式会社」が創業し、大阪と鹿児島を汽船三隻が往復することとなる。翌年には沖縄にまで航路を延ばし、名瀬にも寄港するようになった。

だが、これらは本土商人たちの黒糖その他の物資運搬が主な目的であり、島の人々の利便性を考えたものではなかった。

依然として、黒糖流通経路は、鹿児島商人たちの手によって握られていた。「大島有志総代会」と阿部組が独自に運搬しようとすると、ただちに妨害工作を仕掛けてきた。

その実態は、次のようであった。

『朝野新聞』一八八七（明治二〇）年四月一日付は、阿部組の砂糖を大阪商船に積み荷すれば、以後、南島興産商社は大阪商船に積み荷をしないと圧力を加えた。その結果について、四月一五日付の同紙は、大阪商船が圧力に負け、阿部組の砂糖を積まないと決めたため、阿部は、日本郵船会社の玉浦丸に依頼したと報じている。

（中略）

喜界島の黒糖搬送も妨害に遭った。一八八七（明治二〇）年四月、「大島の公商人」田中圭三は、予め喜界島の黒糖を一千樽ほど買い上げて、「当地（大阪）の商人阿部何某氏へ右砂糖の販売方を委託するの契約あり」。四月二〇日ごろ、汽船豊端丸に搭載を依頼したが、豊端丸がこの黒糖を積めば、以後、南島興産商社の黒糖や荷物を搭載しないと鹿児島商人側は圧力をかけたが、阿部が抗議して事なきを得たという（『東雲新聞』一八八八（明治二一）年一一月一三日付）。

（『喜界町誌』）

こうした状況下にあって、島の人々から自分たちのための船と航路が欲しいという機運が盛り上がってきた。

一八九一（明治二四）年、ようやく一般の定期航路が開かれることになった。奄美の行政連合会議が定期船の誘致を決議したのだ。

同年四月一日、大阪商船会社の「朝日丸」（三〇〇トン）が就航。月一回、島々の港を巡り、乗客を拾いながら七日がかりで人々を鹿児島本土へ送り届けた。

しかし、島々の産物を搬出し、本土からの生活必需品を搬入するには、これで足りるはずもなかった。とくに黒糖の搬出を生産者側でコントロールできるようにする必要があった。

「離島苦」からの脱却――濱上謙翠(喜界島)の挑戦!

この定期航路が開設された頃、島庁(郡役所)の勧業課長であった濱上謙翠(当時四〇歳、喜界町小野津出身)は、さらに島々と本土間の物流を盛んにし、かつ安定したものにしなければならないと思った。

謙翠は新納中三に見いだされ、その志を受け継いだ人物である。大島郡の産業振興を図っていた中三の行動を身近で見ていたはずだ。自らも島々の現状を詳細に調べ上げ、その成果を『大島郡状態書』として、まとめ上げた。

その結論として、「島々の産業振興のためには、もっと産物移出の手段と機会を増やさなくてはならない」と考えた。そして、敢然と行動を起こす。一八九二(明治二五)年、退職して海運業を始めることにしたのだ。

まずは名瀬の有力者であった基俊良を動かした。おそらく在職中から接触して考えを伝えていたと思われる。俊良は一八九〇(明治二三)年に実施された第一回衆議院選挙に当選し、国会議員として大島郡のために何をなすべきか考えていたところであったろう。

一八九四(明治二七)年、俊良と一緒に「大島興業株式会社」を立ち上げ、汽船「平安丸」などを就航させた。

同年七月、日清戦争が始まり、政府としても物資をスムーズに流通させるため海運業を盛んにし、造船を奨励する方針を採った。それは、一八九六（明治二九）年の「造船奨励法」と「航海奨励法」の成立につながっていく。「造船奨励法」は、七〇〇トン以上の鉄鋼船建造に助成金を支給するもので、これによって船の大型化が一挙に進んだ。

大島航路で運用されていた船舶は、これらの基準を満たすものではなかったが、大手船会社が新造船に切り替える中で手頃な中古船を手に入れたりレンタルしたりしやすくなったことは想像に難くない。

県庁へ提出した計画書では、二カ月間で往復三回の航海となっている。島と島を結ぶ航路には補助金が出された。

島の人々は喜んだであろうが、採算を取るのは難しかったようだ。名瀬を除けば島々には港湾施設がないに等しく、積み下ろしに手間が掛かった。また、一カ所当たりの人や物資の扱い量も少なく効率が悪かった。天候にも左右され、予定通りには運航できなかった。さらに競合する船会社も現れた。

一九〇〇（明治三三）年、「太平洋商船」が創業し、鹿児島と奄美大島を結び、各離島間の航路も開いた。

一九〇一（明治三四）年三月二一日、持ち船の破損などもあり経営困難となった「大島興業」は、ついに廃業するに至った。

謙翠もまた、会社を閉じた五日後に亡くなった。享年五二歳であった。

（以上、『喜界町誌』等を参照して記述）

「砂糖と紬」景気で本土資本の離島航路開設が相次ぐ

一九〇四（明治三七）年、日露戦争が勃発し、翌年終戦を迎える。日清戦争のときとは異なって賠償金は取れなかった。よって、掛かった戦費の補充ができなかった。

その結果、経済は停滞し一九〇七年、「戦後恐慌」が起こった。日清戦争の賠償金が市場に流れたことによって「雨後のタケノコ」のように立ち上げられた会社が、バタバタと倒産していった。

一九〇七（明治四〇）年くらいまでの大島航路の状況を知る上で、興味深い事実が述べられている。

それは、名瀬の遊女《ヅレ》たちが、馴染み客の乗る船の名を自らの「源氏名」として名乗っていたことだ。一例をあげると、「南洲丸」という遊女の名が、語り伝えられている。

（金久正『復刻　奄美に生きる日本古代文化』南方新社、二〇一一年）

遊女と船は平安時代から関係が深く、主な港には船員や乗客相手の遊郭が多く存在した。馴染みの船が港に近づくと遊女たちが一斉に小舟で漕ぎ出し、乗船して春をひさいだなどと伝えられている地域もある。

奄美大島の玄関口である名瀬には「屋仁川《ヤンゴ》」と呼ばれる歓楽街あり、船員相手の遊女たちがいたようだ。

船人相手のヅレ、自分の家を持っている者は自家につれこみ、よそから巡ってくる女は、船に乗りこんだり、浜や人家を遊び場、稼ぎ場とした。

代償は米・糸・もめん・布・油など生活必需品だった。金銭は使用せず。貧家の娘などが、半淫売したらしい。

（倉井則雄「屋仁川の歴史　赤線の灯消えるまで」『奄美郷土研究会報』三五号）

〽鶴嶺丸　甲板なんて
名瀬のヤンゴ見れば
名瀬の美《キュ》ら娘《ウナグ》達が
ハンカチ振りまねく
（「ヤンゴ節」）

日露戦争の影響か一九〇四（明治三七）年頃から奄美大島は「砂糖景気」に沸いていたという。大島で仕入れた黒糖が、大阪市場で三倍近くの値で売れ、本土の商人たちが島へ押し寄せたためらしい（前掲論文に依る）。

だが、それも束の間、一九〇七（明治四〇）年には、戦後恐慌に陥った。奄美大島の遊女たちも、手持ち無沙汰となったことだろう。

黒糖と並ぶ特産物である「大島紬」の盛衰も日清・日露戦争、さらには第一次世界大戦による好・不況の影響を大きく受けた。

日清戦争後の景気沸騰で大島紬は売れに売れたが、粗製乱造され市場の信用を失った。そして、一九〇一（明治三四）年九月、大島紬産業の信用を回復させるため、島庁主導で「大島紬同業組合」が結成された。これによって品質向上とブランド化が図られた。翌年、五〇八四反だった生産量が五年後の一九〇七（明治四〇）年には二万四六八七反にまで増えている。五倍近い伸び率だ。この紬産業の隆盛も、黒糖と同じく大島航路の繁栄に寄与した。

一九〇八年二月、大阪・鹿児島・奄美の島々を結ぶ路線が、開設された。当初は半年間だけの航海であったが、一九一〇年からは年間を通じての定期便となった。

寄港地は大阪・神戸・鹿児島・名瀬・古仁屋・徳之島・沖永良部島・喜界島で、月に二回もしくは三回の航海であった。使用された船は「二見丸」と「白川丸」。翌年からは、鹿児島を起点とする

「大島各島線」と改称された。船は、「大分丸」「鶴嶺丸」となった。とくに「鶴嶺丸」（八〇〇トン）は、先の「ヤンゴ節」に唄われているように島の人々にとって近しい船であった。

〽行けよ鶴嶺丸
また来よ　日高丸
今度の下りや
吾《ワ》きゃや加那《カナ》　乗せて来よ

※加那……愛しい人。女性に対してだけでなく、男性にも使った
※「鶴嶺丸」は「大洋商船」、「日高丸」は「大阪商船」に所属

運航は「大阪商船」と「大洋商船」（一九二一／大正一〇年、大阪商船が大洋商船を傘下においた）が提携して、おこなった（HP『なつかしい日本の汽船』http://jpnships.g.dgdg.jp/ 参照）。島の人々の本土への渡航が少しずつ増え出したのは、この時期からであった。

〽いちし郷《シマ》戻て　くねらちあめらば
吾二人談合《ダンゴ》ぐわしゃて　名瀬《ナゼ》かち　ひん逃ぎろや
名瀬や島近さぬ　鹿児島ひんぎろや

（戦場へ行ったら）シマへは戻って来られないだろうから
私たち二人で相談して　名瀬へ逃げよう
名瀬は徳之島に近い　鹿児島へ逃げよう

「徳之島一切節」

これは明治後期から大正にかけて流行《はや》った「一切節《チュッキャイブシ》」の歌詞である。日露戦争に徴兵された徳之島母間《ぼま》集落の青年が、戦地に行くのを嫌がって恋人と駆け落ちするときの思いを唄ったものだとされている。ここに島からの距離感が、表されている。つまり決意さえすれば、いつでも島から出られる状態にあった。またこうした定期航路が整備されたことによって、商品流通の道も大きく拡がった。

とくに大島紬の需要が急速に伸び、名瀬をはじめとして島々の片隅にまで、紬工場が次々と設けられていった。

徳之島町手々の榊原モツさん（一八九七（明治三〇）年生まれ）は、小学校を卒業するとすぐ名瀬の紬工場へ年季奉公に出された。

朝はまだ暗い午前五時から真夜中近い午後一〇時過ぎまで機《はた》に向かい、薄暗いランプの燈を頼りに糸を操《あやつ》り、綾《あや》をかけたという。

まだ世間を知らない小娘だった彼女たちは、「三年の年季奉公を終えれば、花嫁道具を揃えてやるから」という甘い誘いに乗って、次々と名瀬の工場へ流れていった。

しかし、その約束は、守られることはなかった。

こうした若年労働層に支えられ、紬産業は、大恐慌の頃までわが世の春を謳歌した。

一九一一（明治四四）年の生産量が三万九五四一反、それが一九一八（大正七）年には二三万三三八〇反まで増えている。約六倍の伸び率だ。一九〇二（明治三五）年と比較すると、実に約四六倍となる。

紬業者に搾取されていたとは言え、現金収入の手段を得て、島びとの船旅も夢ではなくなった。駆け落ちも可能だったのである。

明治末期から大正初期の船賃は、徳之島と鹿児島間で三等が二円、徳之島から名瀬までなら八〇銭だった。島での物価水準は人夫賃で言うと一日で男が一〇銭、女が八銭であり、白米が一升八銭（明治末期～大正二年）であった（『天城町誌』）。よって、島びとにとっては、かなり高額ではあった。

だが、黒糖と大島紬の取引で現金が島へドッと流れ込んできていたため、一般の島びとでも不可能な値段ではなかった。

好景気の影で――土地を手放して島を出る人々が急増

薩藩時代は黒糖専売制に苦しめられたが、明治以降、建前上は「自作農」であった。明治中期になって鹿児島商人たちに借金のかたとして土地を取り上げられ、自作農の数は減ったが、それでも明治後期までは自作農が、大半を占めていた。

だが、大正期に入ると、状況は一変した。

徳之島伊仙（現・伊仙町）の例で見ると一九一一（明治四四）年に八割弱であった自作率が、一九一五（大正四）年には四割強まで急落した。この間に多くの自作農が、小作農に身を落としているのだ。

では、何が起こったのか。考えられる理由は二つである。

一つ目は、皮肉にも「好況」の到来であった。

一九一四（大正三）年、第一次世界大戦が始まり、日本も参戦した。以後、四年間続く。戦場は主に欧州であり戦火から遠い地にある日本は、軍需景気に沸いた。

本土を覆った軍需景気の余波は、奄美へも押し寄せた。黒糖や大島紬が、作る片端から飛ぶように売れた。「白米を食べ、ビールで足を洗う……」（『更生の伊仙村史』一九三六／昭和一一年刊）と編著者の坂井友直の眉をひそませたほどの好景気となったのだ。

だが、恩恵に与《あずか》ったのは紬工場の経営者と大地主であり、一般の島びとにまでは届かなかった。人々の生活に現金が要るようになり、さらに急激な物価上昇が追い打ちを掛けた。黒糖生産や機織りの賃稼ぎで多少は収入が増えたが、右から左へと消えていった。食べるのがせいぜいで、これまでの借金返済に回す余裕はなかった。

二つ目は、先に述べたように奄美の島々から本土へ渡ることが容易になったことである。島びとたちは好景気の恩恵に与ることが少なく、逆に困窮していった。よって、妻子を親戚や実家に預け、わずかな伝手《つて》を頼って軍需景気に沸く阪神の工業地帯へと流れていかざるを得なかった。彼らは乗り込んだ「鶴嶺丸」や「日高丸」の甲板に立ち、哀調を帯びた旅立ちの汽笛を耳にしながら、いつ戻れるかも知れぬ島を思い涙したことだろう。見送りの家族や親戚は、離れゆく船を見送りながら嗚咽《おえつ》をこらえて「旅送りの唄」をうたう。

〽旅発《たびた》つる貴方《あなた》や　旅といさこゆい
後に残ゆ吾《わ》っきゃや　ぬといさこいが
旅や浜宿《はまやど》い　草の上ど枕

当時、島びとの多くが向かった先は、兵庫県尼崎市に在った製麻会社だった。賃金は、通いで男八〇銭、女六〇銭（寮に入ると、それぞれ二〇銭差し引かれた）。低賃金ではあったが、確実に現金が入ってくるので生活費をギリギリまで切り詰めれば、わずかながらでも、島へ送金することができた。何よりも米の飯が毎日食べられるだけでも、幸福感を味わうことができたであろう。

ちなみに当時、島びとが単独で職場へ入り生活していくことは不可能に近かった。というのも、島で初等教育が本格的におこなわれるようになったのは明治三〇年代以降であった。つまり「ヤマト口《ぐち》（標準語）」が使えなかったし、風俗習慣が、あまりにも違い過ぎたからである。結果として出身地ごとに肩を寄せ合って住むしかなく、渡航先にコロニー（集団居留地）が形成されていくことになる。その傾向は、奄美本土復帰後の昭和三〇年代まで続く。

大正時代後期から本格化した島外への出稼ぎは、それ以降「旅稼ぎ」の伝統となっていった。一定の年齢に達した青年は長男を除いて、その多くが名瀬（現・奄美市）や阪神地区へ職を求めた。

伝統といえば美しいが、実態は「島では食えない」からであった。

島を遠く離れるのが不安な者は、奄美本島の名瀬へ出た。商品を天秤棒で担いで売り歩く「カテウリ」や牛・豚の解体（食肉加工）などを業《わざ》として日々の糧《かて》を得、また島へ帰る日を夢見て生活を切りつめて蓄財に励んだ。

その二世・三世は、今も同地に多く居住するが、親から受け継いだ勤勉さを武器として財産や名誉を得た。確固とした社会的地位を獲得した彼らの力は、現在も奄美市の市政を左右するほどだという。

本土の生活に憧れ、または高賃金に魅かれた人々は、大阪・神戸などへ足を延ばした。

まったくの異邦人としてヤマトの地を踏んだ島出身者たちは、言葉や風俗のみならず感性もが異なることにショックを受けた。職場に入って、さらに思い知らされることになる。

周囲から注がれる「珍奇な動物でも見るような眼差し」が、待っていた。

そうした視線に堪えつつ自らのシマンチュ的思考や感性を押し殺し、ひたすら日本国民として同化に努め、ガムシャラに働いた。

大正時代中期までは、阪神地区における郡出身者の数は少なく、郷友会も存在しなかった。思いを語り合う知人友人もなく、ひたすら耐えるか、敗残の思いを抱いて島へ戻るしかなかった。

ある島びとの足跡から見る大正期の本土への「旅稼ぎ」

松山喜豊さん（取材した一九八一（昭和五六）年当時、九四歳）は、一八八七（明治二〇）年の生まれ。八人兄弟姉妹の長男である。約六反たらずの田畑を両親と一緒に耕し、青春期を過ごした。貧しくはあったが、当時としては平均的な自作農である。

しかし、一九一四（大正三）年になって父親が集落の富農から借りていた金を精算するため、田畑を抵当に入れ二〇〇〇円の借金をしなければならなかった。この父親の借金は、明治中期の「ベーガラシ」によるものだった。利子は一割九分（翌年から二割）であった。

喜豊青年は、その日から農業のほかソーメンやトウフの行商そして馬喰《ばくろう》……と必死になって働いた。だが急激な物価上昇の荒波が島に押し寄せ、いっこうに借金は減らなかった。すでに長女が生まれ生活は苦しくなるばかりである。自らの手を見つめ、重いため息をつくなかで喜豊は決意した。

「よし！　ヤマトへ行こう。金を稼ぐんだ」

仲間二人と語らいヤマト行きを相談するが、それまで徳和瀬集落から出稼ぎに行った者はいなかった。やっと亀徳出身の麓さんという人が神戸で刑務所の看守をしていることを聞き込み、なんとか手づるをつかむことができた。

一九一五（大正四）年の春、妻と生まれたばかりの長女を島に残し、二人の仲間と共に亀徳港から「鶴嶺丸」に乗り込んだ。鹿児島まで一週間の船旅である。しだいに遠ざかる島かげを見つめながら喜豊は拳《こぶし》を握りしめ、流れ落ちそうになる涙をこらえながら、胸の内で決意を繰り返した。「金もうけをするまでは島へ戻れない。田畑も失う。妻や子どもを飢えさせるわけにはいかないのだ」と……。

鹿児島で「正吉丸」へ乗り換えて神戸に上陸したのは、島を出てから二週間目の朝だった。外国航路の西の玄関口である神戸は、情報文化とは隔絶した南海の孤島から何の予備知識もなく己の決意と情熱のみに賭けて飛び出してきた青年にとって、まさに異国の街であった。上陸したその一歩から足のすくむ思いをしながら、唯一の知人である麓さんの出迎えを受けた。

貨物と人間の区別なく放り込まれた汚物の饐《す》えたような臭いが充満する三等船室からの解放感が去ると、衣服をはぎとられ素裸で人前に追いやられたような寒さが身体の内と外から襲ってきた。

本土は春といっても「花冷え」の頃である。

あれこれ手を尽くしてみたものの、技術もなく言葉も不自由とあっては、いくら好景気であるといってもそう簡単に職が見つかるはずもなかった。麓さんは「本土に慣れるまで農業の手伝いをしないか」と喜豊に持ちかけた。

三人のうちで最も身体が大きく逞《たくま》しいのを見込んでのことであったろう。しかし、今さら農業はしたくなかった。それに時間がないのだ。とにかく金をつかまないことには、自分の田畑が人手に渡ってしまう。

そこで思いきって大阪に出ることにした。運良く砲兵工廠《こうしょう》（軍需工場）で働く鹿児島出身の事務員とわたりがつき、その紹介で職に就くことができた。給料は日給で四二銭であった。大砲や薬きょう（砲弾の一部）の組み立てと検査が主な仕事である。

喜豊は北区天満橋に居住し、大阪城に隣接する工廠へ通勤する生活を始めた。最初は大阪弁が理解できず工具の名前もわからないので、闇夜を手探りで歩いているような日々だった。脳裏に浮かぶ若妻メッタガネと幼子の姿が喜豊を支え、苦しみに耐え抜く力を与えた。

慣れぬサラリーマン生活にも、三カ月目を迎える頃には、だいぶ順応していた。大阪弁も理解できるようになった。職場の仲間とも、うまくやっていけるようになった。

ともかく喜豊は、借金の返済と妻子の生活費とで毎月一五円を島へ送らなくてはならなかった。しかし、給料は日割計算で一日につき四二銭、普通に働いていたら、とても足らない。

まだ夜の明け切らない朝四時に起きて飯を炊き、弁当を作って勤めに出る。家から職場まで電車に乗れば五銭かかるので歩いて通う。そして、終業後も夜一〇時まで残業をおこなった。帰宅して冷たい布団にもぐり込むのは真夜中過ぎとなった。島での激しい労働によって鍛え上げられた屈強な身体のみを頼りにした生活であった。

その頃、米一升が一二銭、衣服や日用雑貨はもとより食費も切り詰めて一日一〇銭で暮らした。それでも送金するだけの額を満たすのは、なかなか難しかった。

一方、戦争は進み、世相は軍需景気に沸いていた。官立の砲兵工廠の他にも民間の兵器工場が次々と建設されていった。人手は不足し、とくに技術経験者は払底していた。

その年の秋、喜豊のところへも知り合いから声が掛かった。梅田に新しく建てられた工場で請負をやらないかという話だった。わずか半年の経験者でも貴重だったのである。それに青年の真面目さには定評があった。請負の出来高払いで一日四、五〇円にはなるという。

民間工場に移って請負を始めてからは、おもしろいように金が入ってきた。月に平均四〇円は確実だったし、ときには五〇円を超えることもあった。島へ送る金額も当然増え、半年あまりで借金を返すことができた。

そうなると緊張も解け、心の底に抑えこんでいた懐郷の思いがドッと湧き上がってきた。喜豊が送ってくる金を見て、それまで絶無に近かった周辺集落からも出稼ぎ者が急増し、喜豊に島の便りを伝える。

一九一七（大正六）年の夏も終わり秋の気配がただよう頃、妻からの手紙が届けられると、もう我慢できなかった。仕事は順調で儲かってもいたが、すべて投げ捨て、船に飛び乗り、島へ向かった。

船が南下するに従って季節の時計は、しだいに夏へと戻る。海を渡る熱く湿った風が喜豊の頬をなぜ、懐かしい島影が水平線の向こうに現れると、胸の高なりとともに喜びの涙が眼尻ににじむ。「俺はやった！　いま帰ったぞ」と大声で叫びたい気持ちになった。

――六十数年前を振り返り、喜豊さんは「あと一年がんばれば、もっと田畑を広げられるだけの資金ができたのに惜しいことをした」と冗談まじりに語った。しかし、あれはあれでよかったのだ。「島の田畑を失いたくない」という必死さだけが大阪での生活を支えていたのだから――。

喜豊青年の成功を伝え聞いて、十分な心の準備もなく安易に阪神地区へ出稼ぎに出た人々は「異郷の壁」の厚さを肌で知り、一カ月を待たずして島へ逃げ帰ってきた。だが、この頃までは、まだ余裕があった。帰るに帰れない島びとの大量流出は、この戦争、第一次世界大戦が終わった時点から始まる。

荷物扱いされた乗客――悪臭が漂う船室と粗末な食事

第一次世界大戦が終わった翌々年の一九二〇（大正九）年、軍需景気に沸いていた奄美は一転して不況のドン底へ突き落とされた。

黒糖代金の支払いは滞り、大幅に生産量を増やした大島紬は在庫の山を積み上げた。工場や取引業者が次々と倒産し、職を失った人々が巷《ちまた》に溢れた。そうした人々は、島を出ざるを得なかった。年を追うごとに、鹿児島本土や阪神地域など へ流出していく。

一九二六（大正一五）年の時点で阪神地区には、大阪府三万人、兵庫県に八〇〇〇人の奄美出身者が居住していたようだ（『奄美大島』一九二六年九月号）。この年、徳之島からは八五〇〇人が出郷した（『天城町誌』記載の数値）。

折しも奄美と鹿児島、そして、阪神地域とを結ぶ航路が整備され、多くの人々を乗せて各島々の港を出ていった。

具体的な数字で言うと、一九二一（大正一〇）年から一九二七（昭和二）年にかけての六年間で、年間約二万五〇〇〇人から五万六〇〇〇人へと出郷者が倍増している（鹿児島県統計書）。

明治末から大正初期にかけて奄美大島以外の離島へ寄港する航路は、「大洋商船」が大半を担っていた。よって「金箱《かねばこ》路線」となっていたのだ。市場の寡占状態は、同社の驕《おご》りを生んだ。『天城町誌』では、その頃の船内の様子と乗客への不当な扱いについて、次のように記している。

当時、大洋商船所属の離島航路の汽船の構造は、需要の多い三等船室は船首から表甲板下に、二段式押入れ法の船室で、客が座れば頭が天井につくほどの低さ、下段も同様で照明のない暗い船室が船側に並び、その客室の中央は貨物をクレーンで積み入れ、積み上げる場所であるから途中の港で停泊中の汽船は塵芥《じんかい》と悪臭が船室に漂い、船酔いの客は身動きもできず、現在では想像もできないほど汚く、三等室即豚小屋の称があった。

食事は塩っ気の強いご飯に、刻み大根一つ程度、客扱いの船員の態度は不親切、言葉遣いが横暴で郡民が等しく痛憤していた。

（『天城町誌』）

こうした状態は、同社が「大阪商船」の傘下に入ってからも続いていた。

昭和初期のものであるが、他にも具体的な乗客の証言が、いくつか残っている。

航路の改善――帰省の第一印象

青島（中国）　正田和義

（前略）多くの旅客は室なき為に上甲板に蓆《むしろ》を持ち出して敷かれ、その上に座せしめられ居たる状況にて全く気の毒に耐えざりし次第に御座候《ござそうろう》。しかも三度の食事など到底《とうてい》口にされるものにあらず殆《ほとん》ど言語に絶する次第にて、右の如きは仝《どう》（同）船のみならず各島航路船の如き（は）却《かえ》つて以上（に）甚《はなはだし》く敷私共が亀津より鹿児島迄《まで》便乗せし船などは食事も甲板等にある者には行《ゆき》渡《わた》らず、後甲板にありし二、三十名の船客に対する食事を見るに僅か四人分の膳《ぜん》部を運び来《きた》つて要不要を問わずと云《い》ふ有様《ありさま》にて亀津出発後鹿児島着迄一食も口にせざりし者もありし次第にて沖永良部《おきのえらぶ》、輿論《よろん》などの船客に取りては航海日数永《なが》き為一層の御苦痛ならん気の毒の感に堪へざりし次第に御座候。

（『奄美』一九三〇年一一月号）

※ルビ、補語は引用者

この乗客は島出身者で当時、中国の青島《チンタオ》に在住していた。久しぶりの帰郷であった。神戸から沖縄・大島行きの船（船名と所属は不記載）に乗ったときの様子である。

おそらく定員を超える客を乗せていたのであろう。記述者は、中国の船で苦力《クーリー》（最下層の出稼ぎ労働者）たちを見たことがあった。だが、その場合は短距離（青島〜大連間）で、運賃も正規料金に比べると極端に安かった。よって、「荷物同様の扱いをされても、不平は言っていない様子」と述べた後、沖縄・奄美航路では、長距離で何日も掛かる旅である上、「規定料金を払っているにもかかわらず、非礼極まる待遇を受けている」と怒っている。

この他にも、船会社と乗務員に対する怒りの投稿が、前誌において散見される。

当時の入出港スケジュールは、極めていい加減なものであった。台風など荒天のときは仕方がないにしても、普段から当てにならなならなかった。

名瀬港から各島々へ向かう船の時刻は、再三にわたって変更された。乗客は宿を引き払って港へ出るが、長時間待っていても船は姿を見せず、結局は宿へ引き返すといったことが繰り返された。

客室係の乗務員は、食事の際の副食物に「目にされざるもの（目にするのも嫌なほど粗末なもの）」を出し、配膳を終えた後に缶詰を売り歩いた。また、乗客の一人が外の空気を吸おうと甲板へ出た隙《すき》に知り合いの女性客三、四人を押し込み、前客の同伴者が抗議しても受け付けずに立ち去ったりもした。

この体験談を投稿した乗客は、「斯《か》くの如き船客を愚弄《ぐろう》したる取り扱ひ振りは、全く仝《どう》（船）会社の独占に因するものなり。（略）余り（にも）無法極まる態度（略）、全方面への旅行は不愉快極まるものなるのみならず全く命懸けにて気の毒に堪へざる次第に御座候」と憤慨し、嘆いている。

傲慢な本土資本の船会社に対する不満と怒りは「島在住者や出身者のための船が欲しい！」という思いにつながり、その機運は、奄美全域に広がっていった。

そうした中で、一人の男が立ち上がった。

地元資本による島のための船会社「川畑汽船」の誕生

一九〇七（大正四）年、名瀬港を出て鹿児島へ向かう汽船「不老丸」（大洋汽船）に、一人の少年（一七歳）が乗っていた。川畑黨築《とうちく》（一八八九（明治二二）年生まれ、現在の龍郷町出身）である。

黨築は甲板に積まれた砂糖樽の上に蓆を敷き、座っていた。

「まるで、荷物だな」

周囲を見回しながら思う。他の乗客も、同様であった。これからの長旅を思うと、ため息が出た。

「よし！

将来は大島航路の船長になって、島の人々のために働こう」

黨築は、そう決意する。

海軍へ入って、兵曹長まで進んだ。その間も志を達成するため、中学校（旧制）の講義録を読んで独習し、専門学校入学資格検定試験に合格した。

海軍で九年過ごした後、船会社へ勤めた。努力家の黨築は二七歳のとき、船長（甲種）の免状を得、日本郵船・勝田汽船の船長として一一年を過ごす。一万トン級の船に乗り、アメリカと日本の間を往復した。

一九三〇（昭和五）年七月、勤めていた「勝田汽船」を退職する。働き盛りの四一歳であった。社長から引き留められたが、それを振り切って職を辞した。

黨築は、奄美の人々のための船会社を設立することにしたのだ。本土へ渡る際、荷物同様に扱われた屈辱を忘れていなかった。

あの時から二十数年たったが、大島航路が本土資本の大阪汽船に握られている状況は変わらなかった。乗客の扱いも相変わらずである。

時代は、前年秋にアメリカを起点として巻き起こった世界恐慌の大波をモロに受けた「昭和恐慌」

の真っただ中にあった。商品市場は大暴落した。

商品が売れない。とくに、嗜好品に類する砂糖や贅沢品に属する大島紬は大打撃を受けた。砂糖は昭和に入ってから台湾などの外国産糖が市場へ大量に出回るようになり、沖縄・奄美産と競合していた。その上に消費量が減ったのだ。一九二八（昭和三）年から三一年にかけて一六％以上、価格が下落した。当然、生産地価格も急減した。二九年から三二年にかけて約二三％も下がった。大島紬の反《たん》当り価格も、二九年から三二年にかけて約二七％下がった。（数値は、『天城町誌』参照）

ただでさえ黒糖生産者や織子《おりこ》の手取りは、僅《わず》かである。さらなる収入減で多くの島びとが、飢えるまでに至った。最後の手段として蘇鉄の実だけでなく幹からも澱粉《でんぷん》を取り、食糧とした。ただし、蘇鉄は十分に水にさらして毒抜き処理をしないと、中毒症状を起こす。死に至るケースも少なからずあった。こうした窮乏した状況を島の人々は「蘇鉄地獄」と呼び、今に語り継いでいる。

第一次世界大戦後の不況から立ち直っていない島の経済は、さらに疲弊していった。一九三〇（昭和五）年当時、本土でも失業者が溢れていた。だが、島にいても食べていけない。島々からの人口流出に拍車が掛かった。

大島郡の人口は、江戸時代後期（一七二七／享保一二年）において六万二〇〇〇人ほどであったと推定されている。それが明治期に入って急増した。一八七三（明治六）年の戸籍調査で約一一万人（『南島誌』）、一九〇八（明治四一）年には約一八万五〇〇〇人（大島郡統計書）となり、一九二

○（大正九）年には約二一万人（国勢調査）にまで増加している。一九三〇（昭和五）年の時点で、約二〇万四〇〇〇人（国勢調査）だった。とても、島々の農業や産業で養っていける人数ではなかった。

船の乗客が増えるとともに、船会社への不満も増していった。

一九二九（昭和四）年一一月、瀬戸内（現・瀬戸内町）以南の一二村（奄美大島南部から徳之島・沖永良部・与論にかけての地域）の村長が、改善を要望する嘆願書に連署して離島航路を独占する「大阪商船」へ提出した。代表者が本社を訪れて、直接交渉もおこなった。だが、会社は島民の要望を一顧《いっこ》だにせず撥《は》ねつけた。

高い運賃や乗客への冷遇に耐えてきた島民や島出身者の怒りは、ピークに達しようとしていた。

そんな状況の中で一九三〇（昭和五）年八月、黨築が立ち上がった。「島の人々のための船会社を設立する」と宣言したのだ。会社名は「川畑汽船合資会社」、場所は、神戸市の自宅であった。全財産を処分し、親戚から出資を募った。株式会社にしなかったのは、万一のことを考えたからであった。身内で責任のとれるかたちとした。

汽船「平壌丸」（一〇九〇トン）を買い取って自ら船長として乗り込み、阪神・大島航路を通わせようというのだ。

「平壌丸」は同年九月、早くも処女航海の途に就いた。

航路は、大阪・神戸〜名瀬（奄美大島）〜古仁屋（〃）〜亀徳（徳之島）〜平土野（〃）〜鹿浦

（〃）～和泊（沖永良部島）～知名（〃）～茶花（与論島）～那覇（沖縄）間であった。

それまで徳之島以南の島民は鹿児島や阪神方面に行くとき、五、六〇〇トンの老朽船「東成丸」（大島汽船）か「日高丸」（大洋汽船）から名瀬港で乗り換えなければならなかった（両船とも、大阪商船の雇用船）。その労がなくなったのだ。

四十数名の乗務員は大半が、島々の出身者であった。意思疎通がスムーズになり接客サービスも、向上した。

三等の客にも「お膳に載せた食事」（大阪汽船では、飯椀だけを手渡されていたらしい）が出され、風呂にも入れるようになった。黨築は操船の合間に客室を回り、気持ちよく乗ってもらえているか確かめた。

初航海の途中、故郷（龍郷町芦徳）近くの湾に立ち寄った。停船して、高々と汽笛を鳴らす。「故人となった父母と、独り村に残った姉の梅松に挨拶したんだな」

沖から聞こえる哀愁を帯びた汽笛の音を耳にした村の人々は、そのように思った。

出身校の小学校では、各教室に「平壌丸」の絵が掲げられ、「われらの川畑汽船」と書き添えられていたという。

それぞれの島の港でも、大歓迎を受けた。

〽千と二百の平壌丸は

徳之島の亀徳港では沖に船が姿を現すと、島の人々が「日の丸」の小旗を打ち振りながら「串本《くしもと》節」の替え歌を歌って出迎えた。

「川畑汽船」の誕生は、航路を独占してきた「大阪商船」に衝撃を与えた。同社は、ただちに反撃行動に出た。

「大阪~沖縄線」に就航していた大型船「久吉丸」「正吉丸」を、離島路線へ投入した。料金も大幅に下げた。「平壌丸」の運賃は、「大阪商船」より二割ほど低い価格に設定されていたが同社は、それを上回る五割引運賃を打ち出した。明らかに小資本の「川畑汽船」を潰すためのダンピング（不当廉売）である。

また、「平壌丸」運航への妨害工作もおこなった。郷土誌『奄美大島（奄美）』には、そのいくつかの事例が記載されている。その内の一つを挙げておく。一九三〇（昭和五）年一〇月中旬の出来事である。

（前略）当日、「平壌丸」が（亀徳港へ）四時頃入港するというので、阪神行きの乗客は、「平壌丸」取扱店に六、七〇名くらい待っていた。

余は先を急ぐので（入港していた）「久吉丸」へ乗ったが、一二時出港のはずの同船は、延々となって出さない。

二時頃ようやく船はいかりを揚げ、同日の三、四時には古仁屋へ着くべき（はず）の「久吉丸」は、またもや後戻り（して）徳之島（の）面縄港へ向けて行った。「なぜならん」と聞くに、「面縄に乗客が三、四〇名おり、それを乗せに引き返した」との事である。（面縄港の）沖合に船は止めたが小舟が一隻来たのみで客は、ただ一人しか乗らず（乗客）一同あっけに取られた。

船は古仁屋へ向けたが暫《しばら》くすると、また再び亀徳へ寄せたので一同の客も、あきれ返った。「亀徳に七〇名（いる）平壌丸に乗船するべき客が、『平壌が四時までに来なければ久吉丸に乗る』と言うたからとの事で、再び寄せた」との話。

一同もあまりのことに騒ぎ出し、余は船長に対し「あまりではないか」と二等客四〇名の代表というかたちで船長に向かって抗議した。暫くすると事務長がやって来て謝った。然るに亀徳の客は、たった二人しか乗らない。それで一同は異口同音に（大阪）商船が「平壌丸」をイジメる事に憤《いきどお》った。

（児玉平「川畑汽船声援の郡内状況」月刊『奄美』一九三〇年一一月号）

この事例は、大阪商船の「久吉丸」が「平壌丸」に先んじて一人でも多くの客を拾おうと、同船乗客の都合も考えずに動いた様子を示したものである。結局、この船は午後三時には古仁屋へ着くはずが、夜中の一一時半に到着した。体験談を投稿した児玉平は、「如何に半運賃で乗せるとて、前記の次第で客は不平不満、大迷惑を感じた」と記している。

こうした大阪商船側による一連の妨害工作を見て、「奄美大島自治研究会」が動いた。同研究会は一九二八（昭和三）年、大島郡の南半分一二カ村の村吏、議員、区長その他の公務員有志によって設立されたもので、毎年一回、各地区回り持ちで総会を開いていた。目的は「町村自治の発達に貢献する」ためとし、「大島郡唯一の大衆民意暢（調？）達機関」（民意を吸い上げて、達成させる機関という意味か）と定義している。単なる「地方自治体関係者の連絡組織」と異なるのは、「自ら求め、自ら助くるのでは無ければ、天（は）之を助けない、与えない」（前掲誌への寄稿者『村長・山岳生』の記述）という「自助の精神」を柱に据えているところにある。

創立以来の中心的課題は、町村の開発振興に根本的影響を与える「交通の発達、航路改善の促進」である。一九二九（明治四）年一一月に大阪商船に対して、嘆願書を持参した代表団を送ったのも同研究会であった。よって、「川畑汽船」問題に無関心でいるわけにはいかなかった。

昭和五年度の総会を一一月に沖永良部島の和泊で開き、この問題を話し合うことにした。同月一七日、その総会参加者など三六〇余名を乗せて「平壌丸」は、鹿児島港を出た。その道中を「川畑汽船」取扱店の役員、中間英二（日本運送株式会社常務取締役）と郷土誌『奄美』の主幹、武山宮信（沖永良部島出身）がレポートしている。英二らは、「平壌丸」の視察と総会を傍聴するために乗船していたのだ。

最初に英二が感銘を受けたのは、鹿浦での歓迎ぶりだった。

同一九日、船は徳之島鹿浦港へ到着した。


殊《こと》に鹿浦に於《お》（い）ての殆《ほとん》ど凱旋《がいせん》将軍でも迎へる如き熱誠溢《あふ》るゝ青年団・処女会及至《ないし》一般有志約一万人の歓迎ぶりには、実に感極まって只《ただ》涙であった。而《しこう》して初めて平壌丸が真に後援せらるゝ意味が、はっきり解ったような気がした。

（月刊『奄美』一九三〇年一二月号）


鹿浦は黒糖の積み出し港として栄えた。だが、谷底を流れる川の河口に設けられており、けして開けた場所ではない。「平地は、ほとんどない」といった方が適切なくらいだ。人家は、川と崖との間の僅かな平地に軒を並べていた。そこへ一万人近くが集まったとしたら、川や海にこぼれんばかりで、じつに壮観な光景であったであろう。

熱烈な歓迎は、面縄など他の寄港地でも受けた。

そうした場面に立ち会って栄二は思った。

私は至る処《ところ》で身に余る熱誠なる歓迎を感謝すると共に、その裏には果たして何《いず》れを意味するやら静かに考えた。只《ただ》大島郡民の希望は航路問題解決であった。今迄《いままで》永い間、(大阪商船の)独占の弊害《へいがい》に苦しんだ。(その)為《ため》、産業も振るわず、疲弊《ひへい》の極に達していると聞く。(中略)産業助成も先決問題は、航路問題、運賃問題であらねばならぬ。助成の結果たる産物も、高い運賃に食われて不引合の(引き合わない)状態では、何もならない。

(前掲誌同号)

これは、当時の状況と問題点を正しく捉えた言葉であろう。

「平壌丸」は、徳之島を後にして目的地の沖永良部島へと向かった。

一一月二一日、栄二らは沖永良部島和泊《わどまり》の小学校を会場として開催された「奄美大島自治研究会」の総会へ参加し、傍聴した。

総会には、一二カ村の村長及び会員のほか、大島郡の主だった有識者も参加し、数百名が一堂に会して、熱のこもった議論を交わした。

前文に続いて栄二は、総会を傍聴した感想を次のように綴っている。

私は、至る処で「大島郡民は暖(地の)国民の通弊として、熱し易く冷め易い性質あり」と聞いた。然《しか》し、此度《このたび》は、その弊害を自覚された結果として、極めて秩序正しく冷静に慎重に研究の上、而《しか》も熱心に着々実行されつゝある現状を見て、此度《このたび》こそは必ず目的を達成さるゝ事を信じて疑わぬ。

（前掲誌同号）

総会の結果を受けて同年一二月、一四町村長が連名で逓信《ていしん》大臣宛に、航海補助金の請願をおこなった。次の文章は、その請願内容の一部である（前掲誌に記載）。

理由

鹿児島県大島郡は民力著《いちじる》しく疲弊したるため、政府は昭和四年度以来、年々、産業助成金交付して其の救済振興を図りつつあり。然《しか》れども南海洋上十数余の島嶼《とうしょ》より成る大島郡の救済振興の為には、この産業助成と共に海上の交通を改善するを以て第一の急務となす。

而《しこう》して之《これ》が為には現に政府は、四万四二〇〇円を大島各島航路及び大島十島航路に対して補助せるも、此の二航路は僅《わず》かに大島郡（名瀬港？）と鹿児島港との間を連絡するに止まり、剰《あまつさ》へ小型老朽船（が）就航し、運賃高く、乗客待遇（が）劣悪なるを以て郡民は幾度か右二航路（の）就航会社、大阪商船に対し、航路改善を要望せるも毫《ごう》も顧みられず、斯《か》くして郡民は久しく此の独占航路の横暴に苦しめられ、最早到底《もはやとうてい》忍び（一字、判読不明）ざるものあり。

茲《ここ》に於《お》（い）て此《こ》の積弊を一掃し、更《さら》に時代の進歩と大島郡の現状に鑑《かんが》み、新たに我国の経済的中心地たり且《か》つ大島郡民第一の出稼《でかせぎ》地たる大阪・神戸及（び）歴史的に経済的に密接なる関係を有する沖縄県との間に航路を開き、大型優秀船を回航せしむる事は大島航路改善の根本策として郡民の久しく熱望するところなり。（後略）

各町村でも、それぞれ後援会を作って支援活動を始めた。時を置かずに創設され、素早く動いた「亀津村後援会」の規約を例として挙げておく。

亀津村後援会規約

第一条　本会ハ平壌丸ヲ支持し、其《その》就航ヲセシムルヲ以テ目的トス
第二条　本会ハ亀津村民全体ヲ以テ組織ス
第三条　本会ノ目的ヲ達成センタメ　村一円ハ一致共力シテ左記ニ注意シ其実《じつ》ヲ挙グルモノトス
一、本会々員ニシテ旅行ノ場合ハ　必ズ平壌丸ニ便乗スルコト
　但シ特別ノ場合ハ　コノ限リニアラズ
二、阪神沖（縄）其他外《ほかそと》にアル者ト相《あい》呼応シテ応援ニ努ムルコト
（後略）

昭和五年一二月九日協定　亀津村役場

官民一体となった大島郡各地での「平壌丸」支援活動

「平壌丸」への支援活動は、主に一九三〇（昭和五）年一二月から翌年七月にかけておこなわれた。大島郡と阪神地区在住の出身者たちの双方が同時進行で運動を盛り上げていった。

島々では、各地区の青年団が主体として動いた。

奄美では、旧来から男は一三歳になると「一三サナギ（褌）」といって初めて褌《ふんどし》を付け、結婚するまでシマの「若者宿《ニセやど》」で集団生活する風習があった。女も日中の仕事を終えた後、「娘宿」に集まり、針仕事などをおこなった。この場で若者たちは社会人として、また、シマンチュとしての知識やマナーを身に付ける一方、シマでの公共作業を担っていたのも若者宿の者たちであった。

それが大正期に入り、全国的に展開された「青年団」結成の動きに合わせて衣替えした。組織は男女別で、未婚女性の青年団は、「処女会」と称された。

当時の青年たちは、便利かつ快適な阪神地区との交通を心の底から願っていた。

その熱い思いは、先の鹿浦へ寄港した際に催された歓迎会（場所は鹿浦小学校）で披露された応援歌からも見て取ることができる。

武山宮信が翌月の雑誌（『奄美』昭和五年一二月号）に掲載したレポートに、応援歌の歌詞が紹介されている。

「平壌丸」応援歌（小原節にて）

一、歌えや踊れや奄美の人よ
予《かね》ての望みは平壌丸で果たされた

二、底であえぎし奄美の人も
救われた救われた平壌丸で

三、阪神航路は吾等《われら》の生命《いのち》
つなぎし恩人　川畑黨築氏

四、文化の中心大阪神戸
文化の吸収は大島救済

五、平壌丸荷客《かきゃく》は阪神文化
乗れよ積めよ平壌丸文化船

六、先幸多き吾等の友よ
吾等は団結して平壌丸応援
孤島苦の救世主の川畑汽船を徹底的に応援せん

（西伊仙共愛会）

この席では伊仙村東組の「一心団」も同様の替え歌を披露しているが、その歌詞の中には「吾等のカタキ大阪商船」という激しい敵対心を表す一節があり、これまでどれほど苦汁を舐めてきたかがうかがわれる。

青年団の支援活動は、応援歌や標語、または募金などといった様々なかたちでおこなわれた。また、大阪商船側の五割引といった姑息な手段に対しても、屈せずに「平壌丸」を利用することを呼び掛けている。

大島郡の中でも、とくに徳之島と沖永良部島の青年団が熱かった。

次は、徳之島の亀津村青年団が呼び掛けのために作った唄の一節である。

（前略）

〽亀津魂は　仁義の切先《きっさき》
川畑汽船は　われらの船
われは人間だよ　亀津の人間だよ
餌に釣られる　魚じゃない
大阪商船の　俄《にわか》五割は
感心できない　変則態度

（後略）

まさに先進的かつ自主自律を重んじる「亀津断髪《ダンパチ》」の精神を感じさせる歌詞となっている。他地区の青年団でも、同様の活動が展開された。

同島母間村の青年団は、ビラを作って配布した。

母間村のビラ（現・徳之島町母間）

■郡民よ、目覚めて下さい!!
船は過去の横暴を悔《く》いず、尚《なお》も暴圧を加えてゐます。

悪魔のやうな毒手をのばして平壌丸を倒さうとしてゐますが、血あり涙ある郡民は一致団結して平壌丸を援けませう。

そして我等の救い主（川畑汽船、平壌丸）をして、凱歌を叫ばしめませう。

川畑汽船こそは、大島郡の血となり肉となるのです。
■大島郡の人達よ!!　団結しませう。
我等の汽船、大島の生命、平壌丸を守りませう。

二度と豚小屋に、はいりたくありません。


（前掲誌、一九三一年二月号）

大阪汽船のやり方に対して「悪魔のような毒手」と称し、同船の客室を「豚小屋」と呼んで「二度と入りたくない！」と述べている。よほど酷い環境と接客であったのであろう。その恨みつらみが感じられる。

井之川伊寶青年処女団（現・徳之島町井之川の伊宝地区）

大島郡は代議士達の名論卓説で救へたかどうか。
然《しか》るに吾《わ》（が）平壌丸船長、川畑氏は、よく大島郡の窮状を救った。
裸一貫で大資本と戦ふべく決然（と）起《た》つた。
幾星霜を経ても解決のつかな（か）つた航路問題を解決せんものと悲痛の血涙を湛《たた》えて起つた。
噫斯《ああか》（か）る人こそ現代大島郡の否《いな》現代日本の要望してやまぬ人物である。

（前掲誌、一九三一年三月号）

これも同様のビラであろう。大仰《おおぎょう》な文章ではあるが、大資本に向かって裸一貫で立ち上がった川畑黨築に対する青年らしい感嘆が込められている。黨築の行動は、島に暮らす青年たちに大きな感動と勇気を与えたはずだ。

支援の動きは、波のように島の隅々にまで広がっていった。

伊仙村（現・伊仙町）は、徳之島の中でも特に支援の動きが活発であったようだ。各地で平壌丸支援の決議がなされ、行動に移していた。次は、決議内容の一例である。

伊仙村同心会決議

一、日用品は平壌丸積（載）の物品を購入する事
二、貨物乗客は平壌丸を利用する事
三、砂糖は平壌丸積（載）の買主へ売る事

（前掲誌、一九三一年三月号）

沖永良部島では、徳之島に先立って青年たちが支援活動を始めていた。前に挙げた児玉平（沖永良部島出身）の文章に、同島での運動の様子が描かれている。一九三〇（昭和五）年一〇月一八日の状況だ。

平が大島郡を訪れた目的は、じつは県議補選を控えて民政党所属議員候補を応援するため、代議士の久留義郷（徳之島町出身）に随伴しての旅であった。

本来の目的である応援演説会は各会場とも聴衆が集まらず低調の内に終わったが、平の目を引いた出来事が沖永良部島であった。

川畑汽船声援の郡内状況

児玉　平

（前略）

余は、今度の遊説に沖永良部島人士が川畑汽船に対し、全島隅々までも徹底的に宣伝声援されつゝある有様を見て感心したのだが少し其状況を記すに、和泊村の青年及有志商業団各官民一同の熱烈な応援は、実に意外の感にうたれた位《くらい》であった。

一八日は自動車自転車隊等全島の交通機関及数百人の青年中年が大行列を整へ、「吾々の川畑汽船を援助せよ。独占会社の横暴を阻止せよ」の旗を押し立てゝ島中を練り歩いた。

余は、この実況を見て、如何に今日迄の商船会社が横暴を極め居たるかを感じた。

（前掲誌、一九三〇年一一月号）

同島知名村の青年団では、「平壌丸応援標語」を募集して入選作を発表している。次は、その一部である。

懸賞募集当選

平壌丸応援標語

知名村青年団

■一等
来るまで待てぅ、平壊丸
■二等
痩せた大島、肥やすは平壊丸
■三等
魚に水、離島に平壊丸
■佳作
倒せ商船　助け平壊丸
大島振興、先《ま》づ平壊丸から
平壊丸の擁護は郷土奉仕の一歩なり
郡民自覚すれば必ず平壊丸を選ぶ
大阪商船の毒薬　川畑汽船の良薬
大島郡の興廃は平壊丸にあり
平壊亡《ほろ》べば大島亡ぶ
親切第一平壊丸
さあ乗れ　さあ積め平壊丸へ

（地名と当選者名は省略）

（前掲誌、一九三一年二月号）

知名村青年団は、この標語ビラを三万枚作って島中へ配布した。やはり徳之島と同じく就航直後の「平壌丸」への熱い期待と、大阪商船への反感が見て取れる。

阪神地区における大島郡出身者たちの熱烈な支援活動

「平壌丸」就航は、阪神地域の島出身者たちにも大きな喜びをもたらした。恐慌の真っ只中にあり、日々の労働や暮らしに不安を抱え、また、本土の生活習慣や感覚、言葉の違いなどで悩んでいた人々にとって一条の光と感じられたことであろう。故郷との距離が縮まったような気がしたに違いない。

明治末期から昭和初期にかけて島を出た人々は、縁故を頼って仕事や住居を得た。そして、出身地ごとにコロニー（集団居留地）を形成していった。それが、「郷友会《ごうゆう》」の土台となっていく。

大島郡出身者の郷友会は本土の県人会などとは異なり、地域が極端に細分化されている。町村単位ですらなく集落単位が主であった。まさしく「シマ＝精神的共同体」単位と言った方が妥当であろう。その具体的な姿は後述するとして、阪神地区の郷友会は、どのように「平壌丸」の支援活動に関わっていったのであろうか。

一九三〇（昭和五）年当時における阪神地域の大島郡出身者は、およそ三万五〇〇〇人余りであったようだ。

「平壌丸」の支援を熱心におこなった徳之島と沖永良部島の郷友会の動きを見ていくことにする。

徳之島の郷友会は一九三〇（昭和五）年の段階で、三団体程度であったという。他にも集まりはあったようだが、「会」としての形もなく集落出身者同士が、親睦と相互扶助をはかるため、必要に応じて集まる程度の緩いものであったらしい。正月祝い・花見など季節ごとの催しや歓送迎会などが主な活動であった。

それが「平壌丸」の就航と存続問題が契機となったのか、徳之島のみならず大島郡各地の青年会や郷友会の創設が続出し、活動を先鋭化させていった。また、集落単位の郷友会が積み上げられ、町村及び島単位の上部組織を形作っていく。

上位概念である「奄美」は、そうしたプロセスに伴って意識化されていったのであろう。

平壌丸後援演説会

在神亀津青年会長　龍野貞秋

我等大島郡民が多年不便と不満を感じ、是《こ》れが解決を渇望し且《か》つ幾多（の）郡先輩が解決せんと奔走されつゝありし孤島の交通苦を、我が奄美の生んだ熱血男子、川畑黨築氏の出現によって漸《ようや》く解決されんとするや其の壮挙を聞きたる同胞は、郡内外にあるを問わず一斉に歓声を挙げ祝福し、期せずして応援の声挙がり「沈滞せる郡振興の暁光《ぎようこう》見えたり」と喜びつゝあるの時、久しく独占航路により、横行し我意を枉《ま》げず郡民の希望を無視し、我等の不便と不満を顧みざりし「大阪商船」当局は、「平壌丸」の出現により遽《にわか》に是れに対抗し、従来顧みざる航路に拘《かか》はらず「久吉丸」をして「平壌丸」と同一航路に就航せしめ且つ運賃の割引をなし、以て乗客の露骨なる誘引策を講じ、「平壌丸」を極力、圧迫せんとする情勢を示すや、郡民は彌《いや》が上に憤怒し、郡内外同胞は、益々結束後援の必要をさけぶに至れるは、誠に当然の事である。

我が在神同胞に於いても、此の壮挙を見、此の横暴を聞き、随所に「平壌丸」応援支持の声起れるを見て、我等二、三の同志（が）相謀《あいはか》り、各青年会長を歴訪し、後援会組織の必要を高唱し賛成を求めたるに何《いず》れも同意せられ、更に川畑船長にも面会し「営業の持続力」「船内改善」「船客の優遇」等につき糺《ただ》したるに、誠意ある回答を与へ且つ生命を賭《と》して郡同胞の為め健闘すべき悲壮なる覚悟を示したるにより（昭和五年）一二月三日、各青年会長一場に会し、協議の結果、茲《ここ》に在神徳之島各青年会連合後援演説会を開催することに決定し、暫くして一二月十四日、「平壌丸」の入港を待ち、川畑船長を迎え、大橋吉田の二公会堂に於（い）て、神戸に於ける急先鋒として第一声を挙ぐるに至ったのであるが、両会場とも期せずして立錐の余地なき圧倒的盛況を極め、左記（の）青年会員有志、川畑船長等交々起《こもごもた》つて（大島）郡を思ふ真情を吐露《とろ》し、万丈《ばんじょう》の気を吐き、青年会主催の演説会としては、未曽有《みぞう》の盛況を以て午後一一時、幕を閉じたのであった。

（前掲誌、一九三一年一月号）

「在神亀津青年会」は神戸在住の亀津地区出身者の集まりで、運動会を催すなどして親睦を図っていた。そうした緩い集まりが、「平壌丸」問題を契機として「目的を持った運動体」としての性格を帯びていく。同時期、「大阪亀津青年会」も誕生した。神戸では「東天城郷友会」「井之上川青年会」も創設されている。こうした青年会や郷友会が、「平壌丸」支援の担い手となっていった。

一九三一（昭和六）年前半は支援活動が熱を帯び、非常な盛り上がりを見せた時期でもあった。

次は、同年一月、大阪での支援活動の様子である。

平壌丸応援の実況

淀川橋畔　奥　紅葉

大阪築港桟橋埠頭に於ける「大阪商船糾弾、平壌丸応援演説会」は、我国開闢《かいびゃく》以来、否当桟橋竣成以来、あまりに類例を見ざる最初の壮挙、最初の叫びであろう。

其の反響、深刻甚大、恰《あたか》も鼎《かなえ》の沸くが如く乗客一二〇有余名、見送り客約七、八〇〇名、期せずして「平壌丸」応援の熱度、彌《いや》が上にも白熱化した。

一月二五日午後一時、「平壌丸」左舷《さげん》上高くへんぽんと翻《ひるがえ》る「神戸徳州同志会」旗、へんへん舞う。（乗船客と見送り客をつなぐ）五色のテープ、将《まさ》に出帆《しゅっぱん》せんとするその刹那《せつな》、「神戸徳州同志会」弁論部、大山富忠氏（中略）外《ほか》、数名氏、「平壌丸」左舷甲板上に交々《こもごも》立ちて、彼《か》の横暴極まる「大阪商船」の非を完膚《かんぷ》なき迄《まで》に指摘糾弾《きゅうだん》し、郡内外同胞の結束の必要を力説絶叫し、最後に奥氏発声「平壌丸、万歳」を三唱すれば、（二字判読不明）桟橋埠頭の天地、恰《あたか》もくづれんばかり。（後略）

（前掲誌、一九三二年二月号）

人々の熱狂ぶりが伝わってくる文章であるが、これに続いて語られているのは、興奮が高じて暴走気味となった光景である。少し整理して紹介しておく。

熱弁を奮い高揚した甲板上の弁士の一人が突然、集まった人々の一隅を指さして叫ぶ。

「あそこに大阪商船の犬がいる！

大阪商船の犬が、二匹いる！

奴らを引っ張り出せ！」

「奴らは、大阪商船の回し者だァ――。

しかも、郡出身の裏切り者だァ――。

一人は沖縄、一人は徳之島……平壌丸の様子を見に来ている奴らだ。

あれさァ、あれさァ――」

指差された方向に、一〇〇余名の乗客と、約七、八〇〇〇名の見送り客の視線が集中する。

「やっつけろ！」

「なぐれ、馬鹿者」

罵倒や怒号が飛び交い、喧噪《けんそう》がしばらく止まなかった。

「なぐってはいけないでェ。検挙されるぞ」

中には、事態を落ち着かせようとする人もいた。

――投稿者は、「此の光景、この実状、以つて郡民の平壌丸応援の熱度を語るに足る」と締めくくっている。

この騒動には、それなりの背景があるようだ。「大阪商船」側に雇われた島出身者の策動である。それらは、「平壌丸」が寄港する大阪や神戸で妨害工作をおこなったり、「大阪商船」の宣伝や勧誘活動をおこなったりしていた。

その動きは「平壌丸」が就航して、すぐに始まった。

郡民よ　結束せよ!!

大阪　亀山　信

（前略）

……現時、郡民の結束を促し、最も全郡的輿論の渦、巷《ちまた》に騒然としてある「平壌丸」支持援助の問題は、是れ郡民の一層の自覚を要し、今や断然「挙郡的一団結」の烽火を点じ、完全なる大結成の基《もと》に彼《か》の専横的（かつ）独断恣策《しさく》（を）以て郡民の膏血《こうけつ》をしやぼり尚《なお》も飽《あ》（き）足らず、増々《ますます》其（の）大資本を擁《よう》すると同時に何等《なんら》時代性を考慮せず搾取《さくしゅ》に次《つ》ぐに無暴を以てし飽（く）迄《まで》も郡民を無視し侮辱し、貪欲《どんよく》の毒牙《どくが》を削鋭し、大島の経済的窮難疲弊困憊《こんぱい》の度を最極端迄《まで》完全に蹂躙《じゅうりん》せんとする従来よりの大資本的専横に対し、断然一大結束の統制下に、飽《あ》（く）迄《まで》も勇敢に最も挑戦的抗争を展開する可《べ》きである。

前記の奥紅葉は別の投稿で、「売郡行為」として実態を報告している。

郡民に訴ふ
憎むべき売郡行為

（前略）

……同じ郡同胞なるにもかゝわらず、彼の横暴なる商船会社の手先となりて盛んに策動しつゝある不心得者あり。即ち陰に陽に川畑汽船に不利な宣伝、極端なる逆宣伝を為し、平然として顧みらざる無恥漢あり。

一例を挙ぐるに去る（一九三一年）二月九日、……「平壌丸」は機関に故障を生じ、こゝ一両日は航行不能云々と無根の事実を流布して旅客獲得に狂奔したる者あれば、或いは……「平壌丸」は航海毎《ごと》に欠損、到底《とうてい》収支償《つぐな》はず経営難に陥《おちい》るは必然に付き、「大阪商船」を極力支援す

る方（が）郡将来の為、最も良かる策也と、如何にも誠《まこと》しやかに宣伝しつゝある者ありと聞く。（後略）

（前掲誌、一九三一年四月号）

確かに「平壌丸」は、航海の度に赤字を出していた。それは、「大阪商船」側の極端なダンピング戦略の結果である。赤字を出しているのは、「大阪商船」側も同じであった。

だが、資本力の差は歴然であり、このままいけば結果は見えている。「平壌丸」を応援する側も、この事実は、分かっていた。だから、何とか維持させようと必死に支援活動を盛り上げようとしていたのだ。それだけに大島郡出身者の利敵行為に対して、怒りを募らせ、激しく糾弾した。愛郷心よりも個人的な利益を優先させる人間がいても、不思議ではない。普通のことだと言ってもよいだろう。だからこそ本土にあって「奄美人」を強く意識し、「平壌丸」支援運動に熱を入れていた人々の心情が注目される。

以上のように「平壌丸」の就航は、島で暮らす人たちだけでなく本土へ渡った出身者たちに歓迎され、島々と本土を結ぶ架け橋として期待された。だが、その運営は、厳しいものがあった。当初から運営に対する懸念はあった。前代未聞の不況下にあって、維持できるだけの貨物が見込めなかったからだ。九月の初航海で委託されたのは、たった二つだけであった。以降は少しずつ取扱量も増えたが、翌月から「大阪商船」側の運賃ダンピングが始まり、しだいに追い詰められていった。

一九三一（昭和六）年四月の段階で、一万九〇〇〇円（HP『明治〜令和値段史』準拠、一九三〇（昭和五）年と二〇〇五（平成一七）年の米価比較で約二〇〇〇倍、三八〇〇万円ほどか）の赤字を出していた。この時点では、ほぼ川畑黨築と親族の個人的な出資による合資会社であったので現代価値における四〇〇〇万円近い損失は、耐えられる限界に達していたと思われる。

むろん大島郡の町村も、座視していたわけではなかった。

同年一月、大島郡町村会で、各町村が次年度予算で二〇〇円以上を寄付することを申し合わせ、併せて各地区で一般募金も呼び掛けることにした。

これによって沖永良部島の知名村と和泊村は各一〇〇〇円ずつ、徳之島の伊仙町では五〇〇円を寄付。その他の町村も、相応の予算措置を施した。

当時の経済状況を考えれば、この予算措置自体が「無理やり捻《ひね》り出す」といった特別なものであったことは、想像に難くない。

なぜなら、黒糖と大島紬の販売不振で税収は極端に下がり、各自治体の財政（昭和五年度）は教員の給与を四カ月も支払えないような逼迫《ひっぱく》した状態であったからだ。おそらく役場職員の給与も似たようなものであったろう。

しかし、「大阪商船」との激しい競争の下では収益を増やすどころか、赤字は累積していく一方であった。「平壌丸」を運行していくためには、月ごとに経費一万円（現在価値で、五〇〇〇万円くらいか）は必要だった。一時的な補助では、「焼け石に水」といったところである。

同年五月、危機を感じた「奄美大島自治研究会」は古仁屋で臨時総会を開き、集まった村長、役場職員、議員、有識者など約八〇名の有志が対策を協議した。

その場では、次のような決議がなされた。

決議事項

一、平壌丸貨物積載を徹底せしむること
一、大島信用販売組合貨物割譲を交渉すること（後略）
一、第一四七銀行に対し、貨物為替取組を承認せしむること
一、各村平壌丸後援会を統一せん為、準則を設け目的の達成に努力すること
一、本年の徳之島、沖永良部島、与論島、壮丁《そうてい》（成年男性）を平壌丸に搭載する様、その筋に陳情すること
一、各島航路補助金増額を俟（ま）って平壌丸に分譲方を運動すること

右の外、川畑船長よりの依頼に基づき、鹿児島、京阪神、東京に向け、平壌丸寄付金募集の為、瀬戸内一人、徳之島（欠字）人、沖永良部・与論一人の委員を派遣する。

（前掲誌、一九三一年六月号）

本土の各郷友会も「平壌丸」の利用拡大を呼び掛け、併せて募金活動に力を入れていた。しかしながら、底辺労働者が大半である島出身者たちの資力には限界があった。また、対抗勢力である「大阪商船」側は、相手を潰すことだけが目的としか考えられない常識外の運賃割引とサービス攻勢を掛けてきた。

経営難を脱するために黨築は同年五月、「川畑汽船」を合資会社から株式会社へと組織変更し、本社を鹿児島市へ移した。大島郡からの支援を幅広く受けられるようにするためだった。

翌六月、徳之島では伊仙が二五〇株、亀津・東天城・天城の各村が一五〇株ずつを購入することを決議した。沖永良部島でも百合栽培関係者たちが、約一〇〇〇株を引き受けた。だが、その貢献も功を奏しなかった。

両船会社の激烈な競合の最中、新たな船会社「奄美汽船」が割り込み、問題を複雑化させていた。船は「瑞鳳丸」と言い、同年六月一五日に就航した。大島郡出身の医師、東前徳と広島県の実業家、桑原純夫が、共同で事業を起こした。

船主には資金を出した桑原が就任した。東と桑原の大島郡との関係や参画の動機は不明である。表向きには、「東先生の崇高なる人格や、その意気に賛同」したためとされている。

また、「平壌丸」に次ぐ第二船として「川畑汽船」に貸与することが目的であったが、黨築との間に行き違いがあり、やむなく独自に船会社を立ち上げることになったとも説明している。

その真偽と本意は明らかではないが、「瑞鳳丸」の参入によって運賃割引やサービス競争が、ますます激しくなったことだけは確かであろう。

徳之島では、その有様を次のように伝えている。

（前略）当時、阪神（と）徳之島間（で）八円の乗船賃を四円に引き下げ、さらに二円に引き下げ、しまいには名瀬・鹿児島・阪神間を無運賃とし、その上、浴衣一枚、あるいはこうもり傘一本ずつ（といった）景品を乗客に提供するにいたり、僅かな資本で経営している川畑汽船は、終に涙をのんで七カ月ほどで事業を中止（し）、汽船の運航をやめてしまった。

（『天城町誌』）

これは町誌の執筆者が編纂時に、その頃を知る人から聴き取った記述であろう。あくまでも記憶によるものであると思われる。その点はご承知おき戴きたい。

郷土誌『月刊奄美』の記事で確認できるのは「大阪汽船」と「瑞鳳丸」が八割引の運賃設定をし、「瑞鳳丸」では手荷物料金を無料、中途の寄港地で下船した場合は運賃を返却していることだ。さらに団扇などの景品も付けたという。

ここまでされては資本力の弱い「川畑汽船」は、なすすべがなかったであろう。

「瑞鳳丸」に対しては、大阪と神戸の沖永良部島知名村出身者による郷友会「知友会」が「平壌丸」と共に支持を表明した。

しかし、地元の「和泊村振興会」と「知名村振興会」（いずれも奄美大島自治研究会所属）は鹿児島と神戸へ調査員を派遣した結果、「瑞鳳丸」を敵対勢力と位置付けた。


瑞鳳丸は、大阪汽船同様に平壌丸の敵と見なしているから絶対にこれを排斥する。徳、沖、与三島では阪神連絡船としては川畑汽船以外に必要を認めていない。他船は全然これを声援しないのみか、その引揚げを希望することを各村長から瑞鳳丸へ通達した。

（中略）

吾々はドコ迄も大阪汽船及び瑞鳳丸と戦わねばならない。これは、独り吾々振興会員の意志のみならず全村民の世論である。


これに合わせて知名村と和泊村の村長の他、「大島郡南部一二ヶ村自治研究会（奄美大島自治研究会）」名で東方村（現・瀬戸内町）村長が平壌丸支援の声明書を出している。「振興会」は和泊（一九三〇（昭和五）年九月結成）・知名（同年六月結成）の有志からなるもので、「奄美大島自治研究会」と歩みを共にしているようだ。

和泊村振興会主義綱領

一、有志の友情と愛郷の精神とに依り団結す

一、自己の修養に力（努？）め、而して村民の自覚を促し「自治の精神」の確立に資す

一、各種事業、各種農産業を研究し、以て其（の）振興を期す

一、清新の意気を以て愛と正義の為に奮闘す

一、悪習を排し、精神の道を確立せん

（中略）

本会の事業

一、農業研究、副業研究、村政研究、出稼人進路研究、生産品販売研究、弁論、文芸競技、其（の）他必要に応じ他方面にも研究するものとす

（前掲誌、一九三二年八月号）

なお会員資格は、「本会の趣旨に賛同する青壮年」としている。

注目されるのは「自治の精神」を綱領に掲げ、「精神及び地域経済の自主自立」を目指していることだ。

その思いは、「平壌丸」への支援活動へと向かう。

和泊・知名の両「振興会」は、次の決議をおこなった。

和泊・知名両村有志決議事項

一、平壌丸より輸送せざる物品は、決して買わざる事
　但《ただ》し、穀物は其（の）限りにあらず
二、川畑汽船と（大阪）商船会社との現在運賃の差額（の）半分以上は必ず寄付する義務あるものとす（平壌丸以外に便乗の旅客に対しての決議）
三、万一、商船会社に於（い）て無賃にて乗船せしむる場合は、現在（の）川畑汽船株式会社運賃（の）半額以上は、必ず川畑汽船株式会社に寄付し、（その条件において）商船会社側の各船を利用するも差し支えなき事
四、以上、実施（と）取扱は、知名・和泊（の）各振興会に之《これ》を嘱託《しょくたく》す
　右の条々、固く相守り、決して違（一字不明）せず、其（の）証として左に署名捺印す（村民連署）
（以上の引用、前掲誌、一九三一年八月号）

この文面から見ると、「大阪商船」側は、「川畑汽船」より安い運賃を設定し、なおかつ無料にす

る場合もあったようだ。ここからも前述の『天城町誌』の聞き書きが、ある程度、正しいことがわかる。

また、「振興会」が「少数の志ある人々」の組織ではなく、村民の大半を巻き込んだものであることがうかがわれる。

こうした大島郡各地における「平壌丸」支援の機運、その組織化や運動の進め方が、「三法方」運動と重なることが注目される。

一八八八（明治二一）年四月、新納中三の呼び掛けによって大島郡二二カ村の戸長（村長）と「有志」が参集し、石井清吉の指導の下に「三法方」運動が始まった。その場で立ち上げられた「大島有志総代会」は各地区で組織化を図り、それぞれ運動を展開した。その形態は、やはり地区住民のほとんどを対象とするものであった。

この「三法方」運動から三十数年しかたっていない。当時の運動を知る人々も少なくなかったであろう。よって、「平壌丸」支援の機運を契機として立ち上げられた沖永良部島の「振興会」のみならず各地で発足した「同心会」「後援会」などの組織は、その系譜に連なるものであると考えられる。さらに言えば「奄美大島自治研究会」は、「大島有志総代会」の精神を受け継ぐ組織体であったと位置づけられないだろうか。

さて、株式会社に衣替えして再起を図った「川畑汽船」であったが、島の人々と本土在住の出身者たちの熱烈な声援にもかかわらず同年一〇月、実質的に倒産してしまった。

熱意だけあっても、経営は維持できない。資本力をバックとして採算を度外視した攻勢を受けて、川畑黨築は膝を折るしかなかった。

しかし、「本土の大手資本と地元資本の船会社の競合」という一般の島民の生活に関わる問題を通して、島々が民衆レベルで連帯し支援活動を展開したことは、「シマ」を超えて「奄美《アマミ》」及び「奄美人《アマミンチュ》」としての意識を拡げ浸透させることに多大な影響を与えたと思われる。

第五章　奄美の「自給自立」を模索――浅松宮啓と啓良親子

一九三〇（昭和五）年秋から始まった熱狂的な「平壌丸」支援運動を、東京から冷静な目で見ていた人物がいた。

浅松啓良である。一八八八（明治二一）年、徳之島の浅間集落（現・天城町浅間）で、浅松宮啓の長男として生まれた。ちょうど「三法方」運動が立ち上がった年である。

「第七高等学校造士館」を経て「京都帝国大学工学部電気工学科」を卒業し、大島郡で最初の工学士となった。戦前の財閥「藤山コンツェルン」の創始者、藤山雷太に見込まれ、その傘下の企業で実績を積んだという。ちなみに雷太は慶應義塾で学び、福澤諭吉の紹介で三井銀行へ入った。そこを起点として様々な事業を手掛け、一大財閥を築き上げた人物である。基幹事業は、「大日本精糖（現・DM三井製糖ホールディングス）」であった。

当時、啓良は「武蔵電気鉄道株式会社」の常務取締役を務めていた。一九三〇（昭和五）年一月の時点で、他に「九州林業株式会社」取締役社長、「八王子市街自動車株式会社」常務取締役、「岩槻乗合自動車株式会社」監査役などといった役職を兼務している。鹿児島市の路面電車を敷設する事業にも関わっていたようだ。

「平壌丸」支援活動に関しては、次のような見解を示している。

「川畑汽船」の応援を各村が（村を）挙げて行つてゐる様であるが、単に精神だけでは、之を根本的に応援することはできない。結局は、物資を生産して船腹を満（た）すのでなければ無駄である。運賃収入のない航海は不可能であるからである。

（前掲誌、一九三二年二月号）

これは「郷土産業開発の為、澱粉製造会社を創立せん」というタイトルの下に書かれた文章の一節だ。

啓良は、真に大島郡を救済するには原材料を自給し、生産過程の工業化を図らなくてはならないと考えていた。中間搾取をなくし、生産を効率化させる。そうして出来上がった物資があって初めて「平壌丸」の積載量を確保し、健全かつ安定的な流通体制を築くことができるというのだ。

浅松啓良「自らのパンを自給することをなせ!」と説く

また、心構えとして生活面における節制と生産面における「工夫と自助努力」なしには、島の経済は立ち行かないことを強調した。それらの点に関して啓良は、島の人々や阪神在住の出身者に対し、辛辣《しんらつ》な言葉を発している。

……郡民が惰眠《だみん》を貪《むさぼ》ってゐる為、この豊饒《ほうじょう》な天恵を利用し、開拓し、生産できない状態にある。そして、焼酎のみ、やけにあふつて乞食根性を起(こ)して「救済、救済」と叫んでゐるのは誠《まこと》にあさましい限りである。

頭を働かせたら、関西方面に多数入(り)込んで、(朝)鮮人呼(ば)はりされなくても、大島で富裕な生活が出来るのである。科学的な頭の働きが必要である。

(前掲の寄稿)

啓良は、ここで根拠もなく批判しているわけではない。データを挙げている。酒類の大島郡における年間消費量は不景気にあるにもかかわらず「勿《なん》(と)驚《おどろ》(く)六〇万余円の巨額に達してゐる」とし、「而《しか》も全額を輸(移?)入して居る」と嘆く。現在価値で、年間一二億円余り（二〇〇〇倍換算）となる。

次いで「焼酎の原料は蘇鉄、唐芋、砂糖等で出来るから、これを大島で醸造したらたいしたもの」と述べた。「なぜ自分たちで、作らないんだ？」ということである。むろん個人で密造することは薩藩時代から禁じられていたが、企業（酒造業）として生産することには、とくに問題はない。米に関しても「一五〇余万円」分を移入していることを指摘し、「二毛作を行へば自給し、尚輸《なお》（移）出する事が出来る」と述べる。

さらに「大島郡の最高の御馳走たる素麺《そうめん》は、三〇万円輸（移）入している」と指摘し、これも自給することを提起した。

産業振興の基盤「（徳之島）秋利神水力発電所」を造った

啓良は、「有言実行の人」であった。

奄美の自立的な産業振興に寄与するために様々な事業を手掛けた。その最たるものが、徳之島での発電事業である。

電力は、すべての産業の基盤である。とくに製造業は電力なしには、成立し得ない。

浅松親子は、これを整えようとした。

一九一八（大正七）年三月、宮啓は当時の代議士、林為良ら二二名の連名で電力会社設立の認可申請をおこなった。そして、一九二〇（大正九）年、「大徳水電株式会社」を設立。「秋利神水力発電所」を基軸とした事業である。測量や発電所の設計は、啓良がおこなった。

発電所は一九二一（大正一〇）年に起工、一九二四（大正一三）年に竣工して、送電を開始した。

しかし、台風などの自然災害もあり、苦難のスタートとなった。さらに、その後の不況や重役の放漫経営などで事業は順調とは言えず、一九二九（昭和四）年時点で、資本金を半減させていた。啓良は同社株式の七割を買い占め、経営権を握った。そして、重役を入れ替え、新体制を発足させた。新社長には父親の宮啓を据え（後に、啓良が社長に就任した）、執行役員として義弟を置いた。この義弟、鶴岡志郎は長年、東京の電力会社に勤めていた。

一九三一（昭和六）年、本社を鹿児島市から徳之島の平土野（現・天城町）へ移し、島民のための電力事業を実現しようとした。その例証の一つとして、電気料金を払えない人には、サツマイモで代納することを認めたことが挙げられる。

澱粉工場の創設は、集めたサツマイモを原料に澱粉を製造するつもりだったのだろう。工場は一九三二（昭和七）年五月、徳之島（平土野か？）で、起工した。

素麺の自給にも着手した。名古屋の素麺製造会社と契約し、島に会社を設立する準備を進めていた。

前掲記事の最後は、「大島の救済を叫ぶ前に、自らのパンを自給することをなすが当然でなくてはならぬ。乞食根性を捨てない限り大島は、到底《とうてい》救はれない。故《ゆえ》に私は、右の如き精神に基（づ）いて今回、犠牲的に工業を起（こ）したいと思つてゐる。（中略）私は百の議論より一つの実行によつて郷土への奉仕をなす決意である」と述べ、文章を結んでいる。

流通に関しては、名瀬港を除く島々の港が大型船を横付けできない貧弱なものであることを指摘し、港湾施設を早急に整える必要があることを説いた。

その実現に向け「奄美群島に一〇〇〇トン級の船が、台風のときであっても安心して停泊できる港を建設することを（推進する）代議士が出たら、自分の年収の半分を何時《いつ》でも捧げる」といった趣旨の宣言を新聞紙上で発表している。

こうした啓良の思いと行動には、父である宮啓の影響があったのではないだろうか。宮啓も客観的な見方と論理的な思考をする人であった。

浅松宮啓「黒糖は、大島を食ふ魔の神」と糖業の廃止を主張

浅松宮啓は一八五六（安政三）年、徳之島の浅間集落（現・天城町浅間）で生まれた。前述のように「三法方」運動の証人であった。『奄美大島』一九二九（昭和四）年一月号から「新納中三　石井清吉　両氏の功績　附三法方由来」と題する連載を始め、「三法方」運動の全体像について記した。

この連載では、「大島有志総代会」設立の経緯から裁判闘争の内容まで詳細に語られている。とく

に当時の会話までリアルに再現している点が注目される。宮啓は「当時の記憶をたどりながら」と述べているが生々しいやり取りの一言一句が記されていることから考えると、おそらく詳細なメモ書きを残していたと思われる。宮啓自身も一八八九（明治二二）年、「鹿児島興産株式会社」から訴えられ法廷に立たされた当事者であったため、なおさらである。

新納中三とは赴任当初から接触があったようであり、石井清吉とも親交があった。清吉は、裁判闘争が一山越えた時期に亀津から宮啓の住む浅間に居を移している。「三法方」運動が始まった年に生まれ、闘争の最中に育った啓良も、清吉の膝に抱かれたことがあったかもしれない。

裁判闘争後の宮啓であるが、農業指導者の道を歩み始めた。

大島郡の「農業技手（技師の下の身分）」を務め、後には「農教師」を名乗っている。今の農業普及指導員のようなものであろうか。公的な立場（大島郡農会所属農教師？）で奄美大島の龍郷や東方村（現・瀬戸内町）、沖永良部島の和泊などに赴任し、さらには鹿児島本土でも任に就いていたようだ。

こうした活動をおこなうには、やはり専門知識や公的資格が必要だったはずだ。当時の鹿児島県で、そうしたものを取得できそうな機関を調べてみると、一八九五（明治二八）年に「鹿児島県尋常師範学校附属専科農業講習所」（現・鹿屋農業高等学校）が創設されていることがわかった。

この時期、浅間集落には石井清吉が居た。清吉は宮啓の裁判の代人を務めたほどで、二人の関係は、かなり深かったと思われる。

清吉が指導した「大島有志総代会」の具体的な活動方針「三方法」の柱の一つに「農事改良方法準則」がある。これは、各村に「勘農係」（農業技術相談員？）を置くとしたものだ。宮啓が、選任された可能性が高い。

その任を果たすため、清吉に勧められて開設されたばかりの「専科農業講習所」へ入ったのではないだろうかと想像している。

一八九七（明治三〇）年に清吉は、浅間と岡前集落の農民を引き連れて種子島へ入植した。宮啓もまた後に集落を離れ、公的な立場で各地の農業指導に当たるようになった。

さて、農教師としての宮啓は、どのような考えを持っていたのだろうか。

まずは、大島郡の代表的な産業「糖業」についてである。

宮啓は「黒糖は、大島を食ふ魔の神」と言い、糖業は「断乎《だんこ》として廃すべき」と強い口調で述べている。さらに「糖業模範場などを設けて、糖業を奨励する如きは寧《むし》ろ、農家を穴に陥《おと》し入れるものだと信ずる」とまで言い切った。

サトウキビは若い頃から作り続けてきたであろうし、農業技手として当初は栽培の指導にも当たってきたことであろう。それが、七〇余歳になって断罪したのだ。

農業技手時代に宮啓は、製糖業の収支計算をしてみた。

生産に掛かる費用を算出したところ、売価からの差引利益が「一円三二銭」と出た。これには地代と輸送費、税金が含まれていない。

どの年代の計算であるかわからないので正確な換算はできないが比較的安定していた一九〇〇（明治三三）年から一九一五（大正四）年の平均米価を現代（二〇二〇（令和二）年）の水準と比すると約四〇〇〇倍となり、その倍数を使うと差引利益は、現在価値で「五二八〇円」（HP『明治～令和値段史』準拠）。ここから輸送費や税金を差し引くと最終収支では、まったくの赤字となる。

沖永良部島で「ユリ栽培」の改良や普及に力を尽くす

よって、宮啓は、サトウキビに代わる作物を探していた。その目に適《かな》ったのが「百合《ゆり》」であった。一九〇五（明治三八）年六月、龍郷村（現・龍郷町）の農教師であった宮啓は、所用で名瀬の街に出た際、大熊集落（現・奄美市名瀬大熊町）で山ユリの球根を掘っているところに出会った。

この畑は、大阪商人の宮路幸太郎が前年から栽培しているものであった。五、六畝歩《せぶ》くらい。テニスコート三面足らずで、それほど広くはない。

興味を持った宮啓は、現場に立ち寄り尋ねた。

「このユリは、製粉の材料なんですか？」

奄美では山ユリ（鉄砲ユリ）が自生し、島人は球根を食用としていた。鉄砲ユリなので、そのままでは、苦い。蘇鉄などと同じく砕いて水にさらし、澱粉に加工して使う。よって、そのような質問となった。

「いいえ、これは横浜の植木職人へ送る物です」

当時、観賞用のユリ栽培は、まだ一般的でなかった。農教師である宮啓が知らなかったほどである。

「大島が、このユリをたくさん作れば、横浜から買いに来るんですが、（島では）みんな作らないので、こちらから百合を送るんです。（出荷してから）六〇日くらいで代金が送られてきます」

「いくらくらい送られてくる見込みなんですか？」

「五、六〇円です」

後に聞いたところでは、予想を遥かに超える一〇〇円（HP『明治〜令和値段史』、一九〇五（明治三八）年と二〇二〇（令和二）年の米価比較で約三八〇〇倍、よって現在価値を約三八〇万円と推算）が、送られてきたとのことだった。

野山に生える山ユリを、テニスコート三面くらいの畑で栽培しただけだ。長年、サトウキビ栽培で苦労してきた宮啓である。どんな気持ちで、その話を聴いたことであろう。

その後、宮啓は、宮路のところでユリ栽培の実地研修を受けた。栽培技術や施肥管理などを修得し、普及の準備を進めた。

一九〇八（明治四一）年四月、沖永良部島の和泊村へ赴任した。そこでユリ栽培を奨励し、実地指導をおこなった。

『知名町誌』（一九八二年六月刊）によれば、沖永良部島で鉄砲ユリ栽培が始まったのは一九〇四

（明治三七）年、鹿児島本土の市来崎甚兵衛が野生のユリ球根を買い集め、「永良部ユリ」と銘打って横浜の貿易商のバンディング・アイザックの下に送ったことを契機として始まったとしている。アイザックは一九〇二（明治三五）年頃から、ユリ球根を海外へ輸出していたようだ。

一九〇七（明治四〇）年、大島郡農会が販路を調査し、横浜の輸出商社と一手販売契約を結び、指導奨励を始めた。翌年から農会による販売が開始されたとのこと。

この記述から推察すると、宮啓は大島郡農会の農教師（現在の農業普及指導員か）として赴任したのではないだろうか。経緯はともかく、この頃から大島郡各地でユリ栽培が試みられていることは、確かなようだ。だが、まだまだ一般的ではなかったと思われる。農教師として各地を転任している宮啓が、知らなかったくらいだ。

作物を一大産地に育て上げるには、栽培方法の効率化とマニュアル化、さらには販売ルートの確立などが必要である。和泊で宮啓は、ユリ栽培の改良や普及に力を尽くしたのであろう。「之は、同地農家の知る処《ところ》にして、今更《いまさら》誇言《こげん》をなすものには非ず」と述べている。

さらに「私、辞任後も同島は百合栽培怠りなく、年々拡張発展して今日、不景気知らずの生活安定を見、世の好評受くるに至るは、私の我事《わがこと》のように喜ぶ所以《ゆえん》なり」と喜びを表している。ユリ栽培の一大産地化に貢献したという自負があったに違いない。

沖永良部島のユリは、一九三〇、三一（昭和五、六）年の不況時にあっても移出は順調で、島の経済を支えていたのだ。

啓良が「自給自立」とともに「大島郡の地理的な好条件を生かせ！」と訴えているのは、こうした父、宮啓の働きぶりや考えを、身近で見聞きしていたからかもしれない。

以上のような「平壌丸」支援運動や浅松親子の言動には、やはり新納中三の思いと石井清吉が唱えた「三法方」の考え方が底流としてあったのではないか。

第六章　大島経済を揺るがす「教育熱」――教育目的の変節

昭和初期の月刊誌『奄美大島』（後に『奄美』）を見ていくと、「大島の教育熱」に関する記事が目に付く。

【巻頭言】教育倒れ

「大島の人は、実に向学心が強い」「父兄は、無理をしても子弟をヨソに出して教育する」「学士ばかりでも二〇〇人から超してゐる」、こう人は言ふ。ヨソから大島へ視察に行った人もこれを褒《ほ》め、大島の人も亦《また》これを自慢するものもある。

なるほどこの傾向は、事実のやうである。教育熱に燃える、余りに教育に憧れ、余りに教育の力を過信することは、確（か）に郡民性の一部をなして居るようである。

特に男の子の教育に於いてそうぃふ考（え）が、大島の父兄は内地の父兄よりも濃厚である。

「奨学心に富む」といふことは、よいことである。それには、文句はない。だが、無理して遊学に出す、家産不相応な学問をさせる、一人の子弟を教育するために一家を挙《あ》（げ）て惨《みじ》めな生活をするといふ事実が少（な）くない。この事実は、郡の識者が、よく考えなければならぬことであらう。

経済を顧慮しない向学熱は、無謀《むぼう》である。この無暴な教育熱は、一家を滅ぼし、一村を過《あや》まり、一郡を禍《わざわ》ひする。現に生産に伴はぬ年五〇万円の巨額な教育費が郡外に流れ出ることが、大島疲弊の一因となつて居る。これでは、二〇〇の学士も、さう自慢にはならぬのである。

（月刊『奄美大島』一九二六年二月号）

大島郡の教育への思いは、明治初期まで遡ることができる。

「薄粥をすすっても教育を」――本土支配からの脱却

明治維新によって薩摩藩の隷属《れいぞく》から逃れ得たはずであったが、実態は黒糖取引などの利権が県庁と鹿児島商人の手へ移っただけであった。その原因の多くが、島びとの商取引に関する知識がなかったことに起因していた。薩藩時代からの本土人に対する畏怖と相まって、疑問を呈したり抗弁したりすることもできずに不利な契約を結ばされ、塗炭《とたん》の苦しみを味わった。

ユカリチュと呼ばれる島の富裕な有識者層たちは薩藩時代から、奴隷的支配構造の理不尽さに気付いていた。よって、流罪人で学問ある人を師として迎え、子弟教育をおこなっていた。明治時代になると、さらに学問を積ませるため、男の子が一三歳になると鹿児島本土へ送るようになった。また、一部の有識者は一般の子弟にも教育を施し、島の教育水準を引き上げる必要を感じていた。

とくに徳之島の亀津は、明治初期から教育熱が高かった。「亀津ヤンキチシキ飯《バン》」という言葉が残っている。これは、屋根の垂木《たるき》が表面に映るくらい薄い粥を一家で啜《すす》っても子弟に教育を施そうという地域的風潮を表したものだ。

『徳之島小史』(坂井友直編、奄美社刊、一九一七年)によると一八七〇(明治三)年、福澤福祐の発起によって変則学校が開かれ、漢学者の旭福泉と福澤徳重が教師として迎えられた。福祐は地元の有力者で、後に石井清吉が島に滞在していることを「名瀬の大会議」の場で告げ、その後に始まった「三法方(方法)」運動でも亀津地区のリーダーとして活躍した人物である。

亀津「日本一の学士村」と言われるほど進学率が高まった

この亀津は、東京帝国大学を卒業したドイツ文学者の上村清延《かみむらきよのぶ》や代議士の久留義郷《ひさどめよしさと》など多くの学士(大学卒業者)を輩出している。市町村の人口比で言えば一時期、「日本一の学士村」(徳田基)

と称されるくらいであった。
地元の教育熱の恩恵を受けたはずの上村清延であるが、この問題について次のように述べた。

精神的道徳的向上奇麗な選挙を行へ　高等教育に憧れすぎる

浦和高等学校勅任教授　上村清延

（前略）大島は、あまり高等教育に憧《あこが》れすぎる。私は嘗《かつ》て亀津に帰った時、亀津の人に向かって「亀津がこんなに疲弊したのは、あまり学資金を出し過ぎたためだ」といって、「自分は、どうか」と叱られたことがあったが実際、やりすぎていると思っている。（後略）

（月刊誌『奄美大島』一九二六年二月）

これは、島の人々の関心が経済や法律など実利的な方面に傾きがちで、「精神的・道徳的な面」が疎かにされ、選挙においても「島国根性」が蔓延《はびこ》っていることを嘆く文章の中で語られている一節である。
明治三〇年代に岡程良は「学問を武器とせよ！」と訴え、大島郡を救うためには、経済や法律の知識を修得しなければならないとした。
本土の人間と対等に渡り合うための「武器としての学問」という程良の意味づけは、心ある島の有識者たちの間で共有されるようになっていた。

だが、子弟への教育志向が一般化していく過程で、「大島郡を救いたい！」という程良の願いとは異なり「家及び一族の繁栄のため」という側面が強くなっていった。

一族の中で優秀な男子がいれば、その子に期待をかけて学資などの援助をおこない、本土で経済的基盤を築いた後、縁戚者たちが恩恵に与《あずか》るといった構造である。本土で成功した出身者に対して、助力した親族はもとより関係の薄い周辺の人々まで「便宜を図ってくれ」と群がったようだ（これは大島郡に限らず、アジア全体に見られる一般的傾向であろうが……）。

あまり裕福でない家庭では、姉が婚期を遅らせてまで機《はた》を織り、弟の学資を稼ぎ出したという。大島郡の歴史的経緯と一族意識、または現状から考えれば「過剰とも言える教育熱」は理解できるところではあるが、結果として多くの人が島を出ていくことにつながった。

こうした傾向は、「大島郡の精神的・経済的な自主自律」という程良ら「三法方」運動の理念を受け継ぐ有識者たちにとっては、眉をひそめざるを得ない事態であったろう。

大島郡における教育投資への過熱ぶりと本土志向には、清延のみならず、当時の教育関係者に懸念を抱かせた。

大島の教育熱　学生は根が強い

本県第一師範学校長　萱場今朝治談

（前略）大島の学生は根強い特性がある様です。「どうしても勉強して行かう、進んで行かう」

といふ気分が見える。けれどもどういふのか、卒業して（大島）郡へ帰らうといふものは至って少なく多くは此処の地方に行きたいと希望している。

私共は、成るべく郷里へ返したい。その方が落ちついてやつて行けるから、教育の効果を挙げる上に都合がいいと思っているが、生徒の方では郷里を嫌ふ傾向があるので、これは郡のため（には）どうかと思つて居る。

大島の父兄が向学心に富んで居るといふ事は豫《か》ねて聞いて居る。その結果、沢山の子弟を郡外に出し、多くの資金を要して居るとの事であるが、斯《か》く子弟の教育の為めに非常な犠牲を拂《はら》ふやうになつたのは何に原因するか、そこはよくわからないけれども、或《ある》（い）は大島は産業に行き詰つて居て「土地に居ては生活して行けない、ヨソに出なければならぬ。ヨソに出て暮らして行くには教育が入る」といふ考えからではあるまいか。

そういふ考えから無理に（で）も子弟を都会へ出して教育を受けさせるといふなら止むを得ないことであらう。（後略）

（前掲誌同号）

家産を傾けてまで子弟を教育する大島の奨学熱は考えものだ

本県第二鹿児島中学校長　古賀毅氏談

大島の人は向学心が強い。無理しても鹿児島やその他の都会に子弟を送つて学問をさせるといふ傾向があるといふ事は、かねて聞いて居た。この前の会議でも大島中学校の龍野校長が、頻《しき》りに、そのことを話していた。大島の不振と郡民の教育といふ事について、よほど考へて居られるように聞いた。（後略）

（前掲誌同号）

教育熱が高いこと自体は良いことだが、家や島の経済に影響を及ぼすほどの過剰投資に警鐘を鳴らしている。

この投資は成功すれば家や一族のためにはなるが、大島郡にとっては人材の流失と経済的見返りが少ないという点で、ますます地域の疲弊を促進してしまうものであった。

泉二新熊も、次のように苦言を呈している。

在京大島郡青年会と奨学会――その概況――

司法省行刑局長　法学博士　泉二新熊談

（前略）大正元年頃には著しく上京者が殖え、郷里は土地荒廃し、中堅青年を失ふといふ傾向を呈し、喜界島の如き（が）最も甚だしかつたようである。

そこで小学校の職員に対し、児童に「無暗《むやみ》に都会へ出るな。郷土を愛せよ」といふことを諭《さと》すやうに奨《すす》めたこともある。（後略）

（前掲誌同号）

島の文化・経済の維持・発展に欠かせない若者たちが次々と上京し、本土に定着している現状を見て、受け入れ側である新熊としても憂慮せざるを得なかったのであろう。だが、島に有能な人材を生かせる仕事がないのであれば致し方なかった。そのことは新熊も承知していたはずだ。そのジレンマは、現在に至っても課題として残っている。

ちなみに古賀氏の談話に出てくる龍野校長とは、「厳訓無処罰」の教育方針で知られた著名な教育者、龍野定一（一八八九〜一九八六）のことである。亀津出身で、鹿児島県立大島中学校（旧制）の校長を務めた。

定一は教育の重要性はもとより地域経済の振興を説き、集落での講演では「テーチ木を植え、大島紬を盛んにせよ」「各家庭で養豚に励み、子どもの学資にせよ」と語っていたという。（ウィキペディアの記述より）

余談となるが筆者も新聞記者として何度か龍野先生とお会いし、先生の「奄美」への思いをうかがった。お話の中で、やはり島の人々の「奄美人《アマミンチュ》」としての意識確立と地域経済の自立について触れられたことを覚えている。大柄で長めの白髪、高齢ではあったが背筋をシャキッと伸ばし、笑顔を絶やさず熱を込めて話される姿に深い感銘を受けた。

大宅壮一「教育への〝出血投資〟」――飢餓に耐えて

奄美の本土復帰が成った直後、著名なジャーナリストであった大宅壮一（一九〇〇～七〇年）が、奄美大島の地を踏んだ。雑誌『週刊朝日』の「祝賀使節」という名目だったという。与えられた使命の一つが「島の現実の姿をありのままに同誌の読者へ伝えること」であり、その言葉通り生々しいルポルタージュを残している。

一九五四（昭和二九）年二月に掲載された記事「奄美大島――敗戦日本の再現――」の中に「教育への〝出血投資〟」という小見出しがあり、奄美の教育事情について語っている。

（前略）この島には資源らしいものは、ほとんどない。あるものは、ただ〝人的資源〟のみである。しかも、ここの住民は、この資源開発には日本中のどこよりも熱心である。というのは、（鹿児島県）出身で「お国自慢」の対象になるような人物は軍人を除いて、ほとんど奄美大島生まれであるからである。

戦前、旧制中学（大島中学、現・県立大島高校）卒業生の七五％は上級学校に進学していたが、本土の二五％に比較して、いちじるしい開きを見せていた。

徳之島の亀津町（現・徳之島町）のごときは、大学卒業者の人口比が全国最高を示している。

また、西郷隆盛が流された土地としてしられる竜郷（現・龍郷町）という小部落からは一時、一二、三〇人も出していた。

前にのべたこの島々の経済的条件を考えるならば、これはまさに驚異的な数字である。それでなくてさえ低い家族の生活水準を、さらに極端に引下げることによって、子弟が大学に送られたのであって、まさに教育への〝出血投資〟いや〝飢餓投資〟だとも言えよう。

（『大宅壮一選集5』筑摩書房、一九五九年六月）

この一文は、先に示した大島郡における教育熱の実態を事前に調べた結果、記されたものであろう。ちなみに龍郷町は、「武器としての教育」を説いた岡程良の出身地だ。

大宅壮一は奄美出身の著名人の名を挙げた後で、次のような文章で締めくくっている。

しかし、これらの人々に共通した傾向は、生き方が個人的で、一つの結集された力にならないことである。

島出身者の間で、新しい産業を開発すべく、〝内資導入〟を行って、かつての東北振興会社（註①）のようなものをつくろうとしているが、その中心となって動く人物を見出すことは困難である。

（前掲書）

戦前からの課題は、現在に至っても残されたままではないだろうか。

註① 「東北開発株式会社」のことか？ 「東北地方の殖産興業を目的として一九三六年（昭和一一年）に日本政府が設立し、五〇年後の一九八六年（昭和六一年）に民営化された国策会社。（ウィキペディアの記載より）

第七章　さまよう大島郡出身者の思い
――差別と「奄美」の発見

昭和初期の関西で、大島郡出身者たちが、どのような生活をしていたかを見てみることにする。

一九二六（大正一五）年の時点で阪神地区には、大阪府三万人、兵庫県に八〇〇〇人の大島郡出身者が居住していたようだ（『奄美大島』大正一五年九月号）。

阪神地区をめざす出身者の数は、増え続けた。

一九二七～三一（昭和二～六）年の五年間で、大島郡から流失した人口は、約二万人弱にも達した。その多くが、阪神地区へ向かったと思われる。

出身者たちは、在住の親戚や知人などの縁故を頼って本土へ渡り、住処《すみか》と就職先を得た。先に述べたように関西地区の在住者は、小商店勤務や工場労働者が主であった。

工場労働者の実態（一九三一（昭和六）年当時、女性工員）について資料があるので、記しておく。大阪の岸和田にあった紡績工場の事例である。
この工場は、大島郡出身者が多く在籍していた。郡出身者の視察記であり、案内した人事担当者も郡出身者であった。よって、郡出身者の就職口としては、モデルとなるような優良工場であったのであろう。

岸和田工場には、鹿児島縣人三〇〇余名あり、内大島郡の女工は鎮西（現・瀬戸内町）五〇名、伊仙（伊仙町）四六名、西方（瀬戸内町）一五名、東方（瀬戸内町）三〇名、宇検（宇検村）一三名、大和（大和村）六名（が）居る。

成績は、余りよい方ではないと（いう）。女工の年齢は、一四才から三〇才位までゞ平均の在社年数は、一カ年半である。

（中略）

寄宿舎は一二畳の部屋に八名つゞを割當て、蒲團類は会社持になつてゐる。食費は、一日一三銭五厘を職工が負担し、他は会社の支出となつてゐる。賃金は、初めは月収一二圓位、一カ月以上になれば二四、五圓を給する。これより食事代を差引き、残りの四割は本人に渡し、他は郷里送金又は郵便貯金をなさしめる方法をとつてゐる。（後略）

（兒玉平「阪神行」月刊『奄美』一九三二年二月号）

※補語は引用者

投稿者は「堅實なる出稼先」として賞賛しているが、それでも、この程度であった。一九三一（昭和六）年の勤労者世帯の月額実収入は八六円であるのに対し、この工場の女性工員は高くて二五円。食費（約五円）を差し引いて現金で手渡されるのは、八円くらいか。これを米価基準で約二〇〇〇倍すると、現在価値で月額「一万六〇〇〇円」ほど。

さて、この給与と期間をどう評価するかである。残りの金額（一二円、現在価値二万四〇〇〇円）は、貯蓄したり故郷へ仕送りしたりするのに十分であったであろうか（他の工場の待遇は、これ以下であったと推察される）。

若い女性たちの多くは、困窮した島の実家を助けるため本土へ渡ったはずである。貯蓄や仕送りを期待されていたであろう（一九二六（大正一五）年時点で約三万人の出稼ぎ者が、現在価値で一〇億円ほど仕送りしていたと推定されている）。

低賃金または過酷で危険な作業現場しか働き口がない

さて、他の大島郡出身者の生活環境と職場は、どうであったであろうか。低賃金であったため生活環境は、決して良いとは言えなかったはずだ。

新参者の大島郡出身者たちは、居住費が安くて済んだ地区に寄り集まって生活した。とくに沖永良部島と徳之島の出身者たちには、その傾向が顕著だったようだ。

神戸市で言えば、沖永良部島出身者は、「中央区大日地区（旧・葺合区）」や「灘区水道筋」周辺に居住した。葺合地区に集まったのは、「川崎造船（製鉄）葺合工場」（一九一七（大正六）年開設）に勤務している人が多かったからであるという。

職場は、「熱鈑（熱した鋼板を加工する?・）工程」に特化されていたようだ。この工程は、室温四〇度以上の作業環境にあり、危険も伴っていた。よほどの忍耐力がないと務まらなかった。その厳しい環境で頑張った先任者の作業ぶりが評価され、島出身者が優先的に採用されたらしい。

徳之島出身者も「川崎造船（製鉄）」や「神戸製鋼所」など、過酷で危険な作業現場で多く働いていて、林田区（現・長田区）に寄り集まっていた。

昭和三〇年後半から四〇年代にかけての話ではあるが、当時「神戸製鋼所」に勤めていた池村福秀さん（一九三〇（昭和五）年生まれ、徳之島町母間）に話をうかがった。真っ赤に焼けた鋼板がレッドカーペットのように流れてくる「熱間圧延工程」で班長として働いていた人だ。

池村さんの話では、当時でも「水を飲んだり浴びたり、また、塩を舐めたりしながらの酷い作業だった」「常に危険が伴っていた」「島の若者でも、すぐに辞めてしまうような現場であった」とのことだった。戦前であれば、もっと過酷な作業環境であったろう。

一九二三（大正一二）年、川崎造船の規模拡大で増員が図られ、沖永良部島出身者が大量に採用された。それに伴い、「和泊同志会」「知名同志会」が誕生する。さらに一九二六（大正一五）年、

「神戸沖洲会」が、結成される。

川崎造船の事例は、過酷な労働に耐える先人の努力が評価されてのことであったが、人数が増えるに従ってマイナスの評価も下されるようになった。

言葉や生活習慣の違いで偏見にさらされた出身者たち

次は、沖永良部出身の武官が、川崎造船と神戸製鋼所（一九〇五（明治三八）年開設）の工場を視察した折の印象記である。

神戸各工場における郡同胞感——視察の感想——

在京陸軍三等主計正　山下兼道

（前略）各工場主任者は、声を揃えて同胞に左の欠点ある旨申されしは、将来、吾々の大に注意すべきことゝ存（じ）候《そうろう》。

一、第一忍耐力の足らぬこと

入場の際は「日給は、如何程《いかほど》でもよい」とか「仕事も何でもよい」とか至極《しごく》簡単に申込みたるも一旦《いったん》入場の折は、仕事に好き嫌ひを起し、又、給料の少しにても多い勤務に転ずるを望み、甚《はなは》だしきは他工場へ転ずるものさへある

二、目前のことのみ走り、将来永久の希望なきこと

例へば、現在は日給も他の処に比し幾分《いくぶん》少なきも、辛棒すれば将来有望であると云ふことが分かって居ても、当座の利益に走つて行くこと

三、他県人と親しまぬ弊あること（つまり同化しないと云ふ）

之れは第一に言語の自由ならざることや凡て生活、習慣等が異なるから止む得ないとしても、工場主任者としては大に同化を希望せらるゝことは当然にして必ず将来大に注意すべきことゝ思ふ

四、言葉の通用を欠くこと（とくに女子に多し）

之れは、郷里の状況から止むを得ざることではあるが、各人が努めて努力したら、数カ月後には充分出来る筈《はず》。然《しか》るに工場に於いては兎《と》に角居所《いどころ》も多くは同一付近に雑居し、恰《あたか》も特殊部落の観を為し、郷里言葉を使ふを自慢するの傾きあるは大に謹《つつし》まねばならぬことゝ思ふ

以上の外《ほか》細部の点多々あるも、以上は郷里（沖永良部島）は勿論、（大島）郡一般の共通的欠点かと存（じ）候。要するに郷里出身者を歓迎する工場は至って少なく、以上の点を矯正するにあらざれば将来、落伍者、否や失業者を出すことになりはせんかと思われ候

（月刊『奄美大島』一九二七年二月号）

大島郡出身者は、今後の人生設計を考えず、目先の利益だけを追い求め、他地方の人と交わるこ

となく、出身地ごとに寄り集まって居住し、島口《シマグチ》（方言）で語り合い、気心知れた者同士の心地よさに浸って日々を過ごしているというのだ。

そうなった事情があり無理もないことではあったが、本土の人間の目には異質に映る。

「大島郡出身者の特徴を引きずったままでは、同郷集団から離れたら本土で生きていくことはできない」と、山下兼道は懸念したのだ。

これは、郡出身者でも社会的地位のある人の見解であることは、考慮に入れておく必要がある。山下が、低賃金・過酷な労働環境・不安定な雇用条件など、現場の実態を熟知しているとは言い難いからだ。労働者側の気持ちを理解しているとは思えない。

以上のような懸念は、しばしば前掲誌に現れるようになる。

大島出身者は辛棒がない

鹿児島県社会事業協会職業紹介所長　本田三次

郷里から出て来た一青年の就職依頼に（職業紹介所）へ赴いた記者に向かつて本田所長は、語る。

昨年、鹿児島築港工事が始まったとき、四〇〇名の人夫を（が？）申込んで来たので、その内、二〇〇名は特に大島郡の希望（者）を採つた。これも一つの大島救済だからとの好意からであった。

ところが、仕事の技量は、むしろ内地のものより甘いといつてもいゝ位であつたが、どうも働き方が足りない。骨惜しみをやり、辛棒がつゞかない。この辛棒が足らぬという点は、大島の人の欠点のようだ。それで、今日《こんにち》は、一二人しか残っていない。外に商店などに周旋して入れたまでも、同様（に）まもなく出てしまふといつた風で、吾々が責任を以つては、世間におすゝめしにくい。

（月刊『奄美』一九二九年六月号）

この他、「我が郡民は、『時』に対して無頓着」といった時間を守ることに対する緩さを指摘する声も散見される。いわゆる「島時間」だ。

「茸合」や「灘」に寄り集まっていた沖永良部島出身者

沖永良部出身者の全体的な動向について触れておく。

本土への出稼ぎは明治二〇年代から始まっている。一八九九（明治三二）年には、長崎県口之津へ二月に一六四名、同一二月には島の偉人、土持正照（当時、六六歳）自らが引率して渡った。口之津は海外への石炭積出港として明治三〇年代、好況期を迎えていたことが理由らしい。仕事は、三池炭鉱の蓄炭場から石炭を口之津まで運び、本船へ積み込むまでの荷役作業である。

危険が伴う重労働であった。人夫は、沖永良部・与論・徳之島など離島から集められた。とくに与論島出身者が多かった。劣悪な作業、生活環境に置かれた上、「ヨーロン」と呼ばれ差別的扱いも酷かったという(『与論島移住史』南日本新聞社編、南方新社刊、二〇〇五年一一月)。だが、島へ戻っても食べていけないため、耐え抜くしかなかったと思われる。

一九〇九(明治四二)年、三池港が完成し、口之津からの積出量が急減、失職する人が増えた。その一部は、阪神方面へ流れて行ったのかもしれない。

明治末年になって、北野前行氏(現・和泊町出身)が神戸製鋼所に入り、この関係から神戸への出稼ぎが始まって、大正初年には十数名を数えるに至った。

その後、女子の出稼ぎが始まり、大阪、関ヶ原方面の紡績工場へ進出し、いずれは帰島を考え、送金目的で出稼ぎをするものが多かった。

(皆川耕吉「わが先達が印した足あと」『神戸沖洲会六五周年記念誌(歴史編)』)

さらに同文章によると、神戸では川崎造船葺合工場と神戸製鋼所に就職する出身者が多かったとのこと。その理由を次のように記している。

川崎造船葺合工場における熱鈑作業は、沖洲人でなければ耐え得ない高熱作業といわれ、その忍耐力と実直な勤勉さは他の追随を許さず、一般業界は勿論のこと、会社経営陣の注目の的となり、主要な人材源としてその声価は高く評価され、後輩の就職に大きな貢献をしたのである。

（前述誌）

大正期末の工場の規模拡大に合わせ、大量の出身者が同工場に就職した。そして、「中央区大日通（旧・葺合区）や灘区水道筋周辺に居住し、「つねに相互の交流を怠らなかった」という。だが、光があれば、影もできる。

しかしながら、生活の安定は一応みたものの、言葉（なまり）の相違から生じる口べたや、生活習慣による劣等意識は引込思案となって、職場同僚となかなかなじまず、人間関係を傷《そこな》う者、あるいはまた長い将来を考えることなく、目先の給料の多少に惑わされて職を転々とする者が少なくなかった。

（前述誌）

こうした状態を憂えた人々が、一九二三（大正一二）年、「和泊村同志会」「知名村同志会」を結成した。この両組織を基にして、後に「神戸沖洲会」が発足する。

戦後の話になるが、奄美本土分離期に密航船で沖永良部から神戸へ渡った出身者の記録（子息が父親の一生を記したもの）がある。その中から島出身者の生活ぶりがうかがわれる部分を挙げておく。

しかし、危険を冒して奄美から神戸に渡ってきたものの、シマンチュウの生活は決して楽なものではなかった。

島口《シマグチ》（方言）が強く、生活の場や職場でも言葉の意味がうまく通じない。せっかく採用された職場にとけこめず、辞めていくものも多かったという。結果的に自営業のシマンチュウが多くなった。

シマンチュウは焼酎を飲めば三線《サンシン》を弾いて島口で唄い、踊る。興に乗れば徹底して酒を飲むのもシマンチュウなのだ。ヤマトンチュウから排除された憤激もあっただろうし、仲間と集うことで自分を取り戻すこともあっただろう。

するといつの間にか「奄美人はガラが悪い」と、ヤマトンチュウに陰口をたたかれるようになった。このへんは、ウチナンチュウ（沖縄人）のたどった道とまったく同じだろう。

ひどいケースだと飲食店の戸口に公然と「琉球、朝鮮の方はおそれいりますが入店をお断りします」という差別的な貼り紙が出されていたこともあったそうだ。伯父がその体験をぽつりと話したことがある。

シマンチュウは地域的に集まり、お互い協力し合って住むようになった。
（大山勝男『あるシマンチュウの肖像』みずのわ出版、一九九九年）

本土人にとって奄美と沖縄は、まとめて「琉球」という認識であったろう。

「六間道」周辺で肩を寄せ合っていた徳之島出身者

徳之島出身者は、神戸市南西部の林田区（現・長田区）に寄り集まっていた。とくに「新長田」と呼ばれる地区に集中している。

具体的に言うと、ＪＲ「新長田」駅の南東部で新湊川に沿った地区である。島出身者には、「六間道商店街」の周辺と言った方が、わかりやすいかもしれない。

戦後のデータでは、八〇〇世帯（一九八四（昭和五九）年時点）ほどが居住していた。五人家族として計算すると、四〇〇〇人以上が、この地区で生活していることになる。戦前は、さらに凝集性が高かったはずなので、もっと多かったであろう。

居住環境は、やはり良いとは言えなかったと思われる。同地区は海岸部で砂と粘土の軟弱地盤であり、川沿いでもあったからだ（新湊川は一九六七（昭和四二）年以前に、何度も深刻な浸水被害をもたらしている）。

現在の真陽小学校と真野小学校の近くには、徳之島出身者が住む長屋もあったようだ。ある資料には、次のような聞き書きが記してある。

一九五〇年代の長屋の状況を、現在長田区で肉屋を経営している徳之島からの移住家庭二世のMさんは、「(Mさんの父親所有)二階建て(四部屋)の長屋に二〇人くらいの徳之島出身者が住んでいました。二交代の職場の人も多く、一つの布団を交代で使っていました」

(金宣吉「国際化と都市政策が生みだした神戸市長田区への外国人集積:グローバリゼーションが引き起こすマイノリティの周辺化」『海港都市研究』九号)

こうした工場労働者は、「川崎造船」や「神戸製鋼所」、または「三菱電機」などへ勤めていたようだ。この証言は戦後の様子であるが、戦前であっても似たような居住環境であったと推察される。川崎造船では熱(鋼)鈑工程の他にも鉄骨を組み、鋼鈑を張り付ける作業や、鋼材の加工・運搬・吊り上げ、神戸製鋼所では熱間圧延工程などの危険な現場があった。

川崎造船は、一九一四(大正三)年、朝鮮人労働者の募集を開始した。神戸製作所も二年後、同様の措置を取った。以後、神戸に在住する朝鮮人労働者が、急激に増えていく。一九一二(大正元)年の時点では、わずか三〇人ほどであった在日朝鮮人が、一九三〇(昭和五)年には、一万三〇〇〇人にまで増えていた(前掲論文による)。

その半数近く（一九三〇年時点で、五〇三五人）が、長田区に居住した。理由は、製鉄工場労働者の他にゴム業界からの需要があったからのようだ。

現在、神戸市は「履き倒れの街」と言われるほど靴メーカーが多いことで知られているが、その中心地が長田区である。

ルーツは、戦前のゴム関連製品の製造にあった。一九二五（大正一四）年以降、輸出用のゴム底ズック靴を主に作っていた。長田地区の住民が担っていたのは、下請けで靴にゴム底を付ける作業である。零細な家内手工業であった。

こうした単純作業は、専門知識もいらず日本語に堪能でなくても可能であった。企業としても低い手間賃で発注でき、福利厚生費も必要なく生産調整も自由にできた。戦後は、ケミカルシューズ（甲の部分がビニールやナイロンでできているもの）の製造が主となったが、ゴム底を接着する作業自体は変わらなかった。

長田区は「全国でも有数のコリアンタウンがあり、大阪生野区と並ぶ在日コリアンの多い街」と言われているが、以上のような理由があった。

前記の工場労働とゴム靴の下請け作業に共通するのは、「低賃金・過重（または、危険）労働・不安定な雇用」といった就業形態であったということである。

このような場所や仕事であれば、言葉や生活習慣が本土と異なる大島郡出身者であっても入り込む余地があった。よって、朝鮮半島出身の人々と近接して生活圏を築いていったと思われる。

街は、どのような様子であったのか。

これも戦後の証言となるが、記しておく。

一九六〇年代（昭和三五〜四四年）は、ゴム靴内職をしている家が、たくさんあったよ。新長田駅に着くとゴムの臭いが漂い、空気はドヨンドヨンに汚れている。白いシャツの襟は、一日で真っ黒になった。

徳之島の人は、一族で結束してミシン場とかしていたんじゃないかな。二葉町や駒ヶ林に行けば、たくさん住んでいたような（気がする）。（二葉）新地（戦後の一時期、歓楽街であった）のスタンド（バー）のオーナーは、ほとんど徳之島の人だったような。徳之島出身の（自分の）上司は、福原のソープのオーナーも「徳之島出身者が、多い」と言っていたような。

まじめで働き者が多かったんちゃうかな。長田の地場産業のケミカルは、低賃金で黙々と働く徳之島一世によって支えられていたんちゃうかな。

徳之島は奄美群島やけど、他の島の人については自分の周りでは、ほとんど聞いたことがないけど。

徳之島でも天城町出身の人は、神戸製鋼や川崎重工などの鉄関係の仕事につく人が多かったとか。言葉の壁（から）かタクシー運転手になる人が多かったと聞くが。

沖縄出身の人が大阪の大正区にたくさん住んでいるように徳之島から長田の親戚や友人を頼って出て来た人は、学歴やコネ、言葉を問わない出来高だけで評価する長田の靴工場で仕事を見つけ、生活が落ち着くと全国へ移っていったんやろな。

（SNSへの投稿、ネームは近畿人、投稿期日は二〇〇七年四月）

徳之島出身者の生活ぶりが、目に浮かぶような証言である。戦前から就業状態や人口は変わっていないので戦後であっても、さほど雰囲気は変わっていなかったであろう。

「出身地ごとの集団居住」は、様々な影響をもたらした。利便性に関するプラス面も多かったが、マイナス面もあった。

その最《さい》たるものが、「差別」の問題であった。

まずは当該地区に対する本土由来の人々（昔から神戸に住んでいる人）の目があった。

「神戸市のスラム問題」（ウィキペディア）によると、兵庫県は一八八六（明治一九）年に「長屋裏屋建築規制」、二年後には「宿屋取締規則」を制定し、木賃宿営業許可区域を「葺合村（現・中央区東部）」と「長田村（現・長田区南部）」の一部とした。

神戸市街地に「よそ者」がたやすく入り込めなくし、「窮民の居住区域を指定」（前掲論文）したのだ。簡単に言えば市街地から追い出し、住めなくしたのである。

神戸に職を求めてやって来た貧しい人々は、そうした市街地周辺区域に最初の拠点を求めざるを得なかった。このような経緯で朝鮮半島出身者と大島郡出身者は、近接して居住するようになったのであろう。そして、公言するには不適切な言葉ではあるが、「下層労働者の街」が形成されていったのだ。

元々の神戸住人からすれば、「理解できない言葉を話し、風俗習慣が異なる人たち」の住む区域であり、それが差別感情を生んでいったと思われる。

神戸住民の目には、朝鮮半島出身者も大島郡出身者も「理解できない人々」という点では同じに映った。差別意識は、こうした「異邦人」と接する機会が増えるに従って拡大していったのではないだろうか。

日刊誌『奄美大島（奄美）』にも、差別されている状況や体験談が語られている。

浅松啓良（現・天城町出身）は投稿の中で、大島郡出身者が「関西方面に多数入り込んで、朝鮮人呼ばわりされ」と実態に触れ、他の郡出身者も「半島へ帰れ！」と罵声《ばせい》を浴びせられたことを語っている。

大島郡出身者が増え、その存在が認知（朝鮮人と区別）されるようになると、郡出身者であることが差別対象となっていく。

次のような証言もある。

内地人は郡出身者を「島五郎」と云ふ。即ち蔑視の意味である。亦郡民の中にも内地人を「内地《ヤマトン》の大人《チユウ》」と稱《とな》へて先天的に偉いもの〻のように考へて居るものがある。而も自ら郡民でありながら大島人と云はる〻を嫌悪するような不心得の徒輩さへあるに至つては全く言語同断である。（後略）

（NK生「人類に高等下等区別ありや」月刊『奄美大島』一九二七年五月号）

大島郡出身者への差別意識は終戦直後まで続いたようだ。当時を知る人に筆者が尋ねたところ、「オーシマ」という言葉自体が侮蔑を込めて使われることがあったとのことだった。

そうした「内地人《ヤマトンチユウ》」に対して、戦前の郡出身者の多くは、自ら方言を封じ、大島郡出身であることを隠す傾向にあった。郷友会も、表向き「内地に溶け込む」ことを推奨していたという。理不尽な差別を避けるためには、致し方のない選択であったろう。

しかし、心の中ではどうであったろうか。ストレスを抱え、酒に溺《おぼ》れたり反社会的な行動に走ったりする同胞も少なからずいたようだ。

昇曙夢「奄美人《アマミンチュ》としての自覚を持ち、逞《たくま》しく生き抜け」

昭和初期に数多く誕生した各地の郷友会は、このようなストレスを緩和し、社会からはみ出ようとする人々を救済する役目も担っていた。そして、島のことを語り合い、シマ唄を歌い、三線《サミシル》に合わせて踊ったりしながら「心の拠《よ》り所《どころ》＝想像の共同体」としての「奄美」を育て、共有していったのではなかろうか。

その概念は一人の著名な文学者によって、言葉に表された。

一九三三（昭和八）年の夏、昇曙夢は、坂井友直（現・伊仙町出身）の著書『奄美人国記』（初版、昭和一二年）へ序文を寄せている。

まずは、「離島であるがゆえに本土で活躍する大島郡出身者は、ほとんどいなかった。しかし、明治以降には中央で活躍する人材が突如として多数、現れた。それは島民が本来、優れた資質と個性を持ち合わせているからに他ならない」といった趣旨のことを述べた後、次のように書き記した。

幸か不幸か知らないが、我が大島は古来一定の文化的伝統を持たない土地として、なんら部《べ》民《みん》精神を統一し、陶冶《とうや》し、調節する支配観念がなく、したがってまたこれを束縛するものもなかった。まったく白紙のごとき自然児で、今もって性格上の未成品である。

それだけに自由奔放《ほんぽう》なところはあるが、いったん何かの障害にぶつかったら、ただちに挫折《ざせつ》してしまうような弱者も多い。

一面には独立独歩、何処《どこ》までも自己の運命を開拓して、少しも倦《う》まない積極的気性《きしょう》にも富んでいるが、一面には、これに反してただ他人の力のみに頼り、それが得られなければ、すなわち世の「すね者」として一生を不平と自棄《じき》と呪詛《じゅそ》のうちに過ごすような消極的な意気地《いくじ》なしのタイプも決して少なくない。

（『復刻版　奄美人国記』ルーツ出版社、一九七七年八月）

※ルビ、傍点は引用者

第一に注目したいのは「部民精神（所属意識）を統一し、陶冶（育成）し、調節する支配観念」を語っている点である。

曙夢は、それがないと「性格上の未成品」とまで言い切っている。その支配観念の醸成が、島出身者のみならず島在住者の運命をも決めると言いたげだ。

要するに大島郡在住者及び出身者には特定集団への帰属意識、自らを意味付け、自らを語り得る言葉（支配観念）がない。それが、必要であると説いた。

大島郡全域の歴史や文化、さらには人間性を象徴的に一言で表す言葉――。その言語が、この頃から書き進められていた代表作『大奄美史』のタイトル名として使われている「奄美」ではないだろうか。

第二に大島郡出身者の「性格的傾向」について語っている。

要約すると、郡出身者には、二つのタイプがある。

一生懸命働いて地位や財産を築いたり、学問に励んで自分の道を切り拓いていこうとしたりする「勤勉・努力型」の人と、自分自身は何ら努力もせずに地縁血縁のある人を頼り、十分に面倒を見てくれないと逆恨みしたり、世の中を呪ったりする「怠惰・自暴自棄型」に分けられると言うのだ。

そうした分析を基に今後、大島郡出身者（奄美人）が進むべき道（方向性）を示した。

我が島民（奄美人）は、民族としても個人としても幾多の長所と共に短所を有し、極端から極端におちいりやすい傾向を持っている。
それ故に自ら（奄美人としての）その長所を自覚して、これを適当に発揮する者は先の勝利者として一世に雄飛するが、いったんその行くべき道を誤って横道にそれたものは、生の敗残者として永久に葬りさられてしまう。
これを郡民生活の現在についてみても、（そうした分かれ道の）右をとるか左を選ぶか、まさにその運命の頂点に立っている。郡民にとって、極めて重大な時期である（後略）
（前掲『奄美人国記』序文）
※ルビ、傍点、補語は引用者

曙夢は一九三三（昭和八）年の時点で大島郡の経済的危機と、本土に於ける下層労働者の地位から抜け出せない多くの大島郡出身者の現状を憂い、奮起を促しているのではないか。「奄美人《アマミンチュ》としての自覚を持ち、その長所を発揮して逞《たくま》しく生き抜け！」と——。

時代は、太平洋戦争へ続く道を歩み始めていた。

一九三一（昭和六）年に「満州事変」が勃発、三二年には「第一次上海事変」と軍事衝突が続き、三三年には「国際連盟」脱退と、日本は世界から孤立していく。同時に世相では国粋主義（日本主義）が勢いを増し、「日本精神」の高揚が喧伝されつつあった。

大島郡出身者は、その「皇民化の流れ」の中で、「自らの精神の立ち位置」を鋭く問われることになった。

第八章　「シマ」の暮らし——貧しくも心豊かであった日々

前章では、大阪や神戸に住む奄美出身者が、本来の地元住民から「理解できない言葉を話し、風俗習慣が異なる人たち」として奇異な目で見られ、それが差別意識につながっていったという経緯を述べてきた。では、どのような点が本土の人々の目に「奇異」と映ったのかという点を考察していく。

「習慣が異なる」ことの根っこにあるのが「シマ」感覚だ。とくに人間関係において強く表れる。奄美出身者としては当然の考え方であったり付き合い方であったりするものが、本土の人たちの目には異様なものに映る関係性の在り方を示す。「共同体（ムラ社会）感覚」と言った方がわかりやすいかもしれない。日本の社会全体に潜在する感覚とは言われているが、それが際立っているのだ。「シマ」感覚に基づいて暮らしてきた人々が、「シマンチュ」である。だが、使う人や状況によって異なった意味合いで使われる。また、「シマンチュ」という呼称は、現代の日常生活において使用されることは、それほど多くない。

よって、島の人に「シマンチュとは何か?」と問うてみても、様々な答えが返ってくるだけで、共通した回答は少ない。

だが、「シマンチュ」としての思考と行動は、言葉にできなくても身体にしっかりと染みついているように思われる。

冒頭で述べたように「アマミ」「アマミンチュ」という言葉は、今に至っても概念上のもので、大半の島の人たちにとって実感を伴ったものではない。「本土」や「沖縄」といった言葉に対する名称でしかない。単なる「言葉の殻《から》＝入れ物」だ。

しかし、今後に向けて奄美群島の文化・経済を維持し、活性化を願い、活動を行おうとするならば、「アマミ」「アマミンチュ」という言葉に血肉を持たせなくてはならないのではないだろうか。

まずは、人々の無意識の底に眠る「シマ」意識に具体的なイメージと言葉を与える作業が、必要となる。その拡大版が、「アマミ」であるからだ。

「シマ」は、自分の「集落」をさす場合から文字通り「島」を表す場合まで、その場の状況によって様々な意味で使われる。簡単に言うと、その時々によって拡大したり縮小したりするのだ。最小範囲では、集落内の「字《あざ》」をさす場合もある。

集落としての「シマ」認識は、今も住民の生活実感と密接に結びついて生きている。自分の「身体の感覚」を中心とした「空間的な拡がり」によって成り立っていると言えよう。

奄美の民俗研究の第一人者である山下欣一氏（一九二九〜二〇二一）は、身体感覚としての「シマ」について、次のように述べている。

（前略）ここで見落としてはならない点がある。それは、奄美人の日々の生活への視点である。

世の変転にもかかわらず連綿としての日々の生活があったのだ。

みんなで集まり茶を飲み、楽しくシマウタの宴を持つ。歳時習俗という時の刻み目にカミを祭り、祖霊を迎えるシマの生活体系は、現在もなおその姿を少しずつ変化させてはいるが、維持されてきている。

共感、実感としての奄美人の生き方は、このような視点からすれば、かなり魅力的である。

（中略）

奄美人にとって奄美とは、この体に刻みこまれた存在でもある。

太鼓の音で体がはずむ実感、シマウタに酔い、八月踊りの輪、六調のリズムで踊る喜び、いかなる活字、講演の威力などで一掃できることでない生活の奄美人の体験的事実が、そこにはある。

奄美の自然、眼前の海洋も山も、そして、天空も、はたまた奄美人の生活の原点であるシマも、幾多の苦難の星霜を内に秘めながら、ここに現存する。（後略）

（『新沖縄文学』八一号、一九八九年九月）
※傍点は引用者

シマンチュの基本定義は、自分の「シマ」認識の内側に在る人を指す。要するに同じ言葉をしゃべり、互いの素性や人間関係を熟知している間柄の人（シマの人）のことだ。本土や沖縄における郷友会が基本的に集落単位となっていることからも、「シマ」認識の在り方がうかがわれる。

さて、ここで実際に戦前から戦中を経て戦後を生き抜いてきた祖母（おばあさん）たちの語りから、「シマ」の暮らしや思いを見てみることにする。

以下は、筆者が徳之島で新聞記者をしていた一九八〇、八一（昭和五五、五六）年に各集落のお年寄りを訪ねて聴き取り、連載していた記事の中からピックアップしたものである。

夏の楽しみ──「浜下り」や「ウシトロシ（闘牛）」「十五夜綱引き」

天城町浅間、芝いんださん（一九八一／昭和五六年：八九歳）

夏の訪れ、マツリの季節が始まる

〽七月の豆や

粟と　さねくろしゅんとう
あったら七月や新冬《ミフユ》なたん
「七月踊り歌」

「シュキマ」（初穂儀礼）が終わると集落のあちらこちらでチヂン（手持ち太鼓）の音が響く。マツリの季節の始まりだ。季節の折目を迎え、新穀を混ぜて炊いたご飯を腹いっぱい食べて人間の魂も新しくなり、自然と気分も浮き立ってくる。手舞い足舞い、心が躍る。

「浜下り」行事は、夏祭りの中でも最大のイベントだ。浅間でも集落の前の浜に六つのヤドリ（仮小屋）を組み、湾屋（島）、福真（松岡）、ナガヤ（芝・碇本・仁木・禎）、大久柵（太・柏井）の一族が、それぞれ集まって先祖を祀るとともに作物の豊穣を祈願した。

天城町浅間の元気な祖母、芝いんださんは、自分の一族であるナガヤがいちばん古い家柄であると胸を張る。

幼かった頃のいんださんは、この「浜下り」が楽しみでならなかった。前の晩は、カマックワァ（ほうせん花）の赤い花を石でよく潰して爪に載せ、木の葉で包んで紐で縛り床に就く。翌朝になれば、きれいにマニキュアされているというしだい。

そして、着物から草履まですべて新品を身に付け、虹色に輝くガラス球の首飾りを下げ、親に作ってもらったハマオリ笛（竹笛）をピーピー鳴らしながら、晴れがましい気分で浜へ下りた。

一重一瓶も当時は、家族の人数分を用意した。子どもも一人分用意される。だから、子ども同士で、杯をやりとりしたり食べ物を交換したりしたそうだ。さぞ得意げに大人ぶって応対したことだろう。

この日は午前中、浜で闘牛をおこない、昼からは相撲と踊りで終日楽しんだ。

八月十五夜の綱引き

「浜下り」が終わると、すぐに八月十五夜が控えている。これが子どもたちにとっては、まぁ楽しい。いんださんも指折り数えて、この日を待った。

秋の澄んだ夜空で、ウジキガナシ（お月さま）がしだいに丸くなり始めると、各家から稲ワラを集め、綱の準備に取り掛かる。そして、一三日の夜、集落の男たちが総出で大綱を編む。

こうなると、子どもたちの小さな胸は、マツリへの期待でいっぱいになった。用もないのに綱の側《そば》へ寄り、集まって遊んだ。

当日は昼間、湾屋川の上流でウシトロシ（闘牛）を楽しみ、夕方からは、その場で子どもたちに綱を引かせた。予行演習を兼ねた遊びとしてだ。本番の「十五夜綱引き」は満月が中空に上り、真昼のような光を放つ時刻におこなわれた。

集落を前と後ろに分け、長い綱を引き合った。とても綱が長かったので、端を木に結んでおいても気が付かなかったほどだという。

また、この綱引きは、たんなるレクリエーションではなく、農耕の予祝儀礼である。だから、みんな真剣に引き合った。だが、「前が勝てば不作、後が勝てば豊作」と言い伝えられているので、幾度か引き合った後、最終回は、後が勝つようにした。

十五夜行事には、綱引きのほかに相撲と踊りが伴った。「浜下り」のとき新生児の「ニーバマクマシ」(新浜踏まし)があるように、この日は、男の子の「初土俵入り」がおこなわれた。元気に逞《たくま》しく育ってほしいという親の願いが込められているのだろう。

踊りのときも新生児たちは主役だ。男の子は白、女の子は赤の鉢巻を締めて祖母や母親の背や腕の中で踊った。

盛んだった「ウシトロシ」(闘牛)

マツリには、ウシトロシが付きものだった。浅間は、この闘牛で有名な集落だ。戦前は、湾屋川の河原で全島闘牛大会が毎年のように催され、近隣の村々から見物客が弁当を腰に下げ、雲霞《うんか》のごとく寄り集まった。

芝いんださんの父、禎玄は広い田畑を耕す一方、牛馬の取引も手掛けていた。島内各地から肉用牛を買い集め、山港から神戸へ向けて積み出すのが主な仕事だった。集落には禎玄のほか二人の博労《ばくろう》(牛馬の取引業者)がおり、いずれも手広く商っていたようだ。

つまり浅間が闘牛のメッカと言われたのも、こうした事情が少なからず影響を与えていたからであろう。

当時の「牛なぐさみ」（闘牛大会）は、五月五日・九月九日の節句と「浜下り」、そして、八月十五夜の行事の一つとしておこなわれた。会場は、浜下りのときを除いて、ほとんど湾屋川の上流であった。

昔の闘牛は、集落の分限者（資産家）同士が、一族の名誉をかけておこなうもので、各集落に闘牛用の牛は多くても四、五頭しかいなかった。その対戦風景は、川の中ほどで両牛がにらみ合い、勢子《せこ》もフンドシ一つになって鼻綱《はなづな》を取り、水しぶきをあげながら闘わせるというものだった。

現在と異なるのは、柵がないので鼻綱を最後まで切らないことだ。逃げ出させない。それで、決着がつくまでに二、三時間かかることも珍しくなかった。この頃は賭けの対象になっていなかったので、引き分けの勝負も多かった。

真夏の炎天下でおこなうときは、牛の動きも鈍る。だから、周りから一生懸命水を掛けた。激しく水しぶきが上がったことだろう。

見物人も、別に木戸銭《きどせん》（入場料）を払っているわけでもないので、のんびりと決着がつくまで見守っていたらしい。

大正から昭和にかけて流行った農耕牛の競技会

闘牛の他にも、浅間では、牛の競技会が大正から昭和初めにかけておこなわれていた。農耕牛に鋤《すき》を付けて、畑を起こすスピードや作業の丹念さを競ったのである。日頃の仕事ぶりがすぐ競技結果に表れるので励みになり、農業振興にもずいぶん貢献したという。

この日は、闘牛以上の熱心さで人々が集まった。一族から出場する牛に刈ってきた青草や貴重品であった卵を食べさせ、競技ではチヂン（手太鼓）を打ち鳴らして熱狂的な声援を送った。当時は全郡大会まであり、浅間からも出場したとのこと。天城の地区大会は、岡前田袋《タブク》でおこなわれたらしい。

こうした土地柄で生まれ育った祖母は、大のマツリ好きだ。毎日汗を流して働き、マツリの日には思いっきり楽しむのだという。鈴木善幸首相が来島した折（昭和五六年九月）には、地区の人たちと空港へ行き、「八月踊り」で出迎えた。

マツリ日になって気分が高まると心が躍り、身体もつられて踊り出す。すると、辛《つら》かったこと悲しかったこともスッカリ溶けて、汗と一緒に流れてしまうという。

一人前の女性としての証《あかし》――ハンジキ（針突き）

にこやかに庭先で昔の思い出を語ってくれた芝いんださん。膝の上に置いた手には、青インクの染みのようなものがあった。何かの模様にも見える。尋ねてみると、「ハンジキ」であるという。

もうすっかり廃れてしまったが、いんださんの娘時代には、島の女性は皆、手にハンジキ（針突き）をしていたものだという。

これは入れ墨の一種で、手の甲から指先にかけて模様を彫り込む。南西諸島では、広くおこなわれていた風習で、地域ごとに模様が異なる。徳之島では、槍型や松の葉型が多かったらしい。

少女時代のいんださんは、年長の女性たちのハンジキを見て、うらやましくてならなかった。というのも当時、「ハンジキは、命まじり（命と引き換えてもよい）」とまで言われ、一人前の女性としての証であったからだ。他の地域では、「恋は命まじりだが、ハンジキは、あの世まじりだ」とまで言われていた。たんなる装飾ではなく、島の民俗的思惟に深く根差した風習であった。

徳之島町徳和瀬のメッタガネさん（当時：九一歳）の話によると、「魔除けではないか」とのこと。メッタガネさんの父はイザリ（夜の環礁内でおこなう漁）の名人であったが、腕にトギャ（銛《もり》）のハンジキをしていた。トギャは、海の魔物から身を守るための魔術具でもあったからだ。いんださんが地面に描いてくれたハンジキのかたちも、三叉銛に酷似するものだった。

他の説では、人生を終えてあの世へいったとき、先祖たちが、その模様を見て自分の子孫かどうか判断したとも言われている。

そんなハンジキであったが、本格的に施すには、米が三斗も必要だった。また、いんださんの頃には、もう絶対にしなければならないものでもなくなっていた。

そこで若い娘であったいんださんたちは、蘇鉄のトゲと草の実の汁で、互いにハンジキを施したそうだ。むろん遊びの範疇ではあったが、その痛さに耐えてまで、一人前の女性として認められることを望んだのであろう。思春期を迎えた少女の心情は、今も昔も変わらないようだ。

いんださんは手の甲のハンジキを見せてくれた後、「昔のいたずらさ」と、恥ずかしそうに手を引っ込めた。

大変だった製糖作業——キビ畑に仮小屋を建てて生活

伊仙町伊仙　義トクさん（昭和五五年：八二歳）

義トクさんは、義憲和氏の御母堂である。憲和氏の島の暮らしに関する博識は、ほとんどトクさんから教えられたことが基《もと》になっているとのこと。トクさんが語った話の中からサタヤマ（製糖期間の仮小屋暮らし）について書き記しておく。

伊仙町では、正月七日の七草粥を食べ終わると、翌日から各自の畑へと向かった。畑が遠い家では、一六日のウヤホウ（祖先）正月を済ませた後、畑に縄文時代の住居のようなヤドイ（仮小屋）を造り家財道具から家畜まで移して、ハルグモイ（畑籠り）の生活を始める。

その暮らしは、多忙を極めた。とくに母親たちは、大変であった。製糖作業の他に炊事や洗濯など、日用の細々《こまごま》とした仕事がある。さらに乳飲み子を抱えていたら、獅子奮迅の働きを余儀なくされた。そこで同じサタ組（作業班）の女たちは家事から育児まで、すべての雑務を手分けして共同でおこなった。

朝六時に起き、カマドに火を入れる。朝食は家族分だけ作ればよいので、昨夜の残りものやイモで済ませた。午前中は、サトウキビの刈取りと葉落としに勤しむ。これも順番で一軒分ずつ終わらせていくのだ。

午前一〇時の食事は、たいていソーメンとなる。製糖期の前に、どの家でもソーメンを箱で購入しておく。昼食は麦の雑炊が主で、ソラマメが入っていた。

牛を追ってぬかるみの中を歩む子どもたち

午後からは子どもたちが学校から帰るのを待って、製糖作業に入る。子どもたちは、すぐに牛の後追いをさせられた。小屋の横にはクンマントウ（作業場）が設けられ、キビ汁を搾るサタグンマ（砂糖車、圧搾機）が中央に据えられていた。

サタグンマの上には長い横棒が水平に付いており、その棒の端に牛が繋がれている。牛が円を描くようにゆっくり歩くと、圧搾する歯車がグルグルと回転する仕組みとなっている。子どもたちは牛の尻を棒で叩きながら、その後を追う。製糖期は雨のショボ降る季節なので地面はぬかるみ、牛の歩く軌跡は深くえぐられる。子どもたちは、ときには腹まで泥水に浸《つ》かりながら、ひたすら歩み続けた。

サタグンマには、二人の男が就《つ》いた。行なう作業は、アラグワーシ（粗圧搾）とマタグワーシ（再圧搾）の二工程である。トクさんが若い頃は、まだ木製の歯車だったので、ギャーギャーと凄《すさ》まじい回転音がしたという。その割には搾汁《さくじゅう》の歩留《ぶど》まりが悪く、半分も搾り取れなかったらしい。

搾汁が終わると、液を大鍋で炊くことになる。二日間で黒糖が樽一杯（約一〇〇斤）になるくらいの量を製造した。そのためには大量の燃料を必要とする。よって、秋口から準備した。枯枝はもちろんススキなどの草まで刈り取り、干して蓄えておいた。これもトクさんたちの重要な仕事であった。

一日の作業は、夜一〇時過ぎまで続く。止め汁を入れ、鍋の底に黒糖が焦げつかないように後始末をする。次いで一日中、牛の後追いをし、積んだハカマ（剥《む》いた皮）の中で眠りこけている子どもを抱き上げ、小屋の中に運び入れる。

その寝顔を見ながら日用の雑務や翌日の準備をおこない、子どもの側で、そっと自分も横になる。就寝時間は、午前零時を過ぎた。

アッという間に一番鶏が朝を告げ、また忙しい一日が始まる。

生活の知恵や掟を自然の中で教える

トクさんの場合、ご主人が病弱であったため、人一倍苦労したようだ。幼い憲和氏を連れて山へ入り、薪を採った。そんな中でも、自然界の知識や掟を息子に教え込むことを忘れなかった。貧乏人が生き抜いていくためには、より自然に密着した生活を営む必要があったからだという。四季ごとの自然の恵みを最大限に利用して飢えをしのいできた。義家の畑は、五反足らずしかなかった……。

こんな貧しい暮らしをしながらも憲和氏が知識欲を失わなかったのは、まさにトクさんのおかげと言ってよいと思う。

製糖期間中は、子どもも重要な労働力である。キビを多く作っている農家の子は、通学もままならなかった。親たちの認識も、学校は二の次だった。伊仙地区は水資源に乏しく、土地も痩せていた。まずは、食べることが優先された。

子どもたちは母親の手が回らないので、着物は破れ放題、洗濯もしないのでキビ汁でネチョネチョしていた。

そんな生活の中での楽しみはサツマイモを棒に挿し、サタタキの釜に突っ込んで煮たのを食べることだった。ときには、バッタの剥《む》き身を同じようにして食べたそうだ。当時の貴重なタンパク源であった。

街中の日常とシマ感覚――「フイ茶」「結い」の功罪

徳之島町亀津　義村タフさん（昭和五五年：八六歳）

毎朝一〇時ごろになると、お祖母《ばあ》さんが茶桶《ちゃおけ》を取り出し、小さな竹ぼうきのような茶筅《ちゃせん》を手にしてサクサクと心地良い音をたてて熱いお茶をかきまぜ、生ビール風の泡をたてる。

「チャアマァ（茶甘）だよ」と言いながら、小さな湯飲みに注いだ。孫娘は、それを受けとり、すすり込む。

「クリーム状の泡は、確かに甘かったよ」、幼い頃の懐かしい想い出として祖母たちは、よく語る。

亀津あたりでは、「フイ（振り）茶」と呼ぶ。

まだこの古風を守っている祖母たちが何人かいた。亀津一〇区の旧家である義村家のご隠居であるタフさんも、その一人だ。

「年寄りはヒマだから、手なぐさみにやっているだけですよ」

「母も祖母も朝一〇時と昼三時には、必ずお茶を振っていた」

そう穏やかな笑顔でタフさんは語る。

「お茶を振る音を聞いて、福の神がやってくる」

タフさんは、母からそう教えられた。年を取って母の言葉を思い出すたびに「なるほど」と思いあたることが多いそうだ。

「お茶を振っていると、音を聞きつけて隣近所のお友だちが集まってきます。ときには通りがかりの見知らぬ人も顔を出して世間話に花が咲きます。

すると、人のつながりと和が生まれます。そのことを福の神といっていたのではないでしょうか」

お茶の葉は、むろん島外からの移入品である。亀津ではヤマトの商人が店売りしていたが、村々では、天秤棒《てんびんぼう》を担いだ行商人が売り歩いていた。現金流通の少ない時代だったので、割れ鍋などのクズ鉄と交換することもできたらしい。

島の人が店主では「商売」が成り立たない

現在、亀津の商店街は、ほとんど島の人の経営だが、戦前はヤマトからやってきた人が多かった。というのも、島には、もともと「商売」という考え方がなかったからだ。

「魚をとれば家で食べる以外は親戚や隣近所へ配ってしまうし、野菜でも、多くできれば、また配る」というような関係が普通だった。

自給自足が原則だったので、足らないところを融通し合えば本土物資を扱う店以外は必要なかった。また店を開いたとしても親や親戚縁者が、店先から勝手に商品を持ち去ってしまう。商売として成り立たない。だから、すぐに潰《つぶ》れてしまった。島の人が本格的に商売をするようになったのは、戦後になってからである。

互いに助け合うユイ（結い）の考え方は、厳しい島の生活環境にあって生きのびていくのに必要な知恵であったが、一方では、商業の発達を阻害していた。

戦地から帰ってきた息子たちが「商売を始めたい」と言ったとき、そうした事情を知り尽くしているタフさんは、息子たちが味わうであろう苦労を想った。そして、心の中で秘かに誓う。

「親が子に持っているものを与えるのは道理だ。だが、子に甘えるのだけはよそう」

終戦後の混乱期にあって、朝早くから日の落ちるまで田畑を這いずり回るようにして働き、食料難を乗り切った。

子も、母の働く姿を見ながら、それぞれ事業を起こし大成させた。壁にぶつかると、黙って母の茶を飲みにくる。

関東に住む息子の家へ遊びに行ったとき、「懐かしいからフイ茶を飲ましてほしい」と言われた。それで、風呂場で湯を汲むのに使うプラスチック製の小桶（柄付き）を使って茶を振った。茶筅は、裏山に生えていた笹を束ねて代用した。

孫たちも珍しがってジッと見つめていた。そして、「お祖母ちゃんは茶道の先生なの？」と、真顔で尋ねたので、「そうだよ。島の茶道さあ」と笑って答えておいた。すると、翌日さっそく幼稚園で先生に、そのまま報告したというのでまた大笑い。

孫たちの話をするとき、タフさんの目はあふれんばかりの愛情で輝く。「子どもがたくさんいる家は、サカエビキ（栄える家筋）」というのが持論。

女の子の遊びと製糖作業、おいしかった亀津の水

以下は、三時のお茶を飲みながらの昔話。

「私の頃は、尋常小学校（義務教育）でした。でも、『女に学問は必要ない』といって、学校に通わせない親も多かったんです。私は、四年生まで通わせてもらいました。

学校が終わると友だちが集まって、手マリをしました。

マリはもちろん自分たちで作るんです。蘇鉄の頭についているナミノハナ（綿毛）を芯《しん》にして芭蕉の糸で丸く固め、次に紬の裏地糸を巻いて、最後に色糸でかがります。

マリつき歌を唄いながら、日が暮れるまで遊びました。でも、親の手伝いがあるので、いつもというわけではありませんでした。昔の子どもはけっこう忙しかったんです。

楽しかったのは、やはり正月と、浜下りの日。とくに浜下りの日には、新しい着物を着て爪には昔風のマニュキアをしました。庭のアーガマッカン（赤いホウセンカの花）で染めたんです。そして、こんな歌を歌いました。

吾やんめのカマッカン　　「自分の庭のホウセンカは、
枝先ぬきゅらさや　　　　技ぶりが美しい。
吾やヤクミガトジの　　　兄さんのお嫁さんの
爪なそめら　　　　　　　爪を染めてあげよう」

タフさんの記憶力には、驚くべきものがある。小学校で習った洗面と歯磨きの歌を振り付きで覚えている。お孫さんも幼い頃、タフさんに教わって毎朝一緒に歌っていたとのこと。

タフさんお手製のお茶受け（黒糖や油味噌）をいただきながらの茶飲み話は、さらに続く。

「お茶うけのこの黒砂糖も、いまは工場へ運び込めば、それで終わりなのだけど、ひと昔前まではそうはいきません。刈り取りのあとは、サタヤドイ（製糖作業の仮小屋）を組んで二カ月以上も泊まりこみ砂糖を炊くのです。終戦直後まで続きました。

朝早くから砂糖車を牛に曳《ひ》かせてキビ汁をしぼり取り、大きな鍋で夜中過ぎまで煮つめたものです。

寒い日には、水蒸気が煤《すす》で真っ黒の水滴となってポタポタ落ちてきました。だから着物も布団もベタベタに汚れて、それはまあスサマジイ姿でした。でもそれが普通だったので、あまり気にもならなかったのですが――。

子どもたちも学校が終わるとすぐ牛の追い廻しです。砂糖車の横木につけた牛の尻の後から、自分もグルグル廻っていました。

遊びも食事もすべてキビ畑です。寝るのも、たいていはキビのハカマの上でした。孫に話しても、どうもピンとこないようです。

でも、辛《つら》いことばかりではありませんでした。火を燃やしながら、同じサタ組のオジさんやオバさんから話を聴いた楽しい思い出があります。苦労して全部炊き上げた後のお祝いは、また格別です。

お茶の味の良し悪しは水で決まります。亀津は水がおいしいので有名でした。それは、大瀬川の水だからです。実に清らかなものでした。

また水量も多く、亀津中学校のあたりは子供たちの水練場となっていました。飲料水も、その土手から汲んだものです。

この地区の人は、みんな大瀬川の水で育ちました。『だから頭も良いし身体も丈夫だ』と自慢し、大事にしていたのです。現在の川の汚れようをウヤホウ（先祖）が見たら、きっと嘆き悲しむでしょう。もうこの川の魚は誰も口にしません。

お正月には、朝早く暗いうちから出かけていって若水を汲みました。『他人より早ければ早いほど、果報がある』といって競って駆けつけたりしました。それも『暗く影になっている水面から汲むと、稲作時に適度の雨が降る』と言い伝えられていましたので、そこをねらうのです。

他の集落では頭に桶を載せて運ぶことが多かったのですが、ここら辺は女性でもテンビン捧で水桶を担ぎました。ともかく水には恵まれていて、あまり苦労はなかったようです」

シマの人生観と人間関係――「浮世節」と「ウタ遊び」

徳之島町徳和瀬　松山メッタガネさん（昭和五五年：九〇歳）

浮世《ウキユ》仮シマな何時《イチユ》までも居られゆみィ
　他人《ヨソ》と根性胆《キム》だ悪さ持つなよ　（浮世節）

メッタガネさんは、唄が好きだ。畑仕事をしながら、いつも口ずさんでいる。気慰《きなぐさ》めになるからだという。「浮世節」も、その一つである。

「自分たちが生きている場所と時間は仮のものだよ。いつまでも居られるわけではない。だから他人と争うな。悪感情を持ってはいけないよ」という意味である。

つい嫉妬《しっと》心などの悪感情が湧き上がってきてしまったとき、自制のために唄ったという。でも、今は、もうその必要がない。唄の心と自分の心が一つになっているからだ。

シマには田植唄をはじめとする仕事の唄や遊び唄が、数多く残されている。田植えや家造りなど、みんなが力を合わせてやらなくてはいけないとき、または、みんなで楽しむ場で唄はうたわれる。

昔のシマの暮らしでは、自分独りでやっていけない。お互いに協力し融通し合わないと生きていけないのだ。唄は自分を戒め、子どもたちを諭し、心を合わせるのに欠かすことはできなかった。

草刈りや娘宿での唄掛け

メッタガネさんが若かった頃、シマの娘たちは、よく連れだって山へ草刈りに行った。ニセ（若い男）たちも、後を追いかけた。一緒に草を刈りながら男女で唄を掛ける。やがてカマやカゴを投げ出し、車座になって唄遊びが始まる。

月夜の晩、娘たちが宿に集まって芭蕉の糸つむぎをしていると、やはりニセたちが三味線《サムシル》を手にして、訪ねてきた。

入口で「朝花《あさばな》」を唄う。娘たちは、唄い返す。それからは、即興での唄掛け大会となる。気の利いた内容の唄を即座に返すことができる娘は、大変モテたという。

夜の明けきらぬうちから牛の餌となる草を刈り、泉から水を汲み、イモを炊く。休む間もない毎日であったが、けっこう充実した生活であったと語る。

「犬の食い残し」と笑いながら

メッタガネさんは、九〇歳を迎えた。しかし、畑仕事に余念がない。子どもや孫たちにおいしいイモや野菜を食べさせたいからだという。

ときには夫の喜豊さんの弾く三味線に合わせて、孫たちに唄を聴かせる。童女のような高く澄んだ唄声だ。

昔遊びゅたる　同士《ドシ》（友だち）行き会うて見れば
昔遊びゅたる　事ど思んで

昔よく一緒に遊んだ友だちと会えば、
昔遊んだ事を思い出すよ

だが、そうした友だちも少なくなった。「もう犬の食い残しとなってしまった」と笑いながらつぶやく。そこに後悔の念はない。苦労を重ねてきたけれども、多くの子どもや孫を育て上げた。その満足感は、祖母の顔を童女に変えた。

シマの女たちの仕事人生――「機織《はたお》り」と「田植え唄」

徳之島町手々　榊原モツさん（昭和五五年：八三歳）、永吉キクさん（同八〇歳）

徳之島町手々集落で話を聴いた。榊原モツさんと、永吉キクさん。

二人のお祖母《ばあ》さんは、口をそろえて「今は幸せですよ」と言う。息子や娘たちはリッパに成人し、孫たちもいる。また、「働かなくてもゼイタクしなければ、食べていける」からだそうだ。

ちょっと耳にしただけならば、何と言うこともない当たり前のような感想である。だが、彼女たちにとっては長年の苦労の末に、やっと手に入れることができた貴重な幸せなのである。

機織りの修行に明け暮れた青春時代（榊原モツさん）

モツさんは尋常小学校を卒業すると、すぐに名瀬の紬工場へ修行に出された。三年間の見習い奉公、つまりタダ働きだ。しかも、朝五時から夜一〇時までの一七時間労働である。

大きな機《はた》を動かす。薄暗いランプの灯りを頼りに綾《あや》をかけていく。一〇歳余の少女にとっては、過酷な作業であった。だが、モツさんは耐え抜いた。

苦しい時は、便所で小さく島唄をうたい自らを慰めた。とくに辛く悲しいときは、口に出る。後に娘さんを亡くしたときも岬に立ち、海に向かって涙が枯れるまで「ボージガミョーミョー」を唄い続けたという。

そんな作業場でも、楽しみがなかったわけではない。一つは、名瀬の「八月踊り」だ。この街は、いろんなシマからの出身者で成り立っていた。よって、様々な種類の唄や踊りが、競うようにして催される。唄好きの少女、モツさんにとっては、たまらない魅力であった。

また、紬工場は、若い女の子ばかり。だから周囲の男たちが、黙っているわけがない。織子たちが夕食を済ませて再び機の前に座る頃になると、工場の窓の外から三味線の音色が流れ込んでくる。熱く切ない恋心がこもった唄声も、添えられている。

娘たちは作業の手を休めることなく耳を傾け、やがて一人が唄い返す。唄掛けの始まりだ。「これが、私たちの唯一の青春だったかもしれない」と、モツさんは語った。

年季を終えると、すぐに島へ戻った。当初の約束では、年季明けには工場の方で嫁入り道具を揃えてくれるはずだったが、果たされることはなかった。

手々集落の機屋（紬工場）でしばらく働いてから、今の御主人の家へ嫁入りした。結婚に際して御主人が用意したのは、真っ白な餅と焼酎少々だけであった。もっとも当時は皆、その程度であったが……。「私たちの値段は、ずいぶん安かったですねぇ」とモツさんは、笑う。

一九一八（大正七）年頃の手々集落には、「ウンヤー」「小林」「前田」「マサスギ」と呼ばれる四軒の機屋があった。村の外へ出ない娘たちは、ここで働いていた。手々は今でも島唄が盛んな土地であるが、その理由の一つであるようだ。

現在（一九八〇（昭和五五）年）の伝承者たちの大半が、各機屋で共に仕事をしていた。集落の女たちが顔を合わせているので、一緒に唄ったり教え合ったりしていたのだ。今でも、姉妹のごとく仲が良い。

また、モツさんのように名瀬の紬工場で年季奉公をして集落へ戻ってくる者も少なくなかったので、一挙に唄のレパートリーが増えたらしい。

「ビールで足を洗う」時代から大恐慌時代へ（永吉キクさん）

永吉キクさんは一九一九（大正八）年、堀田家から同じ手々集落の永吉家へ一九歳で嫁いだ。この時期、手々集落は第一次世界大戦の軍需景気で、大いに潤っていた。黒糖と紬が、飛ぶように売れていたのだ。数年前まで一反四〜八円だった紬が、一九一九（大正八）年には三七円にまで高騰していたのである。同時期に島の小学校校長の給与が二三円程度（『天城町誌』）であったことから考えると手々の集落も、ずいぶん活気に満ちていたことであろう。

キクさんは、この時代を「ビールで足を洗った時代」と表現した。むろん実際に洗ったわけではないだろうが、そんな話がまことしやかに語られた時期であった。キクさんの御主人は、集落の機屋へ紬の原材料を卸していたので好景気の恩恵に与《あずか》っていたらしい。

だが、翌年、悪夢に襲われた。キクさんの言葉によれば「朝、目が覚めたら……」、紬の値段が暴落していた。機屋は次々と倒産し、永吉家はモロに影響を受けた。掛け売りの代金が回収できない。

夫婦は集落を出て、名瀬に移り住む。ご主人は魚や食料、日用雑貨などの行商を始めた。キクさんは機屋で働く。だが、慣れない仕事のためか御主人が亡くなってしまった。キクさんは幼い子を連れて手々集落へと戻る。

以後、豆腐屋などを営み、鬼のように働き続けてきた。血を吐くような苦しい思いもしたが、そんな時は寝床の中で唄をうたった。その習慣は、生活が楽になった今も変わっていない。

田植えでの唄掛けと食事

二人の若い頃、田植えの手伝いにいくとき気になったのは、太鼓の音頭取りがちゃんと付くかということだった。

音頭取りが太鼓を打ち、踊りながら唄い掛ける。田に一列に並んだ女たちはリズムに合わせて苗を植え、唄い返す。すると、アッという間に田植えが済んでしまったという。

昼食と田植えの終了時には、御馳走が振る舞われた。終戦直後の貧しい時期でも、白豆腐と魚が供された。母親たちは、その場では食べずにツワブキの葉に包んで、子どもの待つ家へと帰った。

今年（一九八〇（昭和五五）年）の田植え行事の日は、あいにくの雨模様であった。しかし、彼女たちは畔に居並んで、身体を揺らしながら声を揃えて高らかに唄いあげていた。その姿には、例えようもない気品が漂っていた。

彼女たちの話を聴くにつけ、筆者は「唄とは、仕事とは、何だろう」と考える。田植え唄にしても、単なる労働歌とは思えない。今回、ご登場願ったモツさんとキクさんは高齢で身体が不自由なために、もう仕事はできない。しかし、「また織機の前に座って、唄をうたってみたい」と語った。現在も内職で機織りは盛んだが、彼女たちに言わせれば、これは賃稼ぎであって、「働くこと」ではないらしい。彼女たちは、過酷な労働条件の下で牛馬のように働いてきた。だが、その「働き」の中に生きがいと楽しみを見出してきた。

手々集落の祖母たちは、「五〇、六〇歳、娘っ子」と笑いながら言う。七〇歳を過ぎて、初めてシマの大人として認められるということだ。周囲の人々も、そのように尊敬の念をもって祖母たちを遇する。

そのためか祖母たちの顔は、良家の女主人のように気品に満ちている。とくにシマの行事のときは顕著だ。「歳を取ると、その人生が顔に表れる」と言うが、まさにその通りなのだなと感じた。戦前・戦中・戦後と激動の時代を一心不乱に働いて生き抜いてきた誇りが、そうした気品を身に付けさせたのだろう。

雨水に頼る高地の集落――「天水田」「田の水を飲む」

伊仙町上晴　栄山めとさん（昭和五六年：八三歳）

栄山めとさんは、生まれも育ちも伊仙町上晴集落。歳は取っていても少しも老けた感じはなく、六〇歳くらいにしか見えない。畑仕事も、まだまだ現役だ。

朝五時には起きてラジオ体操で身体をほぐし、畑へいって鍬を振り上げる。そして、夕方になったら、ゲートボールの練習で集落の仲間たちと楽しいひとときを過ごす。

めとさんの自慢は、このゲートボールを早くから覚え、奄美農業センターで催された第一回大会に参加したことだ。また、昨年（一九八〇（昭和五五）年）、沖永良部で開催された第八回南三島老人ゲートボール大会にも選手として参加し、大いに活躍した。

上晴の老人クラブは、集落が他の地区と離れていることもあってか人のまとまりが良く、ゲートボール以外でも毎日一回は集まって、唄や踊りの練習を欠かさず続けている。

最近は、軍歌「戦友」を習っているとのことで、「ここはお国を何百里……」と、機嫌よく一曲披露してくれた。

歌は、めとさんの得意課目で昨年の夏、集落主催の「素人のど自慢大会」に出場して、「島育ち」を歌い、入賞した。めとさんは嬉しくて、賞品としてもらった米俵（三〇キロ）を頭に載せて、踊りながら自分の集落へ帰ったという。八〇歳過ぎの高齢者なのに――。

幼い頃から毎日、重い水桶を頭に載せて運んでいたので、今でも、こんな芸当ができるらしい。ちなみに水桶の重さは、一八～二七キロにもなる。

このように天真爛漫なめとさんであるが、その歩んできた道のりは、なだらかなものではなかった。

子守奉公と機織り

めとさんは、尋常小学校を卒業した後、しばらく家の手伝いをしていたが一四歳のとき、近くの河地集落へ子守奉公に出された。

そこでの生活は、毎朝の水汲みから始まって炊事の手伝い、学校への送り迎え、子守りなど休む間もないほどの忙しい毎日だった。

しかし、当時は、それが普通であったし、めとさん自身も若かったので辛《つら》いと思ったことは一度もなかったという。ただ親元を離れている寂しさだけはぬぐえなかった。

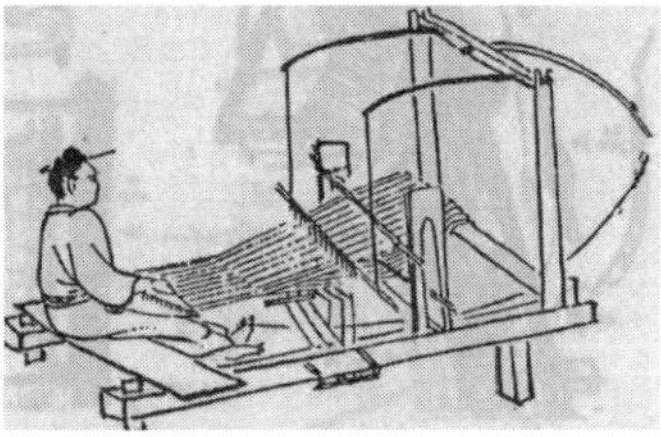

機織り（地機）
（名越左源太『南島雑話』平凡社「東洋文庫」より）

その頃、いちばんうれしかったことは、正月着物用として奉公先の主人から木綿糸を貰い、地機《じばた》に掛けて織り上げたことだ。その生地は横糸が芭蕉《バシャ》で、経糸《たていと》が木綿だった。

バシャ（糸芭蕉）を切り倒し、大鍋で煮て繊維を取り出し、糸に紡ぐところまで、すべて自分の手でおこなった。

そして、この糸を地機に掛けて布に織り上げた。織り子は足を投げ出して座り、腰に回した帯で布巻《ぬのまき》を固定して張る。綜絖《そうこう》（経糸を上下させる道具）の上げ下ろしは、引き縄を足指に引っ掛けておこなう。全身を使う作業で、大変な重労働であった。しかし、自分が身に付けるものだったので、キツさよりも喜びの方が勝《まさ》った。

〽正月前やなゆり　働きゅめウナイ（姉妹）
　篠巻《しのまき》と機《はた》と主《ぬし》と三人《ミチャイ》

※篠巻：綿を細い竹や棒に巻き、筒状にしたもの。ここから糸を引き出し、糸車に巻き付ける。糸繰り作業だ。

こんな正月唄を聴いたり唄ったりすると、いつもこの頃のことを思い出すと言う。機織りは、奉公先から家へ戻っても楽しい仕事の一つとなった。

当時は、まだアシビンドゥ（遊び処：集会所）があり、結婚前の娘たちは夜になると、ここに集まって糸繰り作業などをおこなった。

そこに、集落のニセ（若者）たちが三味線《サミシル》を抱えて遊びにやってくる。作業場の娘たちの耳に庭先からサミシルの爪《つま》弾《び》きと張りのある唄声が聞こえてくる。

〽エエッ〜　アシビンドゥのマナ（真中）にマダマ（真玉）打ち散らち
　うれ捨てのびゅんちゅ　我がカナち（私の愛しい人よ）

すると娘たちの顔から笑みがこぼれ、さざめきが場に広がる。
そして、そのうちの一人が糸を繰る手をしばし止めて唄い返す。
唄のやり取りは延々と続き、静かな夜が、さらに更けていく。

雨水を集めて生活用水を確保——渇きとの闘い

上晴集落は伊仙町でも高台にあるので、これといった川や泉がなく上水道が整備されるまでは水の確保に、だいぶ苦労した。

米作りは、「天水田」（雨だけに頼る田圃）でおこなわざるを得なかった。田植えの時期になると、雨が降るごとに田へ走る。そして、穴の開いた大きな石に綱を通して牛に曳かせた。これは代掻《しろか》きというよりも、水が地中に染み込まないように地固めをするといった意味合いの作業で、粘りが出るまでおこない、水漏れを少しでも防ごうとした。

そうした作業の後、ようやく鋤《すき》を入れ、田植えをおこなった。めとさんの家でも、奄美の本土復帰の頃まで天水田を耕していたという。

当時の田植えはチヂン（手太鼓）のリズムに合わせて、また、唄を掛け合いながら進めた。上晴の田植えは「他の集落に勝るとも劣らぬ華やかなものだった」と、めとさんは語る。

このように水はとても大切なので、雨水をうまく利用した。屋根から流れ落ちる水を貯めるのはもちろんのこと、樹に縄を巻き、その端を桶へ垂らして水を貯めたりもした。

めとさんの家では、集落で最初に屋根をトタン葺きにした。よって、屋根から流れ落ちる水を無駄なく集めることができ、近所の人が貰いにくるほどだった。

だが、そうした節水努力をしていても旱魃《かんばつ》となれば、たちまち深刻な水不足となった。天水田に溜まった水で洗濯したり、ときには飲んだりもしたという。降ったばかりの雨水ではない。何日も炎天下にさらされ続けた水だ。

雨乞い行事も盛んにおこなわれた。蓑笠《みのがさ》を着けた男たちが水源地へ赴き、「水掛け」をするなどして降雨を願うこともしばしばだった。

無医村の悲劇――ご主人と四人の子どもを亡くした

戦前まで伊仙町には三軒の医院があったが、いずれも犬田布などの海岸部にあり、上晴のような内陸部の集落からは遠かった。さらに道路も整備されておらず、急に高熱を発しても、医者を呼んだり、医院へ駆け込んだりといったことはできなかった。

「医者にかかるのは、死亡診断書を貰うときだけ……」と言われる環境にあって、とくに嬰児は、生き残り難かった。めとさん自身も八人の子どもを産んだが、育ったのは四人だけだった。

終戦直後に末娘を出産したが、そのときは食糧不足が深刻で、めとさんも栄養不足のため、乳が出なかった。そこでナリ(蘇鉄の実)粥を作って、その汁を飲ませるなどして必死に命を繋ごうとした。

この当時、めとさんにとって忘れることのできない出来事があった。この末娘に、ささやかながらも「名付け祝い」をしてやろうとした。しかし、赤子を包む布がない。すると事情を知った近くの女性が、襦袢《じゅばん》(和服の下着)の片袖をちぎって持ってきてくれたのだ。襦袢であっても、貴重な一張羅であったはずである。めとさんは、その好意に泣いた。

苦難はこれだけにとどまらなかった。なんとか成人までこぎつけた長男の戦死通知が届いたのだ。さらに時期を隔てずして一家の大黒柱である夫まで亡くなってしまった。

乳飲み子と幼い子どもたちを抱え、めとさんは、馬車馬のごとく働いた。誰よりも早く野良へ出て、夜空の星を仰いで家へ戻った。ただ生き抜くためだけに……。

そのときから三〇年が経った。楽しかった娘時代の思い出、苦しかった数々の出来事を語った後で、めとさんは、次のように締めくくり、やわらかな笑顔を見せた。

「いろんなことがあったけど、幸せな人生だったよ」

……その一言が、筆者の胸を突いた。

激動の時代を生き抜いて

ゲートボール場で童心に還って、喜々《きき》としてスティックを振るい、球を追うめとさんたちの姿を眺めていると、そこに激動の時代を生き抜いてきた人々の人生観が織り込まれているような気がした。

私たちは、生きてきた。働き、喜び、悲しみ、笑ったり泣いたりして日々を送ってきた。片時も手足を休めることなく、生き抜いてきた。今も身体と心は、自分から動いていく。すべては、自然のままさ。そんな語りが、聞こえてきそうだった。

いつも通りの変わらぬ暮らしも、積み重なれば磨きがかかっていく。艶《つや》が出てくる。祖母たちの一挙一動は、名人と言われる人々の舞や踊りのようでもあり、唄うように語り交わす笑顔は、一流の舞台人にも劣らぬであろう。

六〇年以上の風雪に耐えた樹木は、ゴツゴツと節くれだってはいても、内から放たれる風格と気品は、見る人の心に敬意を抱かせる。

庭先で唱歌を口ずさみながら筵《むしろ》の上に地豆《ぢまめ》を広げ、夕方になれば愛用のスティックを手にして、仲間たちの待つゲートボール場へ駆けつける彼女たち。人生の至福を満喫しているかのような姿であるが、それは自らの手で勝ち取ってきたものだ。

かつて、その手には、鍬《くわ》が握られていた。また、背筋をシャンと伸ばしてスタスタと歩く頭の上には、家族の命を支える水桶が載っていた。

いつか昔の生活に戻らざるを得なくなったとき、彼女たちは、抵抗なくスッと戻っていくことができるであろう。さて、私たちには、はたしてそれが可能であろうか。

海辺の暮らしと遊び――「製塩作業」「手マリ作り」

徳之島町金見　太良ナシさん（昭和五六年：七五歳）

金見は、徳之島屈指の観光地として知られる風光明媚な海辺の集落。岬からの眺めと蘇鉄のトンネルで有名だ。エメラルドグリーンに輝く湾内の礁湖《しょうこ》が、とても美しい。

太良ナシさんは、そんなシマで、悠々自適の生活を送っている。今は、何の不便もないと言う。「囲炉裏の端まで、水が飛んでくる」からだ。

岬の側面に、貼りつくようにして家々が在る。当然、坂道だらけだ。水桶を頭に載せて急斜面を上り下りするのが毎朝の仕事だったシマの彼女たちにとって水道の蛇口をひねるだけで水が出てくるのは驚異であり、大いなる喜びであった。「便利な時代になったものです」と、感慨深く語る。

だが、次に「しかし……」という言葉が、入った。

「しかし、人情は変わりましたねぇ。

私らの若い時分は朝暗いうちから起きて、水汲みや畑仕事をして、お日さまが高く上る頃になるとガジュマルの涼しい木陰に、みんな集まってきて、女たちは糸を繰《く》ったり、男たちは縄をなったりしたものです。

これといった用事がないときも、何となく集まっていました。だから、改まって会合などしなくても、話は通じていましたよ。心が、そろっていたというか……」

ナシさんの口調は、たんなるノルスタジー（懐古の思い）に浸っているといったものではなく、時代の移り変わりに伴って変わっていく人間関係のあり方に戸惑っているという感じであった。

「食べ物にしても今から見れば、貧しいものでした。でも、マズいと思って食べたことはありません。

この間も、ナリ粥を作って食べました。ナリ（蘇鉄の実）の粉一合にモチ米を炊き合わせるんです。ナリ粥は炊き方しだいで、ずいぶん味が変わるんですよ。また、味に作った人の性格が表れます」

料理も本を見て作ればよいというものではなく、どんな貧しい材料でも、作り方しだいで微妙な味わいが生まれるとのこと。暮らし方も、同じだと言いたいのであろう。「貧しい生活の中でも楽しみ方は、いくらでもある」と――。

大変だったが楽しみもあった「塩炊き」

金見集落では水汲みのほかに「塩炊き」が、女たちの重要な仕事だった。

タン（サシバ）が島へやって来る旧暦一〇月、晴天が続き、空気が乾燥する季節におこなう。

塩炊きは、専用のクモイ（潮溜《しおだ》まり）に潮水を汲み入れ、太陽の下に数日間さらす。水分が蒸発して濃くなったものを大鍋に移して炊き、煮詰めていく。並行して山仕事も、おこなう。塩炊きには、大量の薪が必要だからだ。

金見集落では仲の良い四軒で塩炊き小屋を作り、クモイから汲んできた濃い潮水を大鍋に入れ一昼夜、煮立たせる。浮かんでいる泡が消え、その泡の跡が表面に輪となって残るようなドロッとした状態になったら大鍋を下ろす。

これを製塩用に目を細かく編んだカゴに入れ、吊るして、下にバケツを置いておく。すると、ニガリが垂れてきて溜まる。このニガリは取っておき、豆腐を作るときに使う。

ナシさんは、この副産物のニガリで作った豆腐の味が忘れられないと語る。大豆の香りがして、歯ごたえも良かったという。

塩炊きでは、一日頑張れば一斗から二斗の粗塩が得られた。正月料理を準備するのに欠かせない品だ。豚肉の塩漬け（正月豚）だけでも、けっこうな量を使う。

こうした共同作業のときには、忙しいながらも普段言えないような悩み事を打ち明けて相談に乗ってもらったり、世間話に花を咲かせたりした。だから、少しも辛いと思ったことはなかった。

それに皆で働いていれば姑《しゅうとめ》問題で悩むこともなく、嫁の立場であっても気楽に過ごせた。「近頃の嫁さんよりも、性格は明るかったのではないか」とナシさんは、笑う。

祖母たちの語りに表れた「シマ」感覚と「ユイ」精神

この連載企画（一九八〇〜八一年）は、お祖母《ばあ》さんたちの体験談や日頃の思いを込めた言葉の端々《はしばし》から「シマ」の生活と思考、戦前から戦後にかけての島の歴史を垣間見ることができたらという思いから始めたものであった。その目的が十分に達成できたとは言えないが、いくつかの貴重な言葉を得ることができた。

断片的なシーンとは言え、ハッと息をのんだ表情や動き、または語りがあった。前掲の聞き書きの中にも、様々なかたちで散りばめられている。

それらを一言で表すならば、六〇年以上を生き抜いてきた自信と、自分のライフスタイル（生活様式）に対する信頼である。

意識の中で人生哲学として形づくられているわけではないが、人の一生を含めた生々流転の有り様を、すべて見抜いているような眼差しを持っていた。

栄山めとさんは、傍目《はため》から見たら水不足に悩まされ、また、子ども四人と夫を亡くし、悲痛な思いを重ねて味わってきた人だ。不運を嘆き、世を恨んでもおかしくない。だが、彼女は、「幸せな一生だったよ」と、笑顔で言い切った。

おそらく幸不幸にかかわらず一つひとつの出来事について、彼女なりの意味を感じ取っていたからであろう。

ナチスの強制収容所を生き延びた心理学者、ヴィクトール・フランクルは、人間が実現できる三つの価値の内、最後まで残るものとして「態度価値」を挙げた。

態度価値とは、「人間が運命を受け止める態度によって、実現される価値」である。病や貧困、その他、様々な苦痛を受けたとしても、そこに人生の意味を見いだすことができる自由（選択）が残されているというのだ。

彼女たちのような根っからのシマンチュにとって、人の魂《マブリ》（命）は遥か彼方の神々やウヤホウ（ご先祖）が住まう国「ネィラ」（沖縄で言うニライカナイ）からシマへやって来る。イエを守り子育てをするなど、この世での役目を終えたら、また還っていくものだ。

「浮世《ウキユ》仮シマな何時《イチュ》までも居られゆみィ（現世は、仮住まいのシマだよ。いつまでも居られるわけではない）」と、唄われる「浮世節」からも、そうした考えがうかがわれる。

人生において起こる様々な出来事は、すべて意味付けられている。シマの民俗学的な思考体系が、それを裏付ける。シマの人々の間で共有され、ときにはユタなどの巫者に伺いを立てて知る。

身の上に起こる苦難や悲しみを「与えられたもの（運命）」と捉え、受け入れたり乗り越えていったりする。むろん楽しいことも、嬉しいこともある。その結果として、「幸せな一生だったよ」というセリフに行き着いたのであろう。

シマンチュとして生きる祖母たちには書物による知識はなくても、島で生きていくための知恵が身に付いている。

風や雲、雨、動植物などの状態や動きなどを観察して季節の変化を知り、それに合わせた生活を営んできた。

また、人として守らなければならない倫理や人間関係におけるルールを教えられ、語り伝えてきた。とくに「ユイ（結い）」の精神は、すべてにおいて欠かせないものとして受け継がれてきた。シマの生活は、単独では成り立たない。共同作業や助け合いが、必要であった。島では「人やゆれかれ（人は互いに助けたり助けられたりしながら暮らしている）」と、言う。

それは、シマンチュとしての一体感を醸成する。

「ドゥシ（同士）」というシマグチ（方言）で表される仲間（身内）意識は、現在に至るまで島に生きる人々や出身者たちの思考や行動パターンの根幹となっている。

彼女たちは日が沈もうとする黄昏時《たそがれどき》になると、海岸沿いにあるガジュマルの樹の下にゴザを敷き、集まっていた。または、小さな突堤に並んで腰かけ、夕陽を眺めていた。

「一緒に夕涼みしているだけなんだろう」と言えば、それまでのことである。だが、そのほのぼのとした光景に接した筆者の脳裏には、松山メッタガネさんの「昔遊《むかしあそ》びゅたるドゥシ」という言葉が、思い浮かんだ。

前掲の彼女たちの語りの中には他にも、そうした情景が数多く織り込まれている。

「しかし、人情は変わりましたねぇ。

私らの若い時分は朝暗いうちから起きて、水汲みや畑仕事をして、お日さまが高く上る頃になるとガジュマルの涼しい木陰に、みんな集まってきて、女たちは糸を繰《く》ったり、男たちは縄をなったりしたものです。

これといった用事がないときも、何となく集まっていました。だから、改まって会合などしなくても、話は通じていましたよ。心が、そろっていたというか……」

金見集落の太良ナシさんのつぶやきは、現代社会においては望んでも得られないものであるが、心に留めておく価値があるように思う。

こうした「結い」の精神は、シマの中で互いに思い合ったり助け合ったりして生活を維持していくのに欠かせないものであったが、明治時代以降の貨幣経済普及に伴って不都合も生じるようになった。

借金・借財返済の義務や期限、または利子といった考え方になじみが薄かった当時の人たちは、「親切心でくれたものだ」とか「余裕ができた時に返せばいい」などと考えてしまった。結果として、突然の返済要求になすすべもなく、本土からの商人たちによって田畑や家財、さらには娘までも取り上げられてしまうという目に遭った。

こうした商慣行に関して無知または不慣れな状態は、戦前まで続いた。

義村タフさんは、「戦前は、本土の人の店ばかりだった」と語った。「島の人が店を開いたとしても親や親戚縁者が、店先から勝手に商品を持ち去ってしまう。商売として成り立たない。だから、すぐに潰れてしまった」とのことだった。

「ちょっと借りとくね」「ツケておいてくれ。金が入ったら払うから」といった感じだったのであろう。悪気はなかったはずだ。「親戚だから友人だから、甘えてもいいだろう」といったところであろうか。

しかし、現金は簡単に手にすることができない。また、期限の意識も薄いので時間が立つと忘れたり、有耶無耶《うやむや》になったりしてしまう。こうした金銭感覚の緩さに関するタメ息は現在においても、ときどき耳に入る。

ほかに約束を守ることへの律儀さに欠けるという指摘もある。とくに時間を守ることに関する緩さは、以前から言われてきた。「島時間」と名前が付いているほどだ。

だが、島の人からすれば、招待状に「午後六時開催」と書いてあれば、それは「七時開催」という意味なので、それに合わせて行けばよい。不都合はない。暗黙の了解事項である。

こうした島独自の共通認識は、本土の人々には通用しない。それが原因で、京阪神へ渡った出身者たちは誤解され偏見の視線に晒《さら》された。

前にも触れたが、島出身者は職場でも本土の人間とは異なった存在として見られがちだった。

ある工場を視察し職場監督者から苦情を聞いた沖永良部島出身の軍関係者は、その異質性について次の四点を指摘している。

要約すると、
①仕事上での忍耐力がない
②将来に対する希望や目標を持たず、目先のことしか考えない
③他の地域から来た同僚となじまない
④本土の言葉を学ぼうとせず、同郷同士で集まって方言で話してばかりいる

以上の外細《ほか》部の点多々あるも、以上は郷里（沖永良部島）は勿論、（大島）郡一般の共通的欠点かと存（じ）候。要するに郷里出身者を歓迎する工場は至って少なく、以上の点を矯正するにあらざれば将来、落伍者、否や失業者を出すことになりはせんかと思われ候

在京陸軍三等主計正　山下兼道（月刊『奄美大島』一九二七年二月号）

同じ島出身者としての懸念からの苦言として述べられたものだ。

だが、出身者としては、言い分もあったろう。

第一に当時の奄美出身者にとって本土で働くことは「出稼ぎ」であり、一生の仕事とは考えていなかった。あくまでも金銭目的である。よって、企業に対する忠誠心もなく、一銭でも給与が高く待遇が良ければ、別の企業に移ることにためらいはなかったはずだ。とくに若い女性にとっては、「故郷へ仕送りをするため」「嫁入り支度のため」であり、長く所属する場所ではなかった。また、

たらしい。

低賃金で長時間労働を強いられるケースが多かった。よって、勤続期間は、平均で一年半ほどだっ

「協調性がない」という指摘も、酷《こく》な話である。言葉や習慣が、あまりにも異なり過ぎた。他地域の人と接するときは、常に緊張感が伴った。「郷に入れば郷に従え」ということはわかっていたが、どうしてもなじめない。ついつい同郷同士で固まってしまう。

しかし、本土の人間に、そんな事情は理解されない。

こうしたことから、神戸など島出身者が固まって居住している地域では、嫌悪感や蔑視を伴った差別意識が生じ、定着していった。

当初は居住エリアが近接していたため「朝鮮人か」と言われ、大島郡出身であることがわかってくると、「オーシマ」という言葉自体が差別用語となっていった。

島々の出身者たちは、自分の中の「シマ」感覚や「結い」思考と向き合わざるを得なくなった。だが、これらは自身にとって当たり前すぎていたため、客観視することは非常に困難である。おそらく現在に至っても、無自覚である人が多いのではないだろうか。良い意味でも、悪い意味でもだ。よって、今一度、自らの「シマ」感覚や「結い」思考を問い直す必要があるように思われる。

前掲のお祖母《ばあ》さんたちの語りは、自身を振り返る上で、貴重な資料となるように思う。

シマの彼女たちは、「歳を取ってしまった……」とは考えない。

手々集落の彼女たちは、「五〇、六〇歳、娘っ子」と笑いながら言い放った。七〇歳を過ぎて、初

めてシマの大人として認められるということだ。周囲の人々も、そのように尊敬の念をもって彼女たちを遇する。

シマで暮らす上での人生訓をうたった「十番（意見）口説」が、その誇らしい思いが伝統的なものであることを証している。

〽七番や　七十の歳《とうし》なりば　物事様々《ものごとさまざま》思い詰めて　楽よん好むが面白さ

（七番や　七十歳になったら　様々な物事がわかって　気楽に暮らせるのが面白いよ）

彼女たちにとって「大人になる」とは、シマの暮らしや人生における様々なことがわかって、子や孫たちに諭せる立場になることである。つまり大人とは「物事をよく知り、精神的にも成熟した人」のことだ。そこまでの道程は厳しく困難に満ちてはいるが、それを乗り越えていくと、いつか達観できるようになる。周囲の人々から尊敬される立場となる。

民俗学的視点で表現すれば、「マブイ（霊魂）＝生命力」が成熟した状態になることである。齢を重ねるに従って枯れていくわけではない。それどころか逆に増していくのだ。

次の八〇代になれば、「米寿」が待っている。「米祝《ヨネ》い」、九州以南では「斗掻《とか》き祝い」と呼ばれたりする。奄美では、参列者の膳に祝われるお年寄りの一房《ひとふさ》の白髪《はくはつ》「ヨネマブリ（米霊）」を載せておく風習があった。長寿者のマブリ（生命力）を分け与えるという意味である（ちなみに南西諸島の民俗において米霊は、水や火と並んで生命力の根源の一つとなっている)。

シマにおいてお年寄りの逝去は、「一つの人生からの卒業」であるとも言える。親族や縁者の記憶に残る内は冥界であるグソウ(後生)に留まり、一定時期(多くは三十数年)が過ぎるとウヤホウ(ご先祖)の待つネィラ(霊界)へと旅立つ。やがて無垢のマブリ(霊魂)となってシマへと戻って来る。

そうした「生命の循環」が祖母たちの思考に組み込まれているため、「与えられた人生」における役割意識が生まれ、「十番(意見)口説」のような人生訓が語り継がれるのであろう。

シマンチュとしての自覚は「自分の存在価値」を意味付け、自己肯定感とアイデンティティ(自分らしさ)の基となる。

ちなみに「成熟」とは、自分が全体の中の部分(部品ではない)であり、全体を支え、また、全体から支えられている存在であることを自覚して考え、行動できることである。

成熟した大人としての彼女たちの思考や行動は、現代においても「生きる上での知恵」として学ぶべきことが多いように思う。

シマンチュの生活と考え方は「シマ(集落)ごと」と言ってよいくらい様々である。だが、ここに挙げた彼女たちの語りの中に見られる「シマ」意識は、地下水脈のように深く共通して流れているのではないだろうか。

本書で論じている新たなる言葉の容器「奄美人《アマミチュ》」に血肉を盛っていくには、まずは、心の底に広がる地下水としての「シマ」意識を汲み上げ、言語化していくことが前提となる。

ところで、「奄美」という言葉が自称または他称として一般の人々に使われるようになったのは、戦後になってからのことだ。各シマジマの出身者がその言葉と出会った（向き合わざるを得なかった）場面について、次に述べていくことにする。

第九章　奄美の本土分離――「非日本人」となった人々の八年

一九四六（昭和二一）年二月二日、奄美群島の人々は米軍の布告によって、行政的に日本から切り離された。いわゆる「二・二宣言」と言われるものである。以後、北緯三〇度以南の島々が、米軍施政下に置かれることとなった。

地方行政を担っていた大島支庁は、「臨時北部南西諸島政庁」と改名された。米国海軍軍政部の指示と管理を受け、当面の業務をおこなう。

この宣言によって、原則として本土との往復が禁止された。

翌年一月、「闇船取締規則」が交付され、完全に通商の道が閉ざされた。

食料や生活物資などが値上がりし、また、復員や本土からの引揚げもあって人口は急増していた。島民の生活は、しだいに追い詰められていった。

一九五〇（昭和二五）年一月、軍政府の指令により食糧価格が三倍に跳ね上がった。もうまともな手段では、生きていけないような状況にまで至った。

同年一〇月、「奄美群島政府」が開設された。

その年の六月に朝鮮戦争が始まり、中国など共産主義勢力の侵攻に備えなくてはならなくなった。南西諸島は沖縄本島を中心に、資本主義国家を守る重要な防衛ラインとして認識されるようになった。

一九五一（昭和二六）年二月、「奄美大島復帰協議会」（議長・泉芳朗）が結成され、日本復帰請願署名が開始された。

同四月、軍司令部は、沖縄本島に「臨時琉球中央政府」を発足させた。中央集権性を高めるためであろう。

同五月には請願署名が一四歳以上の住民の九九・八％に達した。「日本国民でありたい」という強い意志表明と言ってよいだろう。

同八月初旬、泉議長を先頭に「復帰祈願断食」が実施された。併せて「第一回日本復帰郡民総決起大会」も開催される。

同九月、日米講和条約が締結された。しかし、群民の願いもむなしく奄美の本土復帰はならなかった。北緯二九度線以南は米軍の「信託統治」とする条項が織り込まれていたのだ（発効は翌年四月）。

一九五二（昭和二七）年四月、正式に「琉球政府」が置かれ、仮ではあるが国家としての体裁を整えさせられた。よって、各群島政府も解体。この時点で奄美は、再び「琉球国」に併合されたことになった。

「日本人」から弾き出された奄美出身者たちの思いと行動

戦時中、大空襲を受け焦土となった神戸や大阪在住の奄美出身者たちは、一九四五（昭和二〇）年の夏以降、しだいに生活が苦しくなっていった。基本的に「出稼ぎ者」であったからだ。多くは臨時職であり、仮住まいである。親戚縁者は少なかった。やはり頼れるのは、同郷の者だけだ。

同年一〇月、尼崎の在住者を中心に相互扶助のための組織を作る必要性が語られ始めた。戦前から郷友会は存在したが、あくまでも親睦会であった。

一九四六（昭和二一）年正月、尼崎で平山福三氏ら徳之島町亀津の出身者が集まった新年会の席で、具体的な話し合いが始まったようだ。似たような動きは他地区でもあり、「奄美連盟」結成に至る出発点となっている。

同二月二日、日本の領土に関する「二・二宣言」が布告された。

これにより奄美群島は、行政的に日本本土から切り離されることが告げられた。北緯三〇度以南の地に戸籍を持つ者は、書類上「非日本人」として扱われることになったのだ。奄美出身者たちにとっては、驚天動地の出来事であったであろう。

嘆いてばかりいてもしかたがない。人々は「結い」の精神を発揮して、相互扶助のための組織づくりを進めていった。ベースは従来の郷友会であるが、実用を重んじた形態に変化していく。さらには、本土側における復帰運動の母体となっていった。

こうした一連の流れを研究者の大橋愛由等氏が論文「〝阪神〟の復帰運動に至る奄美出身者の慟哭」(『奄美戦後史』鹿児島県地方自治研究所編著、南方新社、二〇〇五年九月刊)の中で詳しく分析し、まとめている。

冒頭で大橋は、この八年間を四期に分けて分析している。

【第一期】一九四五年八月〜一九五一年一月　敗戦の混乱〜「祖国分離」
《郷土会の乱立期》奄美への帰郷手続きや生活支援など互助的な活動が中心
【第二期】一九五一年二月〜一九五一年九月　対日講和条約へ
《署名運動の展開》「祖国復帰」への意志が確認され、復帰誓願運動が始まる
【第三期】一九五一年一〇月〜一九五二年八月　復帰運動の再建
《低迷期を経て運動の高揚》「信託統治」を含む講和条約への失望、撤廃運動
【第四期】一九五二年二月〜一九五三年一二月　二島分離反対運動
《もう一つの復帰運動》沖永良部・与論を分離しての復帰反対運動が起こる

――以上の詳しい内容については、当該論文を参照いただきたい。

ここでは、まず一期から二期にかけての阪神地域における状況と、出身者たちの意識の変化について見ていくことにする。

まず第一期であるが「二・二宣言」を受けて、尼崎で最初の「奄美連盟」が発足した。前掲論文によると尼崎には戦前から「尼崎奄美連合会」(一九三九(昭和一四)年発足)があり、活動の下地があったためだろうということだ。当時の幹事長が、前出の平山氏であり、「奄美連盟」の結成に深く関わることになる。

ちなみに尼崎には「大阪製麻」(一九一七(大正六)年創立)の工場があり、女性労働者に沖縄・奄美出身者が比較的多く含まれていた(半数余は、朝鮮半島出身者)。そんな事情もあってか、早い時期から出身者が在住していた地域であったからかもしれない。

「奄美連盟へ結集セヨ」——生き抜くための組織が必要

まずは、当初の動きを流れに沿って羅列しておく。

一九四六(昭和二一)年二月一八日、「奄美連盟」が結成された。本部は当初、徳之島出身者が多く住む長田区の「六間道商店街」周辺に近接した「真陽小学校」東隣の空き地に設けられた。連盟が引揚者用に急造した長屋式仮設住宅の一画であったらしい。

同一九日、「神戸新聞」に奄美出身者の結集を呼び掛ける広告を出す。「京阪神奄美大島出身者ニ告グ。奄美大島出身者ハ今般結成ノ奄美連盟ヘ結集セヨ」と約七万人の出身者へ呼び掛けた。目的は、「在住同胞の生活擁護」と「郷土トノ物資ノ交流」としている。

同三月、「奄美連盟」神戸支部が設置された。

同四月、本土と奄美諸島との航路が完全に絶たれる。並行して密航や密貿易が、活発となっていった。

同月、尼崎の「奄美連盟」は、「奄美連盟兵庫県連合」の結成大会を催す。これは類似の団体が複数在ったことから、組織としての統合を図ることが目的だったようだ。ここで、協同組合や図書館の設置、機関誌の発行などが話し合われたらしい。

同連盟は神戸市中央区の三越百貨店六（五？）階に事務所を開設（旧本部は、西支部となる）した。ここで奄美出身者の帰島申請など、様々な行政手続の援助（鹿児島県の委託業務など）、支援をおこなうようになった。

当初から支援活動を日常業務としておこなう一方で、政治的な運動も展開していた。連盟は、日本の行政や米軍に対して奄美を含む南西諸島が占領下にあることを名目として、救援擁護を要求したのだ。結果として、行政からの生活支援や特別扱いを得ることに成功し、事務所を設けて活動できるようになったのである。

「奄美連盟」結成に先立つ同一月二日、東京の「沖縄人連盟」は、米軍司令部への請願により「日本政府ハ窮乏セル琉球人避難民ニ遅滞ナク十分ナ食糧、住宅、治療、寝具、衣料等ヲ支給スベシ」

（傍点は引用者）というマッカーサー指令を取り付け、いちはやく援護活動を始めていた。その二カ月後、「奄美連盟」も同様の同胞救済決議文と請願書を米軍司令部へ提出した。

ここで注目しておきたいのは、「奄美連盟」が「親米の精神に基づき」結成されたこと、自らを方便とは言え「琉球人避難民」と米軍司令部に認識させたことである。

米軍司令部に対しては「琉球人避難民」を演じる一方、「奄美連盟」マークを設定し会員に付けさせることによって、奄美が琉球（沖縄）人とは異なる「独自な存在」であり「奄美連盟」がそれを代表することを強調した。結成大会において「現在、巷間《こうかん》に流通する奄美連盟マーク及び身分証明書は、本連盟制定のものに非ざれば、その効力を認めず」としたのだ。

奄美連盟に所属していると、様々なメリットが得られた。

奄美連盟では、北海道から鰊《にしん》、ジャガイモ、昆布等を調達食糧難の会員に頒布した。または、乗り物不足であったにも拘《かかわ》らず、身分証を呈示すれば優先的に乗車券が購入でき、買い出しには大いに役立った。

（神戸奄美会創立六〇周年記念誌『奄美』）

このような生活支援的な面の他に、自警団的な側面も持っていた。

大橋氏は前掲論文において、「奄美連盟」の活動の一面を次のように記している。

（前略）喜界島出身で、尼崎の奄美連盟に結成当時からかかわっていた孝野武志は、買い出しをしてきた人々の群れを乗せた列車が駅に到着すると、朝鮮半島出身者が他人の荷物も一緒にプラットホームに放り投げて、それを持ち帰ってしまうということを実見している。

このような時に効力を発揮したのが、奄美連盟のバッチであった。「バッチを付けていれば、朝鮮半島出身者も野暮《やぼ》なことはしなかった」という。このバッチは、尼崎では沖縄人連盟が先に付けていたと孝野は証言している。

後には、奄美連盟の他にも、南西諸島連盟などもバッチを付けていて、これが奄美や沖縄出身者で構成している団体に属していることの明確なシーニュ（記号）として機能することになる。「三国人」でもなく「内地人」でもない、曰く言い難い第三の立場として自らの存在を衆目にさらすことになるのである。

（前掲「〝阪神〟の復帰運動に至る奄美出身者の慟哭」）

※改行、補語、傍点は引用者

当時、「第三国人」と呼ばれていた台湾・朝鮮系の人々の中には略奪や権利侵害が横行していた。この不良外国人たちは「戦勝国民」を名乗り、ときには米軍まがいの服を身に付け、武器を手にして郊外や地方から戻った人々を威圧し、やっとの思いで手に入れた米を奪ったり、市場を襲ったりしていたのだ。

米は、統制品であった。個人で調達すれば、「ヤミ米」ということになる。警察に見つかれば没収された。それは仕方がない。だが、何の権限もない不良外国人たちが、「戦勝国民」であることを笠に着てやっていた。単なる略奪である。

しかしながら警察も、なかなか手を出しにくい世情であった。市場も同様である。自分たちで、守るしかなかった。自警団を組織したり、ヤクザを頼ったりした。

「奄美連盟」も青年たちによる自警団を組織し、不良外国人の横暴から同胞を守った。

黒糖強奪事件と奄美連盟の動き――不良外国人との闘い

奄美連盟（後の連合）の結成に関与し、事務局長として奄美の本土復帰運動を主導した人物に東《あずま》博志《ひろし》（一九二二～一九八九）がいる。

東は、徳之島の井之川集落生まれで、関西学院大学哲学科を卒業し、中学（旧制）教師、日本出版文化協会大阪支局（内閣情報局外郭団体）などを経て戦争末期、中野正剛代議士を党首とする政党「東方会」の関西支部事務局幹事となり、中野と共に東条内閣打倒運動を展開した。

党首である中野正剛は東条内閣の弾圧を受け一九四三（昭和一八）年一〇月、割腹自殺を遂げる。

しかし、東は中野の志を受け継ぎ、その後も関西事務局再建と底辺労働者の組織化をめざし、同志らと活動を続けた。同年一二月六日、「治安維持法」違反の罪で逮捕される。終戦直後、出獄した。一九四六（昭和二一）年三月、「奄美連盟」神戸支部が設立されると同支部を拠点として、様々な活動を始めた。

次は、その最中の話である。

東は、尼崎での奄美連盟結成の式典に呼ばれて、神戸での連盟結成を急いでいたところ、ある事件が起こった。同郷（井之川）の加島という男が、島の財産を処分して砂糖二〇〇斤に換え、神戸にやってきたところ、台湾人に強奪されたという。

さっそく東は、「井之川の屈強な青年四〜五人を連れて沖島君（故人）といっしょにガスビルの裏にある彼等の本拠地へ飛んで行ったのです(立会人として神戸駅から警察官を同道して)」。すると、相手が「これは闇物資だ」と言い張るので「ちゃんと税金を納め、納税証明書をつけて持って来ているんだ」と説明しても通じない。それどころか手錠をかけられ裏の倉庫に拉致されようとした。「何とそこには、日本人から取り上げた米の山で一杯」である光景を目撃する。

東はそれでも動じず「お前等は私達をみそこなわないでくれよ、今私達の奄美はアメリカの占領下にあって、奄美へ帰る人、内地へ引きあげてくる人達でごった返しているんだ。だから、こちらの身柄は米軍がにぎっているから米軍が仲に入るようになったら君達は大変なことになると思うが、それでもいいのか？」と言うことによって、初めて出てきたボスと交渉して、砂糖二〇〇斤を無事取り戻すことになるのである。

（前掲論文）

※改行は引用者

当時の日本社会は三度の食事にも事欠く有様であり、政府からの配給物資だけでは、とても生活できる状態ではなかった。

「神戸の治安は乱れ三国人が暴れに暴れて、日本人の買い出し部隊の物品を横領していたのですが、警察は全く手が出せず、彼等のなすが儘《まま》になっていた」ために、連盟もそうした買い出し行為の擁護に乗り出すことになったのである。

東の証言を続けよう。「当時奄美連盟では、ある人脈の依頼で三越百貨店の六階のフロアを提供していただき、そこを事務所にして県の委託事務の他に、悪い三国人の鎮圧と治安維持に一役も二役もかっています。青年隊二〇〇人を組織して毎日三〇人を動員して、神戸駅周辺一五人、三宮周辺一五人と割りあてをして、そこの治安と警備に当たらせました」

警察組織が弱体化した敗戦直後の混乱期に、大島郡出身者擁護を使命と考える「奄美連盟」の動きが見えてくる。

「三国人が奄美の人や内地の人の品物をかすめ取る時は、断固として阻止しなさい（但し警察がするのは邪魔しない)。万一言う事をきかない時は、三越の本部に連絡しなさい。いつでも予備の応援隊を派遣するから。その結果、日を追うて彼等の暴動がなくなりました」と語っている。

「奄美連盟」のバッチを胸に付け——自己証明の言葉へ

これらの証言からわかるように「奄美連盟」は生活扶助の他に、同胞や内地(本土)人の保護(防衛)も、活動の重要な柱としていた。

知念(奥田)有富氏から直接うかがったところによると、現場から応援要請があると、すぐに青年たちを集めてトラックの荷台へ乗せ、駆け付けたとのこと。

しかし、一般の人々の目には、闇市をめぐる不良三国人同士の争いにしか見えなかったであろう。

それに関して、こんな証言がある。

> 戦前、神戸に居住していた郷人には、奄美という名称は、あまり使われておらず、他の神戸市民もただ大島の人と言うことで通じていた。他の大島の場合は伊豆の大島とか、山口県の周防大島と呼んで区別していた。
>
> 一般の神戸市民が初めて知った奄美の印象は、あまり良くなかった。
>
> (越山北人「神戸における復帰運動」『沖洲新聞　第八号』一九七三年一〇月一日)

「奄美」という言葉は街中で目に留まる行動において不良三国人と一緒にされ、マイナスイメージをもって神戸市民に認知されてしまった。

自分たちの立場をはっきりさせるため、加入者は「奄美連盟」のバッジを付けていた。

本土にあっても、まだまだ集落単位の「シマ」意識から抜け切れていなかった。だが、連盟に所属しバッジを胸に付けることによって、「奄美人（アマミンチュ）」という言葉が「独自の存在であること」を表す言葉として、強く意識づけされたように思われる。

しかし、本土の人には、その思いは理解されなかったようだ。

さらに東博志は、関東の郷友会との橋渡しもおこなった。

郷友会の成立過程は、関東と関西で大きく異なる。関東型が泉二新熊など進学のために上京し、高級官僚や学者になったインテリ層が主導して郷友会を結成したのに対して、関西型は、大不況の影響で故郷では食べていけなくなり、しかたなく職を求めて神戸や大阪の地を踏んだ人が大半だった。つまり底辺労働者が必要に迫られて寄り集まり、形成された。

よって、同じ郷友会といっても、意識の差が大きかった。東京のインテリたちからすると、関西の「奄美連盟」の動きは、不良三国人と同じように見えたようだ。不愉快に思い、批判的であった。東は東京に乗り込み、泉二などの指導者たちを強く説得して、「東京奄美連盟」を発足させた。

我が魂は「シマ」へと向かう――出身者にとっての故郷

人にとって「生まれ故郷」とは、どのような意味を持つ所なのだろうか。むろん思いは、人それぞれであろう。だが、故郷を離れた人々が強い「郷愁」の思いを抱くならば、その底流には、共通の「何か」があるに違いない。

一九八〇（昭和五五）年、沖縄徳州会会長の知念有富氏（当時六六歳）が、徳之島の地を踏んだ。当時、徳之島〜沖縄間の航空路開設を願う運動が、盛り上がりを見せていた。そのための陳情団団長として、徳之島三町の関係者と打ち合わせをするためである。

その忙しい日程の合間を縫って、知念氏は生まれ故郷の井之川集落を訪れた。海岸に出て、沖合に目を向け、ジッと物思いにふけっていた。

旧姓は、奥田である。沖縄で暮らすようになってから改姓した。そこには戦後、奄美出身者が味わった苦難の歴史の一端があった。

六歳のとき、両親と共に徳之島を出て奄美大島の名瀬へ移り住んだ。本籍も移した。以後、神戸・大阪・那覇と転居を繰り返すことになる。その歩みは、まさに波乱万丈といった言葉が、ふさわしいものであった。

知念さんは過去を振り返り、しみじみと筆者に語ってくださった。

名瀬を二一歳のとき出まして神戸の逓信官吏練習所（現・郵政大学校）へ入りました。そして、神戸や大阪で業務に就き、三一歳で終戦を迎えました。

それは、大変な時代でした。敗戦前でさえ沖縄や奄美出身者は、周囲から日本人扱いされていませんでした。それが戦後、本土からの行政分離で非日本人となり、さらに見方や扱いが酷くなりました。

ですから生き抜いていくため島出身者は、お互いに肩を寄せ合い、「奄美連盟」という助け合いの組織を結成しました。出稼ぎ労働者など、貧乏人の集まりでした。そこで支部長をしていました。

後に『南島通商』という離島貿易の会社を興しましたが、人にダマされて破産……。やむなく沖縄へ流れていきました。本土で職に就くことができなかったからです。本土の商品を売る代理店業務で何とか生きていくうちに、運よく琉球政府交通局郵政庁に職を得ることができました。

昭和二八（一九五三）年一二月、奄美は念願の本土復帰を果たしました。喜ばしいことではありましたが、沖縄在住の私たちには、新たな苦難の始まりでした。奄美群島出身者は日本国籍となり、それまでの居住権を失いました。沖縄における「外国人」となったのです。

私は公職に就くとき、知り合いの知念さんと養子縁組をおこない、奥田の姓を捨てました。本籍を沖縄へ移さない限り公務員にはなれませんし、銀行の借り入れもできなかったからです。当時、多くの人々が沖縄へ渡りました。島では職もなく田畑もないため、食べていけませんでした。

しかし、大半の人は、手に職を持っていたわけではありません。ですから働き口も限られていました。定職に就くのは難しく、「その日暮らし」にならざるを得ませんでした。また、「大島モン」「オーシマ」と呼ばれ、見下げられていました。本土でも差別されていましたが、沖縄でも同じような扱いを受けることになったのです。

奄美が本土復帰した頃、私は役所で外国人登録をおこなう窓口にいました。ですから、奄美出身者の厳しい現実を知り、辛い思いを味わいました。

それで、「島出身者の居場所は、シマにしかない」と考えるようになり、墓を生まれ故郷の井之川へ設けることにしました。生活の場は変えられませんので、「心」だけは移したいと思ったのです。私の魂の還る処は、この地となります。

（ご本人からの聞き書き）

ご本人との出会いから四〇年余が、過ぎた。知念有富さんの人生は変転流浪の連続ではあったが、魂は徳之島へ還った。今は、海岸の墓地から静かに「シマ」の海を眺め続けている。

知念（奥田）さんの人生は、戦前から戦後にかけて奄美出身者が歩んだ道、その典型例であると言えよう。その足跡を年譜風に記しておく。

一九一三（大正二）年、鹿児島県大島郡亀津村（現・徳之島町）井之川で生まれる。

一九一九（大正八）年、六歳、家族で名瀬（現・奄美市）へ移住。この年は、第一次世界大戦が終わってすぐの頃であったので、まだ日本は好景気が続いていた。大島紬産業も、恩恵を被った。名瀬で紬工場を営んでいた奥田の本家も潤い、一族を呼び寄せたのだ。

一九二五（大正一四）年、一二歳、旧制大島中学校へ入学し、卒業。

一九三一（昭和六）年、一八歳、本籍地を井之川から名瀬へ移す。

一九三四（昭和九）年、二一歳、名瀬を出て神戸へ。須磨郵便局へ勤める。その後、神戸市中央郵便局外国郵便課へ異動。

一九三七（昭和一二）年、二四歳、同郷の保井マチと結婚。マチは、長田区のゴム関連企業に勤めていた。

一九三九（昭和一四）年、二六歳、練習所を卒業。大阪郵政局で勤務。単身で上京し、逓信官吏練習所（逓信省の幹部職員養成機関、後の郵政大学校）へ入所。

一九四一（昭和一六）年、二八歳、太平洋戦争開戦。神戸市林田区長楽に居を構える。

一九四五（昭和二〇）年、三二歳、太平洋戦争終戦。

一九四六（昭和二一）年、三三歳、二月二日、ＧＨＱ（連合国軍最高司令官総司令部）宣言（通称二・二宣言）により奄美群島を含む南西諸島は、行政的に日本から切り離された。よって、北緯三〇度以南に本籍のある人々は、「非日本人」として扱われることになった。

二月一八日、尼崎で「奄美連盟（本部）」が結成される。本部は当初、長田区の真陽小学校東隣に急造されたバラック建て長屋の一画に設けられた。有富も手伝いを始める。

同月一九日、「神戸新聞」に奄美出身者の結集を呼び掛ける広告を出した。「京阪神奄美大島出身者ニ告グ。奄美大島出身者ハ今般結成ノ奄美連盟ヘ結集セヨ」。目的は、「在住同胞ノ生活擁護」と「郷土トノ物資ノ交流」とした。

三月、「奄美連盟」神戸支部を設置。東博志が、中心となる。東とは同じ集落出身で、親戚筋に当たる。

四月、本土と奄美群島との航路が全面禁止。密航や密貿易が盛んとなる。

同月一四日、「奄美連盟」兵庫県連合会を結成。神戸市中区の三越百貨店六階に事務所を設けた。奄美出身者の帰島申請手続きや県からの支援物資受け取り窓口などの業務をおこなった。同時に自警団を結成し、同郷人を脅かす不良外国人と対峙した。

この頃、大阪郵政局を辞めて西支部長となり、連盟の仕事に専念することにした。家族や親戚の反対を押し切ってのことであった。一挙に生活は苦しくなった。北海道からニシン、ジャガイモ、コンブ等の食料品を仕入れるなど、会員向けの物資調達に奔走した。

一九四七（昭和二二）年、三四歳、八月一六日から本土からの引揚船が始動、同年一二月までに四万四〇〇〇人が帰島。連盟の窓口は、手続き支援に追われたであろう。

同一二月、「奄美連盟」は「奄美連合」全国総本部（東京）の兵庫県支部に名称を変更。成立過程の異なる関東と関西の郷友会が、組織として一体化。橋渡しに東博志が活躍した。

一九四八（昭和二三）年、三五歳、本土の教科書等を入手するため六月二八日、名瀬市（現・奄美市）の教師、深佐源三（一九一三（大正二）年生まれ）と森田忠光（一九二二（大正一一）年生まれ）が船員として「金十丸」に乗り、本土へ出発。

七月一三日、神戸港に到着。資金とするため持ってきた大島紬の大半を交渉相手に騙し取られてしまった。深佐が、奥田有富へ電話。奥田と東が港へ駆け付け、残りの生地の販売方法を四人で相談。その夜、深佐と森田は、奥田の家に泊った。奥田は二人のために東京行きの切符を買う。その後、奥田は生地を売るため奔走した。

東京に着いた二人は、龍野定一（亀津出身、元旧制大島中学校長）の紹介で文部省や教科書出版会社を回り、教科書や資料を手に入れた。

帰路に就いた二人は八月一二日、再び神戸へ立ち寄り、手に入れた教科書や資料を奥田へ預けた。

こうした過程は「教科書密輸事件」として周知されているが、奥田や東が関わっていたことは、ほとんど知られていない。

この頃、奥田と東は『南島通商』という従業員四、五名の小さな離島貿易会社を営んでいた。しかし、取引で騙されたり運用していた船が難破したりして会社は倒産。

一九四九（昭和二四）年、三六歳、四月、奄美では米軍から食糧品の三倍値上げが指示される。本土からの帰郷者が増えたこともあって、人々は生活に行き詰まる。沖縄へ渡る若者が出始めた。この頃は、主にヤミ船で渡ったようだ。

奥田も再起を図ろうと、単身で沖縄へ渡る。家族は神戸に残り、妻のマチがゴム会社で働き家計を支えた。

一九五〇（昭和二五）年、三七歳、一〇月、「奄美群島政府」開設。食糧品三倍値上げが実施され、人々の生活困窮度が増した。沖縄へ渡った青年たちは容易に職を得られず、犯罪や売春に走る者が増え、社会問題化していった。

奥田は本土のメーカーと代理店契約をし、スポーツ用品や文房具を扱う店を開いた。しかし、経営は順調とは言えず、家族への仕送りも途絶えがちだった。

一九五一（昭和二六）年、三八歳、二月、「奄美大島日本復帰協議会」結成（議長：泉芳朗）。「日本復帰請願署名運動」開始。五月までに一四歳以上の住民九九・八％が署名。八月、泉芳朗が復帰祈願断食（一～五日）、次いで全郡民もハンガーストライキ（五、六日）を実施。第一回「日本復帰郡民総決起大会」開催。復帰運動の盛り上がりが頂点に達する。

九月、「日米講和条約（サンフランシスコ条約）」締結。北緯二九度以南の信託統治が、確定。

一九五二（昭和二七）年、三九歳、四月、日米講和条約が発効。奄美群島政府が廃止され、琉球政府の下に統一される。南西諸島全体が行政的に「琉球」となった。

一九五三（昭和二八）年、四〇歳、一二月二五日、奄美の本土復帰。沖縄在住の奄美出身者は日本国籍となり、転籍して「琉球人」となっていない人は、「外国人」となった。公官庁の奄美出身者も、一斉に職を追われた。

故郷へ戻ることもできず不法滞在者となった若者は荒れ、犯罪や売春に手を染める者が、ますます増えていった。「オーシマ」という言葉が、侮蔑を込めた差別用語となっていく。琉球政府関係者の発言、または制度的にも差別的扱いが、公然と行われるようになった。

一九五六（昭和三一）年、四三歳、奥田は琉球籍を得るため、独り暮らしの知念ヨシ子の養子に家族ぐるみでなった。奄美出身者が戸籍を得るのは難しく、養子縁組や偽装結婚といった方法で手に入れることが多かった。琉球籍がないと、仕事や生活をする上で様々な不都合があった。以後、知念有富を名乗ることになる。

その後、「琉球政府交通局郵政庁」へ入る。総務系の職務を経て大道、南風原郵便局長を務める。本庁で外国人登録の窓口業務を担当していたとき、奄美出身者の厳しい現実に接し、「（魂の）居場所は、シマにしかない」と思い定めた。娘二人を出身地の井之川へ嫁がせる。

一九七四（昭和四九）年、六一歳、「沖縄徳州会」の二代目会長に就任。

一九八一（昭和五六）年、六七歳、井之川に墓を設ける。

（主に、ご本人と親族の方からの聞き書きによって作成）

「徳之島→名瀬→神戸→沖縄」という流転の人生を送った知念（奥田）有富さんは、まさに故郷のシマを後にした奄美出身者の典型例といってもよいだろう。目まぐるしく変わる時代の潮流に翻弄されながら「自分とは、何者なのか?」と問い続けたと想われる。

思索を重ねた結果、行き着いた先が出生地の井之川集落に墓を設けることだった。娘さん二人も同集落へ嫁がせた。

転居先で、常に異邦人として扱われた体験の中から「奄美人《アマミンチュ》」としての自覚も身の内に醸成していったのではなかろうか。とくに自分や家族の安定した生活を振り捨てて没頭した「奄美連盟」での活動からは、その心情がうかがわれる。最期の地となった沖縄も、有富さんに安らぎを与えなかった。

沖縄は、米軍の施政下にあって生活苦にあえいでいた奄美の人々にとって「あこがれの地」であった。だが、あこがれと希望を抱いて沖縄へ渡って行った人々の多くは、この地でも自分たちが異邦人であることを痛感させられた。

次に沖縄へ渡って行った奄美出身者の動静を追いながら、その心情を推し量ってみたい。まずは、一九五四（昭和二九）年に沖縄へ渡った市村彦二氏の文章を参照しながら、奄美出身者の境遇と差別の実態について記していくことにする。

第一〇章　「オーシマ」——在沖縄奄美出身者への偏見と蔑視

「ナファ」（都市としての那覇だけでなく沖縄全体を表す場合が多い）は、薩摩藩時代から鹿児島本土の役人や商人に虐げられてきた奄美の人々にとって、本土と対極にある慕わしい存在であった。戦後生まれの世代においても、その感覚は残っているようだ。例えば、夏の甲子園で鹿児島本土と沖縄県の高校が対戦した場合、「沖縄県から出場したチームを応援してきた」と町田進氏（一九四七（昭和二二）年生まれ、井之川在住）は、語る。それほど無意識に刷り込まれていると言ってよいだろう。

「島では食べていけない！」——沖縄へ渡った若者たち

市村彦二氏（一九二七（昭和二）年生まれ、伊仙町小島出身）は、約八年余りのシベリア抑留を経て一九五四（昭和二九）年に沖縄へ渡り、日刊紙『琉球新報』の記者として米軍施政下の沖縄で取材活動を続けてきた人である。現場の第一線で奄美出身者が置かれていた状況を見てきた立場からの証言は、重いものがある。

私が沖縄へ渡ったのは、一九四九年である。ソ連から復員してすぐだった。それからずっと、報道関係で仕事をしてきたので、民政府などにも出入りすることが多かったし、当時の様々な裏話を聞いてきた。

奄美の人たちのことについても、これは知っておいてもらった方がいいんじゃないか、といった事実も多い。そんな一つが、沖縄における奄美出身者の差別問題ということになるが、この問題については、これまで私は新聞や雑誌にいろいろ書いてもきた。

これから話すことは、そうした実態の一端であるが、話の前にぜひ御了解を得ておきたいことは、これは現在のことではないということである。あくまでも、占領下沖縄における問題である、ということを前提として断っておきたい。

さて、戦後奄美が沖縄と同じように分離されて、ごく初めの頃は沖縄に奄美の人は少なかった。政府関係にも数えるほどしかいなかった。当時、奄美からは、教員養成のための文教学校、外国語学校に留学生が来ていた。これが五〇名ほどで、沖縄での奄美人の大半。ほかに水産関係、連絡事務所などにもいたが、わずかな数だった。

こうした状態がしばらく続いていたが、それが一九四九（昭和二四）年頃になって、だいぶ様子が変わってきた。ヤミ船で入ってくるようになったのである。奄美から黒砂糖を持ってきて売るとか、沖縄で品物を買い集めて帰るヤミ商人が中心だった。

朝鮮動乱で軍作業はじまる

一九五〇（昭和二五）年になると自由往来できるようになり、船もちょくちょく入るようになった。

朝鮮動乱の直前で、アメリカの軍事施設の本格的な建設が始まった。これに伴い大々的な軍作業が始まる。

この軍作業をめざして、大島からも老若男女が、どっと沖縄に押し寄せてきた。

奄美人口の四分の一が沖縄へ

はっきり言って当時、大島では生活できなかった。

米軍のやることは、あらゆる面で沖縄中心であり、奄美、宮古、八重山といったところは忘れられ、継子《まま こ》扱いされてきた。

本土との往来を断たれ、鹿児島、関西方面に出稼ぎにも行けなくなった大島の人たちは、沖縄へ行くよりほかなかった。

そうして沖縄の奄美人の数は膨れ上がり、復帰直前には、約五万人に達していた。当時、奄美の人口は約二〇万人、その四分の一が沖縄へ行ったことになる。それも働き手、一家の大黒柱ばかりである。当時の奄美の経済は、この出稼ぎ人で支えられていた、と言っても過言ではない。

こうして沖縄へ渡った人のほとんどが軍作業に従った。軍事施設造りの単純労務、土方《どかた》である。その賃金は、初めの頃、一日一ドルにもならなかっただろう。天幕を張っただけの何もないタコ部屋で、板の上に毛布一枚で雑魚寝《ざこね》する、というのが実態だった。

この頃、公務員や学校の先生もいることはいたが、それは、ごく僅かな数だった。大島から来た人の大半は軍作業に従事し、こうした状態の下《もと》に置かれていた。

（市村彦二「占領下沖縄の奄美人」『道之島通信』一九七五年一〇月号）

一九四九（昭和二四）年頃の沖縄は米軍基地建設ブームに沸いており、労働者が不足していた。よって、沖縄本島への渡航制限が緩和された。折しも奄美では米軍から「食糧価格三倍値上げ指示」（同二五年一月実施）が出された。ただでさえ食うや食わずの生活を送っていた人々は、先行きに絶望感を抱いていたと思われる。

ちょうどその頃、沖縄本島は米軍基地の仮建設が始まり、関連作業を通して急速に経済的復興を遂げつつあった。その噂は、小指ほどの芋や蘇鉄粥《そてつがゆ》で飢えを凌いでいた人々の間を、瞬時のうちに駆けめぐった。若者を中心にドッと那覇行きの船に乗り込んだのも当然のことであろう。

一九五〇（昭和二五）年時点の状況は、具体的にどのようであったろうか。

座談会「青年の生きる道――若者達は、何故沖縄へ流れるのか――」

出席者：各区青年団団員　司会者：崎田實芳

司会…これから「青年の生きる道」のテーマの下に座談会を開催いたします。

殊に最近、頓《とみ》に喧しく言われているパンパン並びに犯罪、こういったものは、すべて現在の世相を如実に反映しているものと思われる。

こういった時に吾々は、如何に之に処していくか、これに対してどうあるべきかについて皆さんの真摯な討論によって吾々の対策を立てたいと思う。

司会…では、まず最初に、彼らは何故沖縄へ渡るのか？　そして、向こうでの生活は、どうであるか。この辺ひとつ。
○…やはり失業だね。この処に居ても、まともな仕事がないし、ブラブラしていると親との折り合いも悪くなるし、つい飛び出さなければならないような破目になってしまう。
○…帰って来た連中が、ヤレ戦果で何ぼ儲けたとか、或いはパンパンのケバケバした服装に、ついあこがれるとか、とにかく、向こうでの生活や環境に一種のあこがれを持っていくのであろう。
○…こう言うのもある。つまり一〇〇〇円や二〇〇〇円の借金の抵当に無理やりにパンパンにつれて行かれるのもある。
○…しかし、家が苦しい故にパンパンになったと口を揃えて、こう言うかもしれないが、実際苦しくて渡った連中は儲けたら、たいてい、三カ月くらいで帰ってきている。
僕の知っている範囲では、苦しいとは言うものの家に送金したとかいうものはいないようだ。
○…現在の娘、いや、それよりも社会すべての感覚がパンパンという言葉に馴らされてしまって、パンパンをしなければ損だくらいに思っている。
○…ケバケバしい服装に惚れる奴や、また、一晩で一〇〇〇円や一五〇〇円とか儲けるという、所詮ヤミ金にあこがれて行く者もいる。
○…沖縄でのデマに騙されて渡る者もいる。つまり月給とか労働時間とか……。
○…家庭経済生活が逆境にある娘を騙して……沖縄へ行けば仕事がある……と言って連れて行く「人間の闇商売」が流行っている。
（中略）
○…最近は、子供持ちの人妻が、夫と合意の上の渡航がめっきり増えてきた。これなんかは、あきらかに金づまりと失業による生活苦からきたものだと思う。
（雑誌『新青年』一九五〇年九月号）

※雑誌『新青年』は名瀬市（現・奄美市）の四谷区青年団機関誌として出発。一九四八〜一九五三年に刊行された。一九五〇年八月より奄美大島連合青年団機関誌となった。

大島郡各地の青年団代表が集まって語った生《なま》の声である。

「戦果」とは、米軍基地関連施設から物品を盗んだり、不良米兵から横流しを受けたりしたものだ。「切り込み隊」「戦果上げ（戦果アギャー）」「特攻」などとも呼ばれていた。

「パンパン」とは、主に米兵や軍属相手の娼婦のことを指す。終戦直後から一九五〇（昭和二五）年頃にかけて全国的に存在した。米軍基地が集中する沖縄には、とくに多かったようだ。

なお米軍施政下にあった奄美も金額表記は、軍票である「B円」である。

ここで当時の新聞や雑誌報道から沖縄のパンパン事情について見ていくことにする。

米軍相手の娼婦「パンパン」に身を落とした島の娘たち

(一) 街頭録音

（前略）

食うや食わずの状態にあった、ある農家のムスメさんが、思い切って沖なわに渡った。ところが、そいつが大当たり、三カ月目に牛を買い、半年目に家を建て、一年たらずで土地を買って、親を大満悦させた。オトギバナシのような、これカケネのない実話である。
○沖なわがえりのあるシン士に聞けば、沖なわに行っているパンパン嬢から大島に送られてくる金が、一月《ひとつき》にざっと三〇〇万にのぼるそうで、パン嬢もこれで金詰《かねづまり》大島のために有力な外資導入の役をかっている棄てがたき存在なんだそうである。
とすれば、パン嬢を「輸出品」あつかいするわけじゃないが、サトウにツムギ、ユリ根、ソテツバ等々のサンプルなんかナンデスカ、というわけ。
○ところで、ミシン嬢は手先と足先で、タイプ嬢は指先で、それぞれ生計をカセイでいる。「あたしたちだって、手や足、指先ではないけれど、やっぱりカラダのどこかの一部分でカセイでいるのに、何の文句があるというの？」――とは、あるパン嬢の力説する抗弁の一節で、これもカケネのない実話。

（月刊誌『自由』一九五一年一月号）

※雑誌『自由』（一九四七（四六？）～五四年一月）は、本土分離期に名瀬市で発行されていた月刊誌。一九四九（昭和二四）年から泉芳朗が主に手掛ける。この文章の筆者「狂獅狼」は、芳朗のペンネームの一つ。

（二）《コザ裏町》歓楽街のネオンサインにまたたく女たちの表情は？

昼は眠れるごとく、間の抜けたごとくコザ裏街は、まことに静かに夜を待っている。それが、一つ、また一つとネオンの花が咲くと、町全体が生気をみなぎらせて活気を呈してくる。どこからともなく蝟集《いしゅう》するハデな女々の群れ、のぞきこむようにして、ゾロゾロ歩く男々の物欲しそうな眼……。何か「沖縄」の盲点といった感じで、ふけゆく夜をいつまでもさんざめく裏町なのだ。

「ハロー、ハロー」と客を呼ぶこの異様な街を訪ねるには、コザ停留所でバスを降りねばならぬ。軒をつらねた商店街を約三〇分から四〇分ほど行くと、一万五〇〇〇余坪にわたる静かな丘に沖縄一の規模とその完備を誇る例の裏街、「八重島」と呼ばれる特飲街がある。

おそろしいといえば恐ろしい、なつかしいといえば懐かしい。表面は喫茶店も、レストランの家並みとキラキラするネオンライトの下で、火の点《とも》ったタバコを指にはさんだまま、しきりにハロー、ハローの連呼である。

花模様のドレス、濃厚な彩《いろど》りの顔、人形のような女たちだが、別に取り立てるほどの美人もいない。といって醜《しこ》婦《め》というのでもない。年齢は、ほぼ一定しているようだ。

自ら求めて来たのか？　生活に負けたのか？　間違いなく終戦後の転落の姿である。

タイムが二〇〇円から三〇〇円、ナイトが五〇〇円から一二〇〇円程度。それで女一人、月二万から三、四万の収入（この半額が、抱え主に渡される）。食事は抱え主が持つというから食う心配はないわけだ。

町全体で女が四〇〇名、家が一四〇軒。ほとんど離島から来ている女たちで、大島出身が五割以上だと言われている。

記者は、一人の大島の女をつかまえて聴いた。

問「どうして、ここへ来たのか？」

答「同じ字《あざ》（同集落出身）の女が沖縄から帰って来て、沖縄で女給をしたら住み込みで月に二、三万になると話したのを信じて、家を飛び出してきた。
二、三日もたつうちに持ってきた金はなくなる。後は、泊る所も食うこともできなくなり、それで、とうとうこんな所に落ち着いた」
問「それで、どうするつもりか、希望は？」

答「フフン、どんなエライ人でも、金には頭を下げるじゃないか。

金さえ持っておれば、人にかれこれ言われず、また人ときれいな交際もしていけるもの」

記者は、やり場のない悲哀に、目頭《めがしら》にたまる涙をぬぐった。

大島よ!!　そして、私たちの祖国よ!!


（月刊誌『自由』一九五二年一一月号）

（三）窃盗一位・夜の女逐増

（前略）

戦後の特殊犯罪としてのパンパンの（検挙者）年別表を見ると、一九四七年二八一、四八年三八一、四九年七六八、五〇年七五五と増加の一途をたどっており、昨年（一九五〇年）検挙された七五五名のうち、三二九名が性病を持っていたという。いまわしき記録が残されているのも暗い世相を反映させる一つの証左となろう。

（新聞「沖縄タイムス」一九五一年九月六日付）

金額は、米軍施政下で使用された軍票である「B円」。沖縄では、一九五八年まで、法定通貨だった。昭和二五年のレートは、一ドル＝一二〇B円＝三六〇日本円。B円廃止まで、同価値。パンパンの手取りは、一晩で五〇〇（B）円から一二〇〇（B）円、月収は一～二万B円。一二〇～二四〇ドル。当時の日本円で、三～六万円。勤労者世帯月収（国内平均）は、一万三〇〇〇円。買春の金額であるが日本人には高額に思えても、米兵にとってはタイム（時間制）なら二ドル前後である。

この数値から考えると、沖縄へ渡った娘からの仕送りで「三カ月目に牛を買い、半年目に家を建て、一年たらずで土地を買って」というのも絵空事《えそらごと》ではないように思える。

当時、「パンパン経済」という言葉が奄美で使われた。奄美経済が沖縄の奄美出身者からの仕送りで、ようやく息をついていた状況を表したものである。
川柳で「借金の穴　娘のあなで埋め」（『自由』「街頭録音」一九五〇年七月号参照）などと、揶揄《やゆ》られたりもした。
実際、どうであったか。

最後に「パンパン経済」という言葉に少しでも触れてみよう。「裏小路」には「ドル獲得の戦士だと陰に有難がっている有様だ」とある。もときみつは詩「パンパン」で「彼女等が稼ぐその金を／アバラ屋で、ボロをまとい、やせ衰えた親と子が、指折り数えて待っている」と書いた。

南海日日新聞五三年五月一七日付は、「大島が筆頭　沖縄弗《ドル》稼ぎ」の見出しで郵便局を通じての送金状況（五二年三月〜五三年二月）を載せている。総額九六四八万八八八二B円。大島向けは、七六四六万六〇〇〇B円で、全体の八割近く。

（中略）

軍政下、五二年の奄美群島の徴収額は、六九三一万五一五四B円、同年の米国郡政府復興予算及び補助金は、八五〇九万九七二〇B円である。（『奄美群島の概況』九三年）。

送金額が、徴収額を上回っていることが注目される。もちろん送金額の全てがパンパンからのものではないだろう。だが、奄美経済にとって、小さくない影響力を持つ額であったことは否めないだろう。

（間弘志「小説の中の『パンパン』」）
※傍点は引用者

一九五〇（昭和二五）年のパンパン検挙者が七五五名ということは、数倍から十数倍のパンパンが沖縄に存在したことが想像される。

大金は得られてもパンパンは、常に梅毒などの性病に罹るリスクを負っていた。検挙された七五五名のパンパンのうち、三二九名（約四四％）が性病を患っていたという。全体数の比率も、ほぼ同じくらいであろう。

先の対談に戻る。

○…初めは真面目に軍作業でもやろうという気持ちで渡った青年が、沖縄の出鱈目《でたらめ》なパンパン気分（に）誘惑されて戦果目標のドロ式生活をしている青年が非常に多い。

○…大島には、仕事がない。そう言って渡ってはみたものの、沖縄にももちろん思う通りの仕事がない。だからブラブラ遊んでいる。

○…どう遊んで生活しているのか？

○…だいたい夜の市場や小学校の教室、あるいは公園で寝ている。食事は、大島から来ている連中のところを回って一食二食もらっている。また、どうしても泊まる場所や食事にありつけない者は、仮病を使って大島出身者の家に泊まり込み、まんまと一宿一飯にありついている。
○…まったくのルンペン生活だね。
○…パンパンも、あまり良い生活はしていない。だいたいパンパン四、五名程度にそれぞれ男の班長がおり、そいつがすべての交渉にあたっている。
縄張りみたいなものもあって、男の班長の上に、さらに取締りみたいな奴がいる。また、班長の中でもスピーク（会話）ができない者もいるので、パンパン通訳を時々頼むことがある。したがってパンパンが（自分の）肉を売った金というものは、二重三重に搾取された残りである。
○…パンパン班長や周旋屋こそ、まったく非人道的な人身売買の張本人である。これをなぜ政治家や当局あたりが取り上げてくれないのか。まったく出鱈目だ。
○…さあパンパン狩りで、だいぶ検挙されたという噂が出ると、きまって大島出身者がそのトップである。もちろんパンパンの数も多いに違いないが、沖縄出身のパンパンは、どっちかというと検挙等があると身を隠すことが案外しやすい。その点、大島からの者は、融通がきかないので検挙件数も多いのだろうと言っているが、こういった点でも恵まれていない。
○…それに、これは最近帰ってきた某市会議員の話だが、石川（現・うるま市）とかでパンパンが挙がった（検挙された）時、淋病や梅毒のため、取調室で不浄物を下《くだ》しながら喘《あえ》いでいる娘がいたそうだ。

その姿を見た時、実際これが人間の姿かと思い、つくづく大島政治の貧困によって生ずる幾多の悲劇に泣かされ、且つ憤慨したとしみじみ話された。

（前述『新青年』）

那覇には当時、「六軒長屋」と通称される、私娼窟があった。堀亨という在沖奄美出身者が、その様子を体験談として、詳細に描いている。

★六軒長屋

ナハ市の繁華街、国際劇場通りを抜けて、通称「ガーブ橋」と言われる橋を大またで渡りきって、泥水の川沿いに右へ折れて数分行くと、つき当たりに軍の物資集積所がある。余談になるが、ここで「濡れ手に粟」を決め込む徒輩が、ちょいちょい尻尾を出して、「臭い飯」を食いにいくという。その物資集積所を右に見て、ちょっと路地に入ると、有名な「六軒長屋」がある。低いトタン葺きの小屋が、やたらめっぽうに立ち並び、ふと顔を上げると、（小山の斜面から）沖縄独特の炭焼きガマ型の墓（半崖葬墓）がぐんと出てきて、この六軒長屋をにらんでいるといったかっこうである。

チリ捨て場と小便所と通路が一緒くたにされて臭いこと汚いこと、この上もない。四、五歳くらいの乞食みたいに頭髪を伸ばした顔の汚い女の子が三名、それぞれ汚れたシャツ一枚のかっこうで、じめじめした路地に座り込んで遊んでいる。チンチンが、しきりに泥を食べている。

かと思うと、パンパンらしい白粉《おしろい》くずれした思いっきり肥《ふと》ったお多福《たふく》が、いま用便を済ませたところと見えて、ヨレヨレのスカートをお乳のあたりまでグッと上げ、両手でズロースをずり上げている。そのズロースも、あまり上等ではないだろうと思って見たら、なかなかどうして、ここだけは真新しいやつで、しっかり整えている。

★六軒長屋の由来

沖縄へ行っている大島の連中に「六軒長屋」と言えば、知らない者はいない。いや大島出身の者ばかりではない。ナハ市に住む大概の人は、この長屋の存在を知っている。それほどこの長屋は、不名誉な点で有名な所だ。

今はこの長屋に住んでいなくても、沖縄にいる無職の青年男女が、大抵いつか一度はここに住んだか、四、五日居候したか、さもなければ現に数日一ぺんは、この界隈をうろついているという。

従ってサツ（警察）も四六時中この長屋の情勢に目を付け、これまでに数回、踏み込みをくらったこともあるそうだ。

すなわち、この有名な六軒長屋は、パンパンの巣であり、切り込み隊、ガラクタのたまり場である。

戦後、あぶれた青年男女の失業者、民主主義を勝手御免主義とはき違えた物騒な無軌道ぶり。ことに男女間の性道徳など、ここでは、ただの酒のサカナでしかない。

「沖縄へ、沖縄へ！」、若い男女は、すべて現実の苦しさから逃避し、甘い青春の夢にかられ、あるいは一攫千金の幻につかれて沖縄へ渡る。

大島にいては仕事がない。食うに困る。健康で文化的な生活という掛け声とは、およそ縁遠くなっていくだけの大島の昨今の現実は、どんなにもがいてみても自分一人ではどうにもならない。

エセ民主主義が大道を闊歩する。エロ、グロのカストリ雑誌が、奔流の勢いで性道徳を突き破る。それにキラビヤカな服装がマネキン人形となって娘たちの目を奪う。

ハイカラをしてみたい。ままよ！　どうせこの世はタノシムに限る。ドッコイ何でもござれ、出たとこ勝負――。

だが、その出たとこ勝負（をした）沖縄も、けっして若者たちの「青春パラダイス」でもなさそうだ。が、ともあれ、こうした社会現象から生み出されたのがこの六軒長屋である。

ここの常住者は、内縁の妻兼パンスケ、ゆすりたかり兼パンスケ班長で、ノミ、シラミのたかりそうなヨレヨレの毛布にくるまって、真っ黒い板敷の上にゴロゴロ寝そべって、朝寝から昼寝まで直行、三度のオマンマ（食事）は、金回りのよいときは食堂でとるし、カモのくわえが悪いときはゾウスイを一杯食べて寝そべるまでさ、というぐあいの生態。

朝鮮動乱のあおりをくってカモのくわえが悪くなった今日では、うっかりしているとオマンマの食いあげになりかねないので、パンスケの方からあの手この手を使って釣り上げているという。したがって、この頃は、あまりよくもないらしい。

（中略）

午後三時半。ホロ酔いをさますために、墓地（となっている小山）に上がった。心地よい風が頬をなでる。

さしも騒がしかった六軒長屋はすっかり静まり返って、ゆがんだ庇《ひさし》が、ここからはひとしお物哀れに見えてならない。

酒がある程度頭にきたころあい、あるポン引きがしみじみ語った言葉が、頭の中を駆け巡るのであった。

――この六軒長屋こそ、大島からの渡り者の縮図です。どしどし書いてくれ、どしどし発表してくれ。

だが、これだけは言っておきたい。パンパンという商売、ポン引きという職業、これは卑しい。しかし、誰だって初から好んでこんな仕事をしているんじゃないんだ。

多くは言いたくない。ただ書く時、発表する時、パンパンだけを目の敵《かたき》にして攻撃することだけはよしてくれ。

みんなひがんでいる。プライドも希望もない、ここの連中に。酒を飲むことだけが、たった一つの生きる道だ。みんな意識しつつ、どうにもならない自分を持て余しているのだ。何故《なぜ》だろう？　その原因は、いったい何か？

これは、単に六軒長屋だけの問題ではない。我われ民族全体の問題ではあるまいか——。

見下ろすと、米人の二人が六軒長屋の隣家へ入っていった。ニタニタ笑って戸を閉めた。反対側の炊事場から、母らしい五十女がそそくさと出てきた。

六軒長屋にちょっと顔を出したポン引きが、戸口にただずんでいる。

商売がそろそろ始まるらしい。午後四時十分前だ。


（筆者・郵政庁職員）

（月刊誌『自由』一九五一年三月号）
※ルビ、補語は引用者

警察に狩り立てられる「無籍」の大島出身者

夢と希望を抱いて沖縄へ渡ったはずの若者たちの荒廃した生活ぶりが、つぶさに描かれている。

こうした沖縄の現状に関するルポルタージュを数多く掲載していた『自由』誌主幹の泉芳朗も、

憂いていた。

『自由』（一九五一年六月号）の社会時評欄に、「パンパンの言い方」と題して次のような証言と芳朗の批評が載っている。

「一家六人、はだかで満州から引き揚げてきました。開拓団でだまされて、とてつもない夢をみていたのです。親父は中風です。母も病気がちです。

弟も妹も小学校を出ましたが、仕事がありません。山に行って薪を採ってきても、買ってくれる人もいません。家は、掘立て小屋でも月に三〇〇円、地料は一坪七、八円、配給食料代が月に二四、五〇円。床屋、風呂屋、何ひとつわれわれの手に安くつくものはありません。

金を貸してくれるものもないし、仕事をさせてくれるものもありません。

本土へも行けないし、死ぬこともできません。税金は高いし、着るものもありません。

高利貸しに頭を下げるよりは、からだを売って一家の飢えをしのぐほうが、気持ちがさっぱりしています。

私の生き方が悪ければ、働いて平和を楽しむことのできる世の中にしてください」

これを受けて芳朗は、

「パンパン嬢の激増は、社会現象にすぎない。その激増を憂える為政者や指導者諸賢は、彼女の言い分の中にある重大な政治的進言に耳を傾けるだけでなく、彼女たちを不幸に落とし入れるのは、実は、自分たちであるということを自覚するべきであろう」と、「軍国主義の時は軍国主義に、民主々義の時は民主々義に唱和しておれば万事ＯＫ」という態度の指導者層を舌鋒《ぜっぽう》鋭く糾弾《きゅうだん》している。

では、沖縄の人々は、この状況をどのように見ていただろうか。

一九五一（昭和二六）年二月の新聞「沖縄タイムス」に「南北琉球より流れ込む無籍者に多い凶悪犯　議会が積極的防止策を要求」という見出しで、議員が警察に対して、奄美や八重山諸島からやってくる「無籍者」対策を要求する記事が載っている。

そこには、新参者への恐れと困惑、そして偏見が色濃く表れている。

「殺人、強盗と最近とみに凶悪な犯罪がみられるようになり、これが、他群島から流入した無籍者に多い傾向がある関係から、他群島からの流入、無籍者の絶滅による犯罪防止が叫ばれるようになっている。仲村警察本部長から次のように対策について回答があった」

「仲村部長　多くは大島や宮古の者に、この種の事件が起こっている。できれば写真や指紋もとる方法を考えているが、居住は自由なので止めるわけにはいかない。……また流入者の大部分が偽名で来ている。他の政府（奄美群島政府などか？）と連絡し、なるべく目当てのない渡航を止めて貰うことが大事である」

この記事以来、「無籍者狩り」の話題がよく目につくようになる。また、オーシマ（奄美全体の俗称）が、一種の差別（侮蔑）用語として定着していく。

翌月の同紙には「警察本部の五〇年度中、犯罪検挙者、本籍地調べによると、……出身地では首位が大島の六四三名、……女の犯罪は大島の二二一名が多く、……なお大島政庁連絡事務所の統計では沖縄本島在住の大島人は八五七名、……と報じられるが、警察本部捜査鑑識課では、本島在住外来者の無籍者は二万人と推定している」（傍点は筆者）との記事が掲載された。

市村彦二氏は、こうした記事に対して奄美出身者の立場から先の文章の続きで、次のように述べている。

芽生えてきた対立感情と差別

こんな惨憺《さんたん》たる状態の中から様々な問題も起こって来た。軍作業の中でも良い仕事は、ほとんど沖縄の人が取ってしまって、大島の人には回ってこない。どんなに仕事が良くできても、班長になったりすることはできない。

そんなことから次第に沖縄の人と仲が悪くなる、といった風にもなってきた。仕事が思うようにならなくなったりすると、酒を飲んで放歌高吟し、果ては喧嘩、泥棒と生活が荒《すさ》んでくる。

当時、毎朝新聞を開くと、強盗事件の記事が出る。それには「犯人は大島生れダレソレ」と書いてある。この「大島生れ」という書き方も、差別意識の表れである。

沖縄本島出身者なら「那覇市出身、具志川出身」などと書く。それが奄美や宮古だと、何々村出身とならないのである。警察の発表がそうなっている。調書には「大島生れダレソレ」となっているから、新聞記者はそれを見てそのまま書く。

こんなことが続いて、沖縄の人の中には次第に「大島の人間は乱暴者」という考えが根付いてくる。大島の人間には、家も貸さないという状態が出てきたのである。

こうして知らず知らずのうちに、沖縄の人と奄美の人との間に抜き差しならない対立感情も芽生えてきた。

大島の人たちは、いわば異端者扱いにされてきたのである。

かつて本土で沖縄の人たちは「家も借りられないという目に遭《あ》った」と聞くが、それと同じことが、沖縄では奄美の人たちに対して行なわれていた。

（『道之島通信』一九七五年一〇月号）

このような風潮に乗じて琉球政府などの公官庁も、公然と差別的な態度を示すようになってきた。その傾向は、奄美の本土復帰後に顕著となる。

むろん沖縄へ渡った若者たちのすべてが、自棄《やけ》になって荒れ果てた暮らしをしていたわけではない。多くは生きるため、不遇な環境の中で懸命に働いていた。

男性は米軍基地での単純労働のほか同警備員など。女性は飲食業が主ではあったが、米兵の兵舎や家庭でメイドとして働く者も少なくなかった。ただし、労働条件や給与は厳しかったようだ。

まずはメイドや水商売で必死に働き、生き抜いた女性の証言を挙げておこう。

この女性Hさんは一三歳のとき広島で父と一緒に被爆し、奄美大島へ引き揚げた。まもなく父親は白血病で急死し、母、姉と共に取り残された。食べていくため一九五〇（昭和二五）年、沖縄へ渡った（一八歳のときか？）。

歓楽街は米兵であふれていた。「つても学問もないから、良い仕事もない」。飲み屋の住み込みとなり、やがて長女を出産。結婚はしなかった。

給料のいい仕事を探した。昼は米軍住宅のメイドとなり、夜は那覇やコザのキャバレーに勤めた。「客から一杯飲ませてもらって二〇セントの歩合だった。トイレで吐きながら、ウィスキーを一晩に五〇杯も飲んだよ」。

（「復帰のはざまで――奄美復帰55年」『沖縄タイムス』二〇〇八年一二月二三日付記事）

一九五〇年当時、米軍関連のメイドは、一万五〇〇〇人余いたという（佐草智久「米軍統治下沖縄メイド研究」『日本オーラル・ヒストリー研究』一六号、二〇二〇年一二月）。給与は、「一九五五年頃で、月額一一〇〇〜一八〇〇B円（九〜一五ドル）程度」だったらしい。

給与額の高低は、学歴・語学力・職歴で決まった。Hさんの給与は、最低レベルであったと推定される。しかも、シングルマザーだ。

夜は、キャバレーで働いた。歩合《ぶあい》給である。客にウィスキーをねだって、歩合を稼いだ。笑顔を浮かべながら、ウィスキー（ストレートで？）を次々と胃に流し込む様子が目に浮かぶ。命懸けの行為であった。

なお同記事によれば、被爆者でありながら、奄美本土復帰後になっても被爆者の救済措置を知らなかった。当初、民政府[註①]の報道管制があったからだ。知ってからも隠し通した。「娘の結婚に障《さわ》るかもしれない」と考えた。子宮ガンを患ったときは、「被爆の後遺症で悶え苦しみながら死んでいった父の姿を思い起こした」と語る。

一九五二（昭和二七）年当時、嘉手納基地内にあった下請け会社「Cカンパニー」に所属していた星野氏の証言（星野圭輔「軍作業の変遷」『沖縄奄美連合会創立六〇周年記念誌』）では、「当時、警備員は休日無し有給休暇無し、一日九時間労働で初任給はB円で時給一二円、三カ月後に一三円、そして六カ月後に一四円に昇格する制度」だった。

「奄美出身者も多かった」が、「軍作業の給与水準はフィリッピナーやジャパニーズの約三分の一だった」という。半年たっての日給は九時間働いて一二六円、つまり一ドル（＝一二〇B円）程度であった。これは前述の市村氏の証言「一ドル足らず」と、ほぼ合致する。

ほとんど休みもなく変動的な勤務をしていたためか、「後夜勤の時ポストで居眠りして免職になる先輩が多かった」らしい。

註①　（米国）民政府は、琉球政府の上部組織。最高権力機関。

奄美の本土復帰で「外国人」になった――不平等な扱いと追放劇

一九五三（昭和二八）年一二月、奄美の本土復帰が実現した。

本土の奄美出身者や島の人々は、諸手《もろて》を挙げて歓喜した。だが、沖縄在住の出身者は素直に喜ぶことができなかった。故郷の本土復帰は嬉しかったが、一夜にして「外国人」となり、それまでに苦労して築き上げた立場や権利を失ったからだ。

奄美と沖縄が共に米軍の施政下にあった時代は、政府や官公庁においても有能な奄美出身者が、要職に就いていた。

琉球臨時政府の副主席に就任した泉有平氏（現・瀬戸内町出身）、琉球銀行初代総裁の池畑嶺里氏（現・瀬戸内町出身）、琉球立法院議員で副議長も務めた平山源宝氏（現・伊仙町出身）、琉球水道公社総裁や琉球電力総裁を務めた屋田甚助氏（現・奄美市出身）など、政治や経済界で活躍していた。

しかし、一二月二五日を境として立場は一変した。「外国人」となったからだ。公官庁に勤めていた奄美群島に本籍のある者は、一斉に「公職追放」された（当時、琉球政府内に公務員として、約四〇〇〇名の奄美出身者がいた。警察官も相当数いたようだ）。

一般の人々の立場も急変した。

前月三〇日には、「昭和二九年一月中に臨時外人登録をせよ」との民政府からの指令（臨時措置指令第一五号）が出されていた。
「琉球人」に転籍しなければ「外国人登録（在琉申請）」が必要となったほか、「選挙権・被選挙権の停止」「銀行融資の凍結」「送金停止」「無職者の追放」など、様々な制約が課せられた。権利が奪われたのに、納税の義務だけは残った。
登録期限までに後二カ月、実質一カ月……。

沖縄奄美連合会の第四代会長をつとめた泉有平（当時・那覇地区奄美会長）は、一九五四年四月一日の「奄美籍者に対する外人登録の総数が二万八〇〇〇名内外」であったとしつつ、「不案内その他による未登録者を加えると約三万名内外が居住していたものと想像している」と述べている。

（加藤政洋「米軍統治下における奄美」『立命館地理学』第二四号、二〇一二年）

奄美本土復帰の翌年四月（登録期限の二カ月後）、泉有平氏が把握、推計しているだけでも約三万人の出身者が存在していた。
市村彦二氏は、「外人登録」の実態を次のように語っている。

強制送還が琉球政府の基本方針

こんな状態を背景にして、行政面でのはっきりした差別が行なわれてきた。

奄美が沖縄より一足先に復帰して、一番の問題となったのは「在留登録」の問題だった。外人登録である。

この登録証を常時持っていないと、捕まって強制送還される。

ひどい例では、風呂へ行った帰りにそれを持っていなかったばかりに捕まってしまい、そのまま強制送還されたという話もあった。

警察が誰かをマークして捕らえようと思ったら、登録証を持っていない時を狙えば、いつでも捕らえることができる。

捕らえたら、どんどん強制送還するのである。僅かな間に二〇〇〇人が強制送還されている。そのやり方は、検挙して留置場へ入れて裁判になる。裁判が終わると、家族に会わせずに強制送還ということになる。強制送還されると、二度と沖縄には入れない。

このため、一家の働き手をいきなり奪われ、家族が路頭に迷うことも少なくなかった。

港で、強制送還される船が出港する間際の僅かな時間に、船の上と下で家族が顔を合わせ、今後の相談をするという光景もしばしば見られた。

この強制送還は、奄美人に対する琉球政府の基本方針となっていたのではないかと思われるフシもある。

私は、琉球政府の高官が、「沖縄の失業問題などは大したことはない。大島の連中を捕らえて強制送還すればカタがつく」と公言していたのを憶えている。

（『道之島通信』一九七五年一〇月号）

奄美本土復帰後の沖縄には、三種類の奄美出身者が存在することになった。

①転籍し、「琉球（沖縄）人」となった人

②在留（外人）登録証で滞在している人、主に復帰前からの「半永住者」

③密貿易船、一般の船員、劇団公演など、非合法な手段で入域したか、入域後に滞留期限が切れたか失ったかした不法滞在者

ここで市村氏が指摘しているのは②の「半永住者」への不当な扱いについてである。

在留（外人）登録証で滞在している人たちは、決して転籍を拒否して居座っていたわけではない。手続きが煩雑かつ高額の費用がかかったため、やむなく中途半端なかたちで居続けざるを得なかった人が少なくなかった。

奄美の復帰後もずっと沖縄で暮らしている奄美の人たちは、前のように「琉球人」になった人と、「半永住者」に分けられる。「半永住者」の数は、琉球政府出入管理庁の統計によると、七〇年一〇月現在、四七二四人を数える。これは満一四歳以上の人たちだから、それ以下の子

どもを合わせると、その数は、六、七〇〇〇人にも達しよう。

この人たちは別名「半日本人」と呼ばれるが、これは、国籍は日本にありながら他の日本人とは違い、税金だけ琉球人並みに高い税金を取られながら、他の権利面で「琉球人」と差別されているからである。

この両者、つまり「琉球人」となった奄美出身者と「半永住者」の間には、大きな違いが見られる。例外はあるが、「半永住者」と呼ばれる人たちが概して貧しい生活をしているのに反し、「琉球人」となった奄美出身者は、どちらかというと、いろいろな事業を興し、役所や会社に勤め、割と裕福な暮らしをしている点である。

「半永住者」の中には、籍はどうしても移したくないと頑張った人たちもあるが、中には転籍したくても貧しいために必要な書類を揃えることができなかったり、(米国)民政府が認めそうな保証人が得られなかった人も多い。

保証人は、もし本人が何かやったら全責任を負わされる仕組みになっており、喜んでなろうという人はいない。

書類作成は、まず戸籍謄本を奄美の本籍地から取り寄せ、翻訳しなければならない。翻訳料は、一家で当時八〇〜一〇〇ドル掛かった。「半永住者」の人々の月収は、三〇〜四〇ドル程度。

今でこそ転籍は簡単になったが、当時は民政府のチェックが厳しく、許可にならなかったし、書類にしても、みんな翻訳しなければならず、その手続き料がバカにならなかったため、その日暮らしの人たちには手が届かぬ制度だったからである。それればかりではなく、いったん転籍申請をしても、それが不許可になれば二度と申請できないと言われ、慎重を期する意味で時の流れを待った人もある。

待ちきれず沖縄の人と養子縁組をしたり、沖縄の人と結婚して永住の権利をとった人もある。相思相愛の結婚なら問題はないが、沖縄に住む権利を得るための人たちは、生活に困っている沖縄の老女に手付金をやり、戸籍上の夫婦になって後日、離婚手続きをとるなど、永住権をとった奄美出身者の中には笑えぬ悲喜劇や後日問題を起こした人もある。

（市村彦二「沖縄の知られざる差別」雑誌『青い海』一九七二年春季号）

先に挙げた奥田有富氏も一九五六年、琉球籍を得るため独り暮らしの知念ヨシ子さんの養子に家族ぐるみでなった。以後、知念姓を名乗ることになる。仕事の都合上、やむを得ない選択であったという。

こうした差別的な状況は、以後も続くことになる。

もちろん一事が万事で、住宅資金が貸してもらえない、商業資金も貸してもらえない、公務員にはなれない、職を失った人たちがたどる道は……一時期、毎日の新聞に奄美出身者による犯罪記事が目立ち、「大島の連中は悪いことをする」という印象を沖縄の人たちに与えた事実は見逃せない。

それが沖縄へ籍を移した奄美の人たちを含めて「悪いことをする連中は、強制送還もやむを得ない」という風潮をつくり出し、在沖縄奄美連合会にしても問題にできなかったのではなかろうか。

琉球政府が、まさかそんなことをするはずがない。私の書いていることが事実無根で無責任すぎる、と思う人があるかも知れない。私は琉球新報にも、また鹿児島の南日本新聞にも沖縄における奄美出身者の差別待遇の記事を書いたことがある。しかし、即座には何の反応も見られなかった。だが、在沖縄奄美連合会、奄美出身者の不満が高まり、本土の国会議員や鹿児島県当局に実情是正を訴えるに及んだ。

このことが不問にできない問題だとして母県の鹿児島当局は、昭和四四年九月四日、金丸知事名で屋良首席に対し、「沖縄在住奄美出身者に対する差別取り扱いについて」照会した。それに対する琉球政府の回答書が私の手元にあるので、その内容を紹介しよう。

その内容は、奄美出身者が差別と見ている——

①課税上の差別待遇
②融資上の差別
③教育上の差別

④選挙制度上の差別

——等の四点で、選挙制度が再三再四の陳情で満二五歳以上に被選挙権、満二〇歳以上に投票の権利が与えられたほかの諸点は、すべて米国民政府の責任で、琉球政府には責任はないという形になっている。

布令布告を非民主的なものと訴える琉球政府が、一方でそれを隠れミノにして逃げる。悪法もまた法なりの発想から言えば、それもやむを得ないが、琉球政府のやることは、都合の悪いときはそれを守り、都合によっては法律を無視する（？）というような態度のように見受けられる。

奄美の人たちが差別と見ているのは、税金だけ沖縄の人同様に取りながら、他の諸権利は認められていないところに問題がある。

他の日本国籍の人と同じように扱えば、問題はあるにしても、さほど矛盾は感じないであろう。いくら琉球政府が貧しいからといって、貧しい奄美の人を日本人と区別してまで、高い税金を取らなくてもよいものを……。

（前掲誌）

米国から「奄美群島返還声明」（一九四八年八月八日）が出され、奄美の本土復帰が確かなものとなった夏頃から出身者を排除しようとする傾向は、民間でも強まっていった。

沖縄の人達の中には、「大島の人たちがいなくなれば働き口が増える」といった歓迎ムードがただよった(『琉球新報』一九四八年八月二一日付記事)。

奄美大島が復帰した後、警備員のポストに「大島は大島に帰れ」とか「何のために復帰運動をした」などの落書きが見られた(「軍作業の変遷」『沖縄奄美連合会創立六〇周年記念誌』)。

周囲の冷たい視線にさらされた。「その出身を隠すため人前《ひとまえ》では方言を使わず、島唄も歌わない」、息をひそめるようにして暮らすようになった。

今も沖縄に在住する知念有富氏の御子息、省三さん(一九三九(昭和一四)年生まれ)は、次のように語る。

「私は当時も堂々と奄美出身であることを皆に言っていたが、結婚に際して妻となる人の実家へ挨拶に行ったときは、さすがに奄美出身であることを言えなかった」とのこと。すでに養子縁組により琉球籍を得ていたので、そちらだけを告げたという。

「結局、後の親戚付き合いで、わかっちゃったけどね」と笑っていたが、奄美出身であることへの当時の拭《ぬぐ》い難い思い(偏見への恐れ)が、うかがわれた。

在沖縄奄美連合会の設立——奄美出身者を混乱から救え

奄美本土復帰を間近に控えた一九五三（昭和二八）年一二月一日、復帰の際の混乱を予期した有識者たちが集まって、対策を話し合った。在沖縄奄美出身者の現状を掌握し総括する組織が必要だった。

平山源宝、泉有平、屋田甚助の三氏を中心として、「在沖縄奄美連合会」が結成された。初代会長には、平山氏が就いた。当面の目的は、奄美出身者の相談に応じること。前月三〇日に出された「臨時外人登録をせよ」（臨時措置指令第一五号）に対処しなければならなかったからだ。

事務局を那覇市辻に置き、地区ごとに「奄美会」を設けることにした。「在留（外人登録）手続」のほか、奄美や本土へ引き揚げる人々の相談（パスポート申請など）に乗ることとなった。

いよいよ本土復帰の日を迎えたが、在沖縄奄美出身者の気持ちは複雑であった。

（昭和）二八年一二月二五日の復帰を受けて、在沖縄奄美人会は年も押し迫った一二月二八日、那覇市の沖縄劇場で約六〇〇〇人が出席して「奄美復帰感謝祝賀会」を開く。（だが、）会場に祝いの雰囲気はなく、大島出身者の身分についての意見交換が延々四時間も続き、祝宴は一時間だけ。

在沖縄奄美郷友連合会では「奄美復帰以前に沖縄に居住した者に既得権を認めるよう」民政府に陳情することを決めるが、民政府からは後日「大島出身者の選挙権は沖縄在住の日本人と同様の取り扱い」との方針を示し、琉銀に対しては大島出身者への融資と輸入貿易の制限を指示。更に一二月二九日からは外国人登録の義務化を規定した指令を発するなど、在沖縄奄美人会の願いは立て続けに拒絶された。

(「沖縄二〇世紀の光芒」『琉球新報』一九九九年八月八日付)

在沖縄奄美連合会は、諸手続きの相談に応じるほか、「身分取り扱い、処遇改善要求から奄美・沖縄の貿易拡大など軍民政府への陳情・要請にあたるなど多岐にわたる活動を行なっていた」という。しかし、実現への道は厳しかった。

その要因の一つが、連合会の活動が有識者を中心としたものであり、一般の在沖縄奄美出身者からの大衆的な盛り上がりによるものではなかったことが考えられる。

まず、出身者たちの実態把握すら困難であったことが挙げられる。一九五九(昭和三四)年に「指令一五号」による「在琉登録(外人登録)」を基に調査して編まれたらしい「在沖奄美人名鑑」(在沖奄美連合会編、昭和三五年刊)によってある程度はわかってきたが、把握できたのは「名鑑」と銘打たれているように沖縄で名なり功なり遂げた人の来歴が主で、社会の底辺を這うようにして生きてきた人々の声を拾うことは、難しかったようだ。

当事者が語らない、記録として残していないのも、その時代背景を理解しなければ疑問を解く事は出来ないのではと納得するまでには相当の時間を要した。

特に、この地に渡った奄美人の活躍は現在でも語り伝えられているが、記録として少なく歴史の陰のような存在であり、資料収集を重ねるうちに遅きに失した感は拭《ぬぐ》えない。その時代に体験した苦労や思いは当人達にしか解からない、あまり語りたがらない環境で在ったのも理解しなければならない。今、現在でも語りたがらない（傍点は引用者）。

果たしてどれだけの奄美の人達が沖縄へ渡り、どのような生活環境でどのような苦労をしたのか、「誰も、本当のことはわからないのでは……」と有識者の間でも語られるゆえんでもある。

（奥田末吉編『愛郷無限　沖縄に生きる奄美人《あまみんちゅ》』沖縄奄美連合会、二〇一三年）

以上、編者が嘆くように苦難の時代を語る在沖縄奄美出身者の声は数少なく、二世、三世が増えた現在、苦難の歩みと思いは、ほとんど歴史の闇の中に葬り去られているようだ。

沖縄の出身地別郷友会は、本土に比べれば歴史が新しい（沖縄沖洲会だけは、一九二四（大正一三）年の設立）。在沖奄美出身者の数が増えたのは、一九四九年以降だからだ。それも、親睦を目的としたシマ（集落）や地域ごとの集まりが主であった（島ごとは、一九六四（昭和三九）年以降）。

在沖縄奄美連合会も当初の出身者の救済組織としての役割を終え、一九六五（昭和四〇）年前後に再編成され、出身地別郷友会の上部組織へと姿を変えた。

しかし、連合会としての活動は、「総会と奄美からやってきた議員と懇親会を持つくらい」（「沖縄の中の他府県・県人会」『琉球新報』一九八三年八月二三日付）となった（年一回、「奄美民謡大会」は、催しているとのこと）。

第一一章　「シマ」への思いは——横綱「朝潮」と佐々木道雄

知念（奥田）有富さんは、神戸から沖縄へと流転の人生を過ごした結果、生まれ故郷の徳之島町井之川に墓を設け、自らの「魂の還る処」と定めた。

六歳のとき、奄美本島の名瀬（現・奄美市）へ家族と共に移住しているので、井之川集落で過ごしたのは、幼少の頃だけである。

神戸「奄美連盟」で有富さんと共に活躍した東博志氏も同集落出身だが、人生の大半を島外で過ごしているので、さほど「シマ暮らし」体験があったわけではないと思われる。

戦後の混乱期、有富さんが様々な困り事の相談に乗ってもらっていたのが、佐々木道雄氏である。神戸のヤクザ組織「山口組」の幹部だった。佐々木氏も、小学校一年生のときに神戸へ転居しているのでシマでの生活が長かったわけではないが、「奄美バカ」を自称するほど奄美を愛し、故郷のために多大な貢献をなした。

もう一人、井之川出身を称する著名人がいる。横綱「朝潮」だ。彼は、集落で生まれたわけではないという。しかし、井之川を「生誕の地」とし相撲道場を建て、たびたび帰郷していた。

なぜ彼らは、それほどまでに「シマ」を愛したのだろうか。

「シマの海を眺めたかっただけさ」――高砂親方の語り

一九八〇（昭和五五）年の秋、徳之島での話である。地元の新聞社に勤めていた筆者（榊原）は、その日の取材を終え、バイクに乗って帰社しようとしていた。

ちょうど井之川集落にさしかかったとき、海岸の堤防上に、浴衣がけの大男が座っている姿が目に入った。むろん誰であるかはすぐにわかった。高砂親方（第四六代横綱・朝潮）である。親方は小さな男の子を膝に乗せ、暮れなずむ波静かなシマの海を眺めていた。

私は、少し不審な思いを抱きながら近づいていった。

その頃、親方は相撲協会の巡業部長として、多忙な毎日を過ごしているはずだったからである。

「親方、今回の帰郷の目的はなんですか」

「いや、とくにはない。シマの海が見たくなっただけ

高砂親方（横綱：朝潮）
（筆者撮影／1980年）

さ」

そんな会話が、交わされた。穏やかな語調であった。

辺りは、すでに茜がかった薄暮に包まれていた。親方の視線の先では、珊瑚礁《リーフ》にそって白波（島で潮花《シュバナ》という）が鮮やかな弧を描き、かすかに揺れている。

だあぬ青年ぐわ　亀津ぬ町内
　井之川生まれぬ　米川文敏
相撲ぬ美らさや　奄美大島ぬ　全国名売ちゃる
　小結、関脇、大関なたむん
　　横綱待っちゅんど

「くるだんど節」

これは、一九五七（昭和三二）年頃に流行《はや》った島唄である。

歌意は、「あのりっぱな青年は誰だろうか。あれは亀津の町内、井之川生まれの米川文敏だよ。彼の相撲は、なんて鮮やかなんだろう。その技で、奄美大島の名を全国に知らしめた。すでに小結、関脇、大関となった。さあ、次は横綱だ！　期待しているぞ」というもの。

島々を挙げての請願運動の末、ようやく念願の奄美本土復帰を果たしてから三年余りであった。

まだシマチャビ（離島苦）という言葉が身近なものとして語られている頃である。

また、本土だけでなく隣の沖縄からも差別や偏見の目にさらされ、それに反発しながらも、地域として誇り得るものを見いだせない辛《つら》さを味わっていた。

そうした二重の苦しみの中で、暁《あかつき》の光のごとく登場したのが「朝潮太郎」であった。

その昇竜期、島びとは、夕刻になって相撲の実況放送が始まると、担いでいた砂糖キビの束を投げ出して、ラジオのある商店や学校へ駆けつけた。朝潮が長身をいかした怒涛《どとう》の「寄り」で、ヤマトンチュ（本土人）の力士を一気に土俵外へと運ぶ。島の至る処からワアッーという歓声があがる。

「外国人」力士の涙——闇夜に密航船で本土へ向かった若者

高砂部屋が、高見山や小錦など、外国籍力士に初めて門戸を開いたところであることはよく知られている。だが、本籍が日本の行政の下《もと》にない（奄美に在った）という意味で、親方自身が当初「外国人（非日本人）力士」であったことは、ほとんど知られていない。

終戦後、奄美諸島は米軍の施政下に置かれ、本土との交流を断たれた。そして、群島政府（後に琉球政府に吸収統合）が組織され、独自経済で地域運営をなさねばならなくなった。

しかし、島々は耕地も少なく、そのうえ本土や外地からの引揚者を抱えて、人口過密状態にあった。経済的に成り立つはずもない。人々は、慢性的な飢餓状態に追い込まれた。

昭和二三（一九四八）年二月、肌寒い夜更けの伊仙町喜念浜――。背丈が高く眉太の厳《いか》つい顔でありながら、どことなく気弱げな青年が、まさに密航船へ乗り込もうとしていた。米川文敏である。

その不安そうな様子も当然であった。島を出ようとしていたのは、「青雲の志を抱いて」といった格好の良い理由からではなく、飢えに苛《さいな》まれての結果でしかなかったからだ。彼は、確かに力はあったが、食糧も人の三倍は必要とした。

旅立ちの日の様子を、横浜健二氏（井之川在住）が詳しく語っている。

私たちは、かねての打ち合わせに従い、喜念浜に出、およそ一〇〇米（メートル）の間に火を焚き、その真ん中で電灯を点滅させて沖合の船を誘導し、その船に朝潮は同郷の海軍出の勝豊良氏と共に泳ぎ渡り、そのまま船は合図を残して暗闇の中に消え去っていったのである。

余談を挟めば、このとき彼は私と同年の一九歳であった。

腰に藁ひもを結び、それにカモを数匹くくりつけ、頭に衣服を結びつけ、漆黒《しっこく》の冬の海に褌《ふんどし》一つで飛び込んで行く姿を見ながら、私は怖さに震えていたことを思い出す。

（横浜健二「朝潮・その人と業績」『潮風』一九号、一九九五年八月）

密航船はやがて淡路島についた。米川は、そこから神戸へ渡る。川崎重工の下請け会社「水野組」

を経営していた水野幸一氏の紹介で、高砂親方（前田山）と会う。その巨体に一目惚れした親方は、すぐに高砂部屋へ入門させることにした。

一九四八（昭和二三）年の一〇月場所で初土俵を踏む。藁紐《わらひも》で髪を結び、ヨレヨレの褌を締めていたという。

いちばん苦しかったのはこの時期だ。相撲部屋なのに飯はどんぶり一杯の盛りきり、おかずは醤油のみといった状態だった。しかも稽古は現在とは比較にならないほど厳しく、長身が災いしてか、足腰の弱い米川は何度も堅い地面に叩きつけられた。土俵も道端に棒で丸を書いただけのものだ。唯一の楽しみである風呂も、ドラムカン。だから「褌担《ふんどしかつ》ぎ」の米川が入れる頃には泥水となり、しかも冷え切っていた。そこに背を丸めて、膝を抱え、身を沈める。

当然のことながら金がない。それに、彼の巨体に見合った古着もあまり出回ってなかった。よって、修業時代の数年間、上阪するときに着ていた進駐軍払い下げの菜っ葉服（作業服、モスグリーンであったため、こう呼ばれた）で過ごした。

こうした肉体的な辛さには耐えられても、身近に何でも話せる人のいない悲しみは耐え難いものだった。とくに悲しかったのは、一九五〇（昭和二五）年、念願の十両昇進を果たしたときだ。まだ有力な後援者が少なかったため、化粧まわしや締込みの用意ができなかった。やむなく先代のお下がりで土俵入りをした。一世一代の晴れ舞台で味わった惨めな思いは、後年になっても忘れることができなかった。

こうしたエピソードは、徳之島町の名誉町民に叙せられた際、親方自身が語ったものである。その十両昇進の話になったとき、親方は声をつまらせ、眼鏡をはずし、目頭《めがしら》から滲《にじ》む涙をぬぐった。会場には筆者も含め、多くの人々が詰めかけていた。これまで秘せられていた親方の苦しみ悲しみに触れ、会場は水を打ったような静けさに包まれた。

このとき、あの時代に自ら味わった同じような思いを胸に甦らせ、唇をかみしめた人は少なくなかったはずである。

さて、どうして有力な後援者が少なかったのか。郷土の誇りである関取が誕生したのだから、普通なら黙っていても後援会の二つや三つはできていて当り前のところだ。理由は、もうおわかりだと思う。本籍のある奄美は、当時、まだ本土に復帰していなかったのである。

したがって密入国者、米川文敏は心ならずも兵庫県出身を称し、相撲をとっていた。それが、晴れて「鹿児島県大島郡出身」を名乗れるようになったのは、復帰運動が実を結んだ一九五三（昭和二八）年一二月二五日以降であった。

奇しくも翌年、朝潮は関脇に昇進した。その場内アナウンスが、出身者や島でラジオに耳を傾ける人々の心を、どれほど奮い立たせたかは、想像に難くない。

最後に来歴を簡単にまとめておく。

●一九三八（昭和一三）年一一月一三日生まれ。

●日本相撲協会の公式資料によれば——、
出身地：鹿児島県大島郡徳之島町
横綱在位：一九五九（昭和三四）年五月〜六一（昭和三六）年一一月
身長：一八九センチ、体重：一三八キロ
●優勝は五回、その内四回は大阪場所だったので「大阪太郎」と呼ばれた。大阪・神戸は、島出身者が多いところである。よって、大声援を受けた。
●出生地は、兵庫県武庫郡（現・神戸市）とされている。だが、地元の人の話では両親が島を出るとき、すでに妊娠していた。よって、「井之川出身」であるとのこと。シマの考えでは「命（魂＝マブリ）が宿ったところが、生誕の地」なのだ。ご本人も自認している。
●戦前、疎開で徳之島へ戻っていた。背は高かったが足腰が弱く、戻った当初は島の相撲自慢にボロ負けしていた。相撲は、どちらかというと好きではなかったらしい。

「奄美バカ」を自称し故郷のために貢献した大物ヤクザ

「戦火は熄《や》んだ。灰燼《かいじん》と帰した焦土《しょうど》の中に復員服姿で立った私は戦中とはいえ、まだまだ平和であったころの、大島紬着かざり、ユビに紙花《かみばな》をはさんで踊った井之川婦人部の方々の、のどかで楽し気な姿を想い浮かべていた。そして、これから日本はどうなる、故郷奄美はどのようになるかを案じたものである……」

（佐々木道雄『神戸奄美会六〇周年誌』）

神戸は、大空襲で一面の焼け野原だ。そんな光景の中に、一四歳の少年佐々木道雄は、ダブダブの復員服を着て立っていた。そこで、故郷の井之川集落と人々を想う。

佐々木道雄（一九三一（昭和六）年生まれ）は、神戸のヤクザ組織「山口組」の幹部（後に一和会へ移籍）であったことで知られる。終戦直後は山口組の若頭（組員のトップ）を務めた地道行雄（一九二二（大正一一）年生まれ）の片腕として活動していた。「佐々木組」を立ち上げる。地道が亡くなった後に山口組の直属となった。

戦時中は「海軍対潜学校」（現・横須賀市に在った）で学んでいた。終戦で神戸に戻る。この時期に、地道と出会ったのであろう。

地道は中国大陸での戦場から復員、神戸市福原で兄と共に自転車修理業に携わっていた。福原には「福原遊郭」があった。歓楽街は、利権の宝庫である。終戦後の混乱に乗じて戦勝国民を名乗る俗称「第三国人」（主に朝鮮半島や台湾出身者）の不良が手を伸ばし、勝手な振る舞いをしていた。

地道は地元民として不良外国人相手に喧嘩を繰り返す。地道は、身長一七〇センチ、体重八〇キロ、当時としては巨漢であった。

福原遊郭の経営者には井之川集落の出身者が多く、周辺のバーや小料理屋なども親類縁者が営んでいた。よって佐々木が、この地区に足を運ばないわけがない。また、子どもの頃から喧嘩早《けんかぱや》かった彼が、地道と接触を持つようになったことは容易に想像がつく。

地道は、山口組に認められ（田岡組の地盤は港川周辺であった）、三代目組長に就任したばかりの田岡一雄のボディーガードとなる。次いで一九四七（昭和二二）年二月、田岡から盃を貰い、正式に若衆（子分）となった。「地道組」を立ち上げる。

田岡は一九四三（昭和一八）年、恩赦で刑務所を出獄。組の長老たちの推挙で、山口組三代目を継いだ。その頃は先代が前年に亡くなっていたため、組員三〇人余の小世帯となっていた。

終戦を迎え、暴挙を繰り返す不良外国人に対抗するための自警団支援活動を開始。

「昭和二一年二月、三ノ宮東口の私有地を占拠した台湾省民に対し、拳銃・日本刀・鳶口・手榴弾で武装した山口組は、神戸市のマーク入りの公用トラック二台で突入し、建設中の建物を掛矢《かけや》（大きな槌《つち》）でぶちこわして逆占拠した」（宮崎学『ヤクザと日本』筑摩書房、二〇〇八年一月）

このような実力行使を重ねることで山口組は地域社会の認知を得、勢力を伸ばしていく。

一九四八（昭和二三）年以降、田岡自身は芸能興行や港湾労働者の斡旋・管理といった表稼業に勤しみ、ヤクザとしての裏稼業は、若頭の地道が一手に担っていた。山口組が後に数万人余の大勢力となったのは、全国制覇の切り込み隊長を務めた地道の力が大きかったと言われている。その側近（地道組若頭）として、佐々木はいた。

徳之島へ凱旋した佐々木道雄——少女の言葉に感激して

一九四七、八（昭和二二、二三）年頃、戦後初となる「神戸奄美会」の総会が長田区の志里池小学校で催され、佐々木道雄も参加している。総会は午前中で終わり、午後からは運動会と相撲大会がおこなわれた。

奄美の本土分離期、佐々木は、一五～二二歳であった。ヤクザ稼業の傍ら、密航船にも関わっていたようだ。

「当時、奄美は米軍の統治下におかれていたが、私は三回程、沖縄の人達が所有していた一五トンの漁船『海洋丸』に乗り込み、口永良部、中之島、大島本島に密航し、奄美へは陶器・自転車のタイヤ・お茶などの生活必需品を運び、奄美からは米軍物資や黒糖などを積んで鹿児島へ運んだものだ。台風に遭って死にかけたこともあった。母間のユキさん、亀徳の石黒さんのお二人は、私と生死を共にした方々である」（前掲誌）

一九五三（昭和二八）年一二月、奄美は念願の本土復帰を果たした。その一〇年後、佐々木は芸能興行のため、奄美大島と徳之島を訪れている。そのときの熱烈な歓迎ぶりが、彼の郷土愛に拍車を掛けた。「奄美バカ」を自称するようになる。

田岡が経営していた「神戸芸能社」には、美空ひばりや田端義夫（バタやん）が所属していた。

佐々木と田端は、銀座七丁目の沖縄料理店で会食していた。その場で、少女五人が歌う「島育ち」を聴いた。当時、人気が低迷して悩んでいた田端は「探していたのは、これだ！」と感じ、すぐさまレコーディングすることにした。

この「島育ち」（作詞：有川邦彦、作曲：三界稔）は、奄美大島の新民謡として一九三九（昭和一四）年に発表（波平暁男、ポリドール）されたがヒットせず、島内だけで歌い継がれていた。一九六二（昭和三七）年一一月に、田端義夫はレコーディングをおこなった。だが、仲宗根美樹、浅丘雪路なども、歌い始めた。当時、作詞者がわからず、著作権もあいまいな時代であった。競演となった。人気は、仲宗根美樹にリードされた。佐々木は、作詞者が三界稔と同じ奄美大島出身の有川邦彦であることを知り、翌年、名瀬へ飛んだ。そこで前年に亡くなった三界の未亡人ウトさんの協力を得て有川氏の遺族と折衝し、著作権を得た。

よって、この歌曲は名実ともに田端のものとなった。ちなみに一九六三（昭和三八）年の紅白歌合戦では、田端の「島育ち」の他、朝丘雪路「永良部百合の花」、仲宗根美樹「奄美恋しや」、三沢あけみ「島のブルース」が披露され、ちょっとした奄美ブームであったようだ。

一九六三（昭和三八）年三月、佐々木は田端を伴い、奄美大島と徳之島を訪れた。本土復帰一〇周年行事の一環であった。

名瀬港では一万人が集まり、花火や紙吹雪で歓迎された。次に訪れた徳之島の亀徳港でも、熱烈な出迎えを受けた。ソテツの葉でアーチが設けられ、「歓迎！　田端義夫、佐々木道雄」と書かれていた。それを見て佐々木は、「船酔いも一ぺんで吹き飛んでしまった」という。当時の秋武町長他、五〇〇〇人余の島びとが日の丸の小旗を振って、待ち構えていた。

「その時の私の心境は驚天動地の心境といいますか、全身に電気が走ったような感激を覚え、とっさに言葉が口をついてでなかった。田端義夫の歓迎アーチならうなずける。並べるように佐々木道雄の名があるのだ。私は、この島の出身者として出来得ることをやったまでだ。

それにも増してグッときたのは、小学校六年生の女の子が、歓迎文を読んでくれたときだ。『佐々木のオジサン、本当にありがとう。私たちは、島で本モノの歌手を見たり、ナマで歌を聴いたりすることがありませんでした。これからも島のために力を貸してください。佐々木のオジサン、今日は本当にありがとう』。あれから三〇年になろうとしている今でも、あの時の情景は極めて鮮明に想い浮かべることができる」(前掲誌)と語っている。

その時の胸中を察するならば、「田端義夫ならわかるがヤクザである俺が、こんなに地元で歓迎されるなんて……」といったところではなかったろうか。

出身地の井之川集落へも、当然のことながら足を運んでいる。「井之川中学校で歓迎のアーチが亀徳港と同様に飾られ、部落民総出であった。感激したバタやんが、校庭の歓迎会でマイクなし、伴奏なしで『島育ち』を歌った」(前掲誌)とのことだ。

佐々木の郷土愛は、ますます高まっていく。島で歌い継がれてきた「徳之島小唄」を後の世に残そうと考えた。田端義夫にレコード化を頼み、関西在住の徳之島出身者へ記念碑建立の話を持ち掛けた。大方の賛同を得られたので、徳之島三町の役場へ趣旨説明をおこない、その協力の下で実現させた。場所は、徳之島町の上出鼻岬である。海に突き出た高台で、眺めの良い場所だ。

一九八一（昭和五六）年五月三日、地元からは徳之島・伊仙・天城町の町長、東京から田端義夫、関西から有志数十名、高砂親方（朝潮）、徳田虎雄（徳洲会病院理事長）、三界稔未亡人などが出席した。島民も、数百人が列席して、除幕式が盛大に催された。この場で、井之川の「夏目踊り」が余興として披露されている。

ちなみに筆者も地元新聞記者として行事を取材し、佐々木氏と接した。小柄ではあるが眼光が鋭く、威圧感があった。「なるほど……」と思った次第である。

一九六三（昭和三八）年以来、佐々木は井之川の同窓会へたびたび出席している。ただなぜか同期の昭和五年度生ではなく、一つ上の四年度生の会へ出ていた。幹事を引き受け、鹿児島市内で催したこともあった。出席者の話では、会場の周囲で山口組系「小桜会」の組員が警備に当たっており、ものものしい雰囲気だったとのこと。

大相撲との関係は、後に横綱「朝潮」となる同郷の米川文敏との交友から始まった。米川は一九四八（昭和二三）年、高砂部屋へ入門した。佐々木は大阪場所の際、宿舎へ顔を出していた。それが縁で当時の高砂親方（元横綱・前田山）に「米川の親戚の子で、相撲好きの青年」として目を掛けてもらえるようになったという（佐々木道雄『相撲界の虚像と実像』）。

佐々木道雄（将城）氏のプロフィール

●一九三一（昭和六）年二月、井之川集落に生まれる。二〇〇六（平成一八）年逝去。

●一九三八（昭和一三）年、小学校一年生のとき、神戸へ転居。四年生のとき相撲部へ入り、六年生で主将を務めた。同じ小学校の二学年上に米川文敏（後の横綱、朝潮）が居た。佐々木と米川は同郷で、親戚筋（又従兄弟？）に当たるとのこと。

●小学校（国民学校）を卒業した後、海軍対潜学校（現・横須賀市、訓練期間は八カ月）へ入学したという。そこでも相撲に励み、分隊代表となるほどだったとのこと。

「故郷は遠きにありて」——心の拠り所としてのシマ

東博志、知念（奥田）有富、米川文敏（横綱朝潮）、佐々木道雄、同じシマ（井之川集落）に生まれた四氏の略伝を記してきた。

各氏とも、奄美及びシマへの熱い思いを抱いていた。長年住んだ地でもないのに、なぜそこまで愛着を覚えていたのだろうか。

井之川集落について、少し述べてみたい。

徳之島の海岸沿いにある集落である。四つの字《あざ》から成る。

薩摩藩時代は、島外との交易拠点の一つであった。よって、「旅稼ぎ」が盛んな集落として知られていた。各シマの特徴を挙げた「シマ（全島）口説」において「カテ売り（行商）」のシマとして唄われている。「担《かつ》ぎ売り」、天秤棒に商品を載せて売り歩くのだ。また「井之川根性」と言われたりもするが、「負けず嫌い」の気性を表す。そして、故郷への思いが強い。

本土へ渡って事業を興し、成功した人が多いような印象がある。鹿児島市の著名なホテル「城山観光ホテル（城山ホテル鹿児島）」の創業者、保直治氏（一九一六～二〇一二）も、この集落の出身だ。終戦直後、街角の飲食店から身を起こし、様々な事業を手掛けて財をなした。集落を見下ろす高台には直治氏の記念碑が在り、「夢を見、夢を追い、夢を喰う」という信条が彫られている。

また、神戸市福原の風俗街のオーナーは井之川集落出身者が多いが、彼らもまた故郷への想いを忘れてはいない。集落の街路灯は、彼らの寄付によるものだという。

島外へ雄飛する先進的気風を持つ井之川だが、一方、「夏目踊り」に代表される民俗文化も大切にして今も守り続けているのだ。

旧盆の頃、浜へ下りて親族ごとに座を設け、「ウカマガナシ（火の神）」を前面に祀って居並び、持ち寄った一重一瓶（重箱とお酒）で宴《うたげ》を催すのである。その後、集落へ戻ってチヂン（手太鼓）のリズムに合わせて踊りながら、明け方まで一軒ずつ門付《かどづ》けをして回る。

海の向こうにある他界（沖縄でいうニライカナイ）から訪れたご先祖様たちが、子孫に祝福を与える民俗行事だ。形態は様々だが、奄美や沖縄で現在も広く受け継がれている。

ハマオリ行事での「一重一瓶」（筆者撮影）

宴席の場所は一族ごとに昔から定まっており、元をたどれば先祖を祀る洞窟墓《ツウール》の前であった場合が多い。墓前で宴を開くのだ。正式には、仮屋《ヤドリ》を建てて一同で籠る。昨今では、護岸工事などで宴席を設ける場所が無くなったり、人口減少で維持できなくなったりして島全体としては廃れつつある。だが井之川集落では、今でも夏の重要な行事として集落を挙げておこなっている。

この行事（一般的にはハマオリ行事と言う）の本質は、同じ血を受け継いだ人々がご先祖様を迎え、共に食を分かち合い、絆を確認するところにある。持参した食物（本来は、自分の家の竈《かまど》で調理したもの）を列席者の前に置かれた重箱の蓋の上に配って回る（その際、幼い子でも一人前として蓋が置かれる）のだ。命の源である食をそれぞれに与え、また貰うということなのだろう。その交換儀式によって、一族の魂は一体化する。

現在でも井之川では、お菓子などを子どもたちに配るとき、「これ、タマシ」(註①)と言いながら一人ずつに手渡すとのこと。この習慣も、同様の思考に基づくものであろう。

また、「シマ」における世界観（魂の循環など）と密接に結びついており、それを思い起こさせる契機にもなっていたと思われる。「結い」思考の原点とも言えるのではないか。

血筋に関するこだわりは、今でも現存する。

島では通常、又従兄弟くらいまでが親戚と認識されている。しかし、選挙の時期となると、「親族探し」がおこなわれたりする。血のつながりがあることを強調して自分たちの陣営に引き込もうとするのだ。また、戦前から「ヤギ汁選挙」という言葉があったように食物や酒でもてなし、票集めをすることもおこなわれてきたという。

婚姻に関しても一族意識は、濃厚に反映されてきた。

島では、シマ内での婚姻が推奨されてきたらしい。「他のシマから嫁を貰うと、牛や馬に乗って親族が押し寄せ、財産を食いつぶされる」からとのこと。

要するに「一族の財産を守るため」というのが表向きの理由となっているが、その根底には、「魂のつながり」に関するこだわりが潜んでいるのではないかと思われる。

一族の魂の継承は、他のかたちでもおこなわれてきた。

知念有富氏の「有富」は、祖父の名を貰ったものだ。島の旧家一族の霊園では、同じ名前を刻んだ墓石が立ち並ぶ。祖父の名を受け継ぐ習慣は、奄美各地で見られる。「子《クワ》や先祖《ウヤ》の成り代わい」という言い伝えがある。

かつては産湯を汲んだ泉や川から三つの小石を拾い、「水神様」として祀る習俗があった。シマ社会では、命をはぐくむ水は血と同じような意味を持っていた。火も同様である。竈神《ウカマガナシ》は、三つの石を三角形に置いたものだ。自宅の竈にも三点の窪みを付け、竈神の象徴としたりする。水や火を問わず「お三《みつ》もの」と呼ばれていた。

シマ内には様々な聖地や忌むべき場所があるほか、エメラルドグリーンに染め上げられた湖礁《リーフ》内にある岩礁や潮溜《しおだ》まりにまで名前が付けられている。

また、季節によって移り変わる星座、天候、動植物の様子を細かく観察し、命名していた。二月の立春の頃に生える「ウリジン草（若い雑草）」や夜明けの空に頭上で輝く「群星《ブリボシ》（スバル）」を眺めて稲種をまく準備をし、山肌を彩る真紅の「サクラ花（山ツツジ）」を見て苗を採り田に植える。田植えが終わる頃、「サクラ流し」の雨によって花が散り、川面を覆う。初雷が、鳴る。やがて蘇鉄ボウズ（花）が顔を出し、「長雨《ナガメ》（梅雨）」の季節を迎える。

五月中旬、「荒南風《アラバエ》」が吹き、雨雲を払う。青空が広がり、夏がやってくる。

旧暦の五月二八日、シュク（アイゴの幼魚）が寄って来て潮溜まりに入る。「サラユイ（新寄り）」と言う。一カ月後の六月二八日、再びシュクが大挙して押し寄せる。「アキヌックヮ（アキの仔）」と呼ぶ「アキ（秋）」とは元来、実りの季節を表す言葉だ。稲刈りの時期であることを知らせにやって来るとのこと。人々はザルなどを持って磯へ駆け付け、掬《すく》い取って塩漬けにする。

「ハマオリ」行事で、夏が終わる。

初秋にはアサギマダラが一〇〇〇キロの山河や海を越えて姿を現し、「新北風《ミーニシ》」の風が吹く頃には鷹《タン》（サシバ）が渡って来る（以上の記述は、松山光秀『徳之島の民俗』未來社、二〇〇四年八月を参照）。

シマンチュは、このように細かく意味付けされた場所や自然の営み、または行事によって「シマ」

を体感し、その中での「自分の立ち位置と存在理由《レゾンデートル》」を確認してきた。

「奄美連盟」の活動に尽力した東、奥田の両氏、井之川婦人会の手踊りに懐郷の想いを掻き立てられ「奄美バカ」として援助を惜しまなかった佐々木氏、要職にあり多忙であってもシマの海を眺めるためにフラッと帰郷した高砂親方（横綱朝潮）――。

「故郷は、遠きにありて想うもの」という詩文があるが、遠くに在るからこそ洗い出されて見えてくるものがあったのではないだろうか。

註① 「タマシ」とは、『沖縄語辞典』には、銘銘の分、持ち分の意味とされている。（中略）タマシ、タマスが各人の分け前を意味する以上、霊魂のタマシヒの語源も推論できそうである（堀井令以知「内的再構について」）。
つまり、食物を通して霊魂を分け与える行為といえよう。

「シマ」より幅広い連帯感で人々を結ぶ――「奄美」へ

人にとって自分の生存理由（存在価値）への問いは、ふだん意識しなくても、ときおり意識の上に浮かび上がる。

「シマ」は、「身体感覚レベルの共同体」であり、また、風景や人生に関する考え方を含んだ「意味の体系」そのものではなかったかと思う。その感覚と意味づけの下に生きてきた。今の島の人に言っても、「そんなものないよ」と一笑にふされてしまうであろうが……。だが島外者の目には、いろいろな場面でその名残が感じられるのも事実だ。

本土で暮らしている島出身者は、帰郷を計画すると日数を確保し多くのお土産を準備すると聞く。親戚回りをしなければならないからだ。顔出しをしないと、「なぜウチへ寄らなかったんだ」と責められたりする。筆者も、ある人に「帰郷した親戚が挨拶に来なかったら、どう思う?」と尋ねると、即座に「怒る!」という言葉が返ってきた。

私事となるが二〇代前半の頃、「沖縄勤労青少年の会　ゆうなの会」へヤマトンチュであるのに参加していた。会の活動が終わって数年後、居酒屋で昔の仲間と出会った。

思い出話をしていると、注文したヤキソバが来た。食べようとしたら、その友人が「一人で食べるんですか?」と言った。

筆者は、ハッとした。「そうだ!　みんなで分け合っていた」と思い至ったのだ。会での交わりにおいては、一つの饅頭でも人数分に切り分けて食べていた。

思わず涙が流れた。一つのものでも皆で分かち合うことで、仲間であることを確認していたはずだ。その後、筆者は奄美、そして沖縄へ渡り、数年を過ごすことになった。

奄美や沖縄で暮らし、その中から「共同体意識の根深さ」を感じ取った。

沖縄に住んでいたとき、職場の仲間の結婚式に招待されたことがある。有名人でもないのに、三〇〇人近く集まったのだ。内容は、参加者による芸能大会である。新郎新婦も加わって、延々と続く。余興の域を超えていた。

「沖縄あるある話」であるが、普段はコンビニの前でウンコ座りしているような金髪のヤンキーたちも、夏のエイサーの季節になると集落の練習にせっせと通い、太鼓や唄、手踊りに励むのだ。そんな風景を実際にたびたび目にした。

沖縄は成人式でのハデなパフォーマンスで有名だが、その準備は中学時代の後輩によって担われる。ときには体を張って警察から先輩を守るための行動に出たりするのである。

これも根拠のない世間話レベルの物言いであるが、奄美の徳之島と沖縄の宮古島は、考え方や行動が似通っていると言われたりする。「徳之島と宮古島出身者は、警察官とヤクザが多い」という話も何度か耳にした。共通するのは「組織への忠誠心」と「上下関係の厳守」であるとのことだ。

親族縁者や地域社会からの視線は、面倒で煩わしくもある。「同調圧力」も強くて、鬱陶《うっとう》しい。しかし、好き嫌いは別として「仲間（身内）」として見られているということでもあり、それに反発したり頼ったりしながら、自分の所属と立ち位置を見直さざるを得ないのだ。

リアルな共同体意識である「シマ」感覚は身体に密着したものであるが、それだけに依拠していたら現代社会を生き抜いていけない。「シマンチュ」の特質として自覚し大切にしながらも、「アマミンチュ（奄美人）」として幅広く連帯して行動していかなければならないと思う。

先に述べた「ゆうなの会」では、「エイサー大会」や「沖縄ソバ会」などを催して、親睦を深めていた。

そこで問題となったのは、出身地（シマ）ごとに異なる言葉や風俗習慣である。エイサーでも各地でかなり異なる。タンバリンのようなパーランク（片面太鼓）から大きなウスデーク（臼太鼓）まで衣装を含めて様々だ。

それにこだわっていては会としてやっていけない。そこでパーランクを用いる浜比嘉型を基にして「ゆうなの会」型を創案した。

また、『喜納昌吉&チャンプルーズ』を度々招いて、「島小《シマグワ》ソング」や「花」などを合唱した。

〽心《ククル》や捨《シ》ていんなよホーイ　情《ナサキ》や捨ていんなよホーイ
我んねぇ島小《シマグワ》ハーイ
島小島小捨ていんなよホーイ　ヘイ忘《ワシ》んなよ

（『島小《シマグワ》ソング』作詞作曲、喜納昌吉、一部抜粋）
※島小（シマグワ）＝島の子、島の出身者、沖縄人

こうした催しを重ねることで「ウチナンチュ（沖縄人）」としての一体感を醸成していった。「想像の共同体」としての「沖縄《ウチナー》」が、会の活動を通じてメンバーの心に形作られていった。

ちなみに「ゆうなの会」は、孤立感から犯罪に走ったり精神を病んだりした沖縄出身の若者たち

を救うために結成された。数年で役目を終えて会を閉じたが、筆者（榊原）の心には、思い出として深く刻まれている。

第一二章　七八年にわたる奄美民衆運動史
——何を学ぶべきか

現在、奄美は人口減少と高齢化によって地域としての生活基盤と文化の消滅が危惧される状態である。島外在住の出身者たちの「還る場所＝故郷」が失われようとしている。

全国的な傾向とは言え、大島郡の高齢化率は群を抜いている。二〇二〇年の国勢調査によると、一九五五年の調査結果と比べると、鹿児島県で他の地域平均が一九・三％であるのに対して、大島郡は四九・二％であった。この先も、さらに進むと予想されている。むろん各市町村も手をこまねいているわけではなく、それぞれ独自に対策を練っている。だが、根本的な解決策を見いだしたところはないようだ。

こうした問題に直面したとき、どうするべきか。

やはり昇曙夢が唱えたように地域の歴史を訪ね、先人たちの思いと行動を知ることが、最初になすべきことではないだろうか。

先に述べたように奄美における民衆決起の歴史は、近代史において四度あった。

明治維新によって幕藩体制は崩壊し、近代社会が幕開けした。しかし、奄美群島は「四民平等」など近代思想の恩恵に与《あずか》ることなく、薩摩藩の支配観念を受け継いだ鹿児島県庁の守旧派から、理不尽な扱いを受け続けた。その苦しみの中から民衆運動の炎は上がった。

奄美民衆運動の大波は四回押し寄せた――有識者から大衆へ

第一波は、「勝手世《カッテユ》」運動（騒動）だ。一八七五（明治八）年、県庁の守旧派と結託した御用商人たちの略取に耐えかねた人々が、立ち上がった。狼煙《のろし》を上げたのは、英国で近代思想を学んだ丸田《まるた》南里《なんり》である。運動の担い手は、主に奄美大島本島の有識者たちであった。

第二波は、「三法方（方法）」運動である。一八八七（明治二〇）年、無知に付け込んだ鹿児島商人たちの策謀によって背負わされた莫大な借金と県庁の締め付けで家や田畑などを失い、さらには未曽有《みぞう》の台風被害によって島々は飢餓に瀕していた。

この惨状を現地視察で目の当たりにした初代支庁長（島司）、新納《にいろ》中三《ちゅうぞう》は、政府へ救済措置を訴えた。知事の妨害工作を受け、また、島司を解任されたが、引き下がらなかった。私財を投げ打って救済措置を講じたほか、全郡から戸長（現在の町村長）や有識者を名瀬に集め、対策会議を開いた。この席に招かれたのが、所用で徳之島に滞在していた石井清吉であった。

近代の法学を身に付けた石井は鹿児島商人たちの法律を無視した貸付と返済要求を非難し、債務者である島の人々にも法に基づいた方法での返済努力を説いた。その指針が「三法方」であった。会議の出席者の中から地区総代を選び、総代会の統制の下に地区ごとに指針を徹底させ、無暗《むやみ》に商人たちの要求に応じないようにした。これが地区住民挙げての抵抗運動のかたちをとることとなり、「燎原《りょうげん》の火」のごとく群島の隅々まで燃え広がった。

この運動の主旨と経緯は大阪で刊行されていた自由民権派の機関紙『東雲《しののめ》新聞』（主筆は中江兆民）で詳しく伝えられ、「東洋のアイルランド闘争」として広く知られるようになった。

喜界島や沖永良部島では圧迫を加える鹿児島商人たちや警察を相手に一部、小競り合いも起きたが裁判闘争と不当な要求への拒否を主に展開され、非暴力抵抗運動として十数年続いた。

この運動を通じて島々の有識者たちは、自分たちが置かれてきた不条理な立場や地域を超えた連帯の重要性を学んだはずだ。

第三波は、昭和五年から六年にかけて起こった地元資本「川畑汽船」への支援運動であろう。一九三〇（昭和五）年、川畑黨築《とうちく》は地元資本よる「川畑汽船」を立ち上げた。奄美の人々のための船会社を設立することにしたのだ。

それまで離島航路は、本土資本の大手船会社によって独占されていた。貨物輸送料は船会社の言い値で運航も都合次第、船客も正当に扱われていなかった。高い料金と貧しい食事、埃《ほこり》っぽい船室など荷物並みの扱いをされていたのである。

こうした航路問題を憂いていた先達はいた。濱上謙翠（喜界町出身）である。一八九四（明治二七）年、名瀬の有力者であった基俊良（衆議院議員）を説いて「大島興業株式会社」を立ち上げた。汽船「平安丸」などを就航させる。

当時、島庁の勧業課長であった濱上（当時四〇歳）は、奄美の経済的自立を図るためには島々と本土間の物流を盛んにし、かつ安定したものにしなければならないと考えた。

濱上は新納中三に見いだされ、その志を受け継いだ人物である。島々の現状を詳細に調べ上げ、『大島郡状態書』をまとめ上げた。

その結論として「島々の産業振興のためには、もっと産物移出の手段と機会を増やさなくてはならない」と考えたのだ。そして、行動を起こす。一八九二（明治二五）年、退職して海運業を始めることにした。

地元主導の大島航路は、人々の歓迎を受けた。

しかし、採算を得るのは難しかった。名瀬を除けば島々には港湾施設がないに等しく、積み下ろしに手間が掛かった。また、一カ所当たりの人や物資の扱い量も少なく効率が悪かった。天候にも左右され、予定通りには運航できなかった。さらに競合する船会社も現れた。一九〇〇（明治三三）年、「太平洋商船」が創業し、鹿児島と奄美大島を結び、各離島間の航路も開いた。

一九〇一（明治三四）年三月二一日、持ち船の破損などもあり経営困難となった「大島興業株式会社」は、ついに廃業するに至った。濱上謙翠もまた会社を閉じた五日後、永眠した。享年五二歳であった。

だが、濱上の思いは、川畑黨築に受け継がれた。

濱上謙翠のチャレンジと異なるのは、島々における官民挙げての支援活動が展開されたことだ。「官」の方では「奄美大島自治研究会」が、まず動いた。

同研究会は、一九二八（昭和三）年、大島郡の南半分一二カ村の村吏、議員、区長その他の公務員有志によって設立されたもので、毎年一回、各地区持ち回りで総会を開いていた。

目的は「町村自治の発達に貢献する」ためとしていた。単なる「地方自治体関係者の連絡組織」と異なるのは、「自ら求め、自ら助くるのでは無ければ、天（は）之を助けない、与えない」（※傍点は引用者）という「自助の精神」を柱に据えているところにある。

同研究会は、設立当初から運航や待遇に関する改善を重要課題として掲げていた。一九二九（昭和四）年一一月に「大阪商船」に対して、嘆願書を持参した交渉団を送ったが、相手にされなかった。

その結果、「川畑汽船」の立ち上げを機に、昭和五年度の総会を一一月に沖永良部島の和泊で開き、航路問題を話し合うことにした。

同月一七日、総会参加者など三六〇余名を乗せて「平壌丸」は、鹿児島港を出た。

総会では一二カ村の村長及び会員の他、大島郡の主だった有識者も参加し、数百名が一堂に会して、熱のこもった議論が交わされた。

総会の結果を受けて同年一二月、一四町村長が連名で逓信《ていしん》大臣宛に、航海補助金の請願をおこなった。鹿児島県庁や「大阪商船」を相手にしていては埒《らち》が明かないので直接、中央政府へ訴え出たのだ。

さらに各地区へ戻って住民説明会をおこない、それぞれ「平壌丸」後援会を作って支援活動を始めた。

翌月には早くも「亀津村後援会」が創設され、活動を開始した。活動の主体は、主に各地区の青年団や壮年団であった。「平壌丸」の応援を決議し、ビラを配ったり応援歌を作ったり、または応援標語の募集をしたりするなど、地道な活動を展開していった。その熱気は本土の奄美出身者へも伝わり、各郷友会も呼応して運動を開始した。

この「平壌丸」への支援活動は、主に一九三〇（昭和五）年一二月から翌年七月にかけておこなわれた。大島郡と阪神地区在住の出身者たちの双方が同時進行で運動を盛り上げていったのだ。

こうした一連の動きは、新納中三や「大島有志総代会」が全郡で展開した「三法方」運動を想起させる。「奄美大島自治研究会」は、「大島有志総代会」の精神を受け継ぐ組織体であったと位置づけられないだろうか。

もし異なる点があるとすれば「平壌丸」支援運動が、有識者や地区リーダーはむろんのこと、一般の人々も自分たちの問題として積極的に関わっていたことだ。民衆運動として、さらに地に足が着いたものとなっていったと言えよう。

戦前における「奄美人《アマミンチュ》」意識は、この運動によってピークに達したと思われる。「アマミ」は「シマ」を基盤としながらもシマ社会を超えた「想像の共同体」として一般の人々にも共有された。運動が全郡規模で盛り上がったにもかかわらず、「川畑汽船」の存続はかなわなかった。資本力の差は、大きかったからだ。だが、貨物や乗客の運賃及び待遇改善は勝ち得た。

——とは言っても、根本的な問題が解決されたわけではなかった。

人々の熱烈な支持にかかわらず「平壌丸」の運営が破綻《はたん》してしまった原因の一つに、「安定した島々からの貨物（生産物）が不足していた」ということがある。

「平壌丸」運動を本土から冷静に眺めていた実業家の浅松啓良（現・天城町浅間出身）は、「真に大島郡を救済するには原材料を自給し、生産過程の工業化を図らなくてはならない」と考えていた。中間搾取をなくし、生産を効率化させる。そうして出来上がった物資があって初めて「平壌丸」の積載量を確保し、健全かつ安定的な流通体制を築くことができるというのだ。

また、心構えとして生活面における節制と生産面における「工夫と自助努力」なしには、島の経済は立ち行かないことを強調した。この考え方には、「三法方」運動の当事者であった父親の宮啓と、身近に居た石井清吉の影響が少なからずあったと思われる。

啓良は、その信念の下に島の経済を活性化させる施策を考え、自費を投じて自給自立体制の確立を試みた。

「奄美」が、真に一地域として独自性を獲得かつ維持していくには、思想と共に経済的基盤が伴わなければならない。

浅松啓良の考え方は理に適《かな》っていた。啓良以前にも同じように思った人物は少なからずいたに違いない。だが、島の産業構造を改革するには、資力と担い手となる指導者及び頭脳労働者が、決定的に欠けていた。

結局、人々は本土で稼ぐ道を選択せざるを得なかった。

大正末期から昭和初期にかけて数万人もの出稼ぎや移住者が島を出た。「平壌丸」支援運動が盛り上がったのも、愛郷心のほかに本土との往復が楽になるという実利的な側面があったことは否めないだろう。航路問題の改善は、皮肉にも人口流出に拍車を掛けてしまった。

明治期において島の有識者たちは、鹿児島の県庁守旧派の不条理な条例や商人たちによる不利益な契約を結ばされ、全財産を失うような事態になったのは、島びとに経済や法律の知識がなかったためであることを痛感した。よって、鹿児島本土の圧迫に対する武器として学問を身に付けることを唱え、子弟を教育した。

岡程良の「中層の子弟は、本土に出て実業を身につけさせよ、実業軽視の風潮は改めよ。上層の子弟は島民を守るために法律を勉強せよ」という言葉は、そうした考え方を如実に表している。

「武器としての学問」という有識者たちの考えは学問熱を島に広げたが、大衆化するとともに変質してしまった。自分たちの一族の子弟が本土で成功するためのツールとなっていったのだ（むろんそれ自体は、責められることではない。自然の流れであろう）。

先の読める島びとは、本土で生活するための条件や実現性を高めるために子弟の教育に熱を上げた。それは、家財を傾け大島郡の経済を揺るがすほどであった。

裕福な家庭の子弟は上京して高等教育を受け、経済界や官界へ進出していった。一方で、生活のために島を出ざるを得なかった人々は、大阪や神戸で造船や鉄鋼業といった高リスクの伴う職場で働いたり、ゴム関連製品などの下請けなど低収入かつ不安定な仕事に従事したりするしかなかった。また、島口《シマグチ》（方言）の使用や生活習慣の違いなどで本土の人間から奇異の目で見られることも多く、次第に寄り集まって居住するようになった。それが、さらに異邦人としての偏見を強める結果につながった。

島出身者たちも周囲の視線や差別的扱いに気づかぬわけもなく、好むと好まざるに関わらず異邦人であることを自覚せざるを得なかった。その結果として「シマ」意識がなくなったわけではないが、上位概念として「奄美《アマミ》」という言葉が、共有されるようになっていった。「平壌丸」支援運動も、それまでになかった「奄美人《アマミンチュ》」意識を広めることとなった。

第四波は、終戦直後にやってきた。大津波であった。

一九四六（昭和二一）年二月二日、奄美群島は米軍の布告によって、行政的に日本から切り離された。いわゆる「二・二宣言」と言われるものである。以後、北緯三〇度以南の島々が、米軍施政下に置かれた。

この時から島びとと出身者たちは、行政的に「外国人」扱いとなった。

島々の政治と経済は米軍の統制下となり、ほぼ自主権を失った。

奄美は沖縄と比べて軍事的な重要性が低いと見なされ、米軍による投資や保護活動もなおざりになった。本土との交易も断ち切られたため、一般民衆の生活は一挙に困窮した。人々は、唯一の出口であり基地建設ブームに沸いていた沖縄へと流れていく。

一方、本土在住の出身者たちは、自分たちで生活防衛をしなければならなくなった。

大阪や神戸では「奄美連盟」をはじめとする互助組織が、次々と立ち上がっていった。こうした組織は、親米を表に掲げ、その保護民であることを強調して日本国政府からの支援を求めた。その目論見《もくろみ》は、ある程度、成功した。支援物資提供や特権を得たのだ。

「奄美」のバッチを胸に付け、特権を享受した島出身者たちは恩恵に感謝しつつも、複雑な思いを抱いていたのではないだろうか。

致し方ないこととは言え、島出身者保護のため「奄美連盟」は自衛部隊を結成して不良外国人と抗争を繰り広げた。

周辺で、その様子を眺めていた地元の人々は、「オーシマ」と共に「奄美」という呼称にも偏見の目を向けたのではないか。地元民にとって不良外国人も奄美出身者の団体も異邦人であり、区別されることはなかったであろう。

一九五一（昭和二六）年二月、名瀬で「奄美大島復帰協議会」（議長・泉芳朗）が結成され、日本復帰請願署名が開始された。

郡民挙げての復帰運動が始まったのだ。そこでは米軍施設に対するレジスタンスの象徴として「日の丸」が掲げられた。「日本国民」であることが強調された。

歩調を合わせるように、本土在住の奄美出身者も「日本国民」であることを前面に打ち出し、復帰運動を推進していく。日本政府の行政も正常化しつつあった。奄美出身者たちにも、復帰のメリットが感じられたであろう。

ただ沖永良部と与論出身者にとって「復帰」自体は喜ばしいことに違いないが、戸惑いもあったのではなかろうか。

この二島は地理・歴史及び民俗・習慣的に沖縄本島に近く、「奄美」という言葉で一括《ひとくく》りされると、違和感があったようである。「言語・風俗など七対三の割合で沖縄に近い」（南日本新聞社編『与論島移住史』南方新社、二〇〇五年一一月）とのこと。一体性が、さほど感じられなかったということらしい。とくに子どもたちの中には「日本に戻る」ではなく、「日本人になる」という感覚の子がいたようだ。「ちゃんと日本人になれるだろうか？」と心配していたという。戦前から戦時中にかけて国定教科書で学んでいた子どもたちにとって本土の言葉や生活様式は、とても自分たちと同じであるとは思えず、そんな感想になったのではないか。

だが、本土復帰運動に関しては熱心ではあった。与論島では、一四歳以上住民の一〇〇％が復帰に署名した。

一九五二（昭和二七）年九月、毎日新聞に「南部二島分離論」が報道されることによって危機感を覚えたのか、翌月から、さらに猛然と島ぐるみの本土復帰運動が展開された。

与論島では一〇月一日、茶花小学校で緊急村民大会を開き、村長を陳情のため上京させた。また、「村民は小学生に至るまで三日間、すべてを休業して、各神社で断食祈願をすることを決めた」とのこと。上京する村長を見送りに村民が茶花海岸へ押しかけ、バンザイ三唱をして日の丸の旗を振り、送り出した。

同三日、第二回大会では島民三〇〇〇人が参加し、断食祈願は四日間に及んだ。同七日の第三回大会では、高校生らによる「血書嘆願書」も提出された。

本土復帰が実現した一九五三（昭和二八）年一二月二五日には、「与論の諸中学校児童・生徒及び島民は、日の丸の旗を手に手に琴平神社境内に参集して、祝賀会を挙行、龍野村長の音頭による万才の声は、天にも届くばかりであった」（『与論町誌』）とのこと。

沖永良部島でも当初から復帰運動は行われていたが上層部に留まり、一般島民レベルでは必ずしも関心は高くなかったようだ。

一九五〇（昭和二五）年に米軍のレーダー基地が設けられ、米兵が駐留し交流もあった。

「一般民衆は沖縄へ出稼ぎに行ったり、知名大山の米軍基地の地元雇用や基地経済でにぎわい、文化や経済が沖縄に近かったことも影響したのか、そこまでの緊迫感が少なかった」(川上忠志「沖永良部島の日本復帰運動」『奄美ニューズレター』二〇〇五年三月号)

だが、報道を知って驚愕した。一気に危機感が身に迫った。

とくに、本土への進学や就職を希望していた高校生たちがまず立ち上がった。報道後の九月三〇日、ただちに生徒集会を開いて決起の声を挙げた。

その後、「教師ともども『なーんで返さぬエラブとヨロン、同じはらから奄美島、我ら血をはくこの思い』と現在のような広報手段が無かった当時、全島に反対運動を広めるべく歌いながら街宣活動を行なった」(※傍点は引用者)とのこと。このとき交流のあったレーダー基地所属の米兵がジープを出してくれたので、それに乗ってトランペットを吹きながら全島を回った(前掲論文)。

婦人会も動いた。独自に復帰大会を開いたり、代表団を上京させるべく乏しい中から食料などを供出して資金を捻出《ねんしゅつ》したりした。「また『帯の前結びをするな、沖縄に間違われる、頭に物を乗せて運ぶな……』、和泊の婦人会を中心にして『復帰に差し支える』と帯の後ろ結び(日本結び)の講習会を開いたりして沖縄との交流を断ち切ろうとした」(前掲論文)という。過剰反応とも言えなくもないが、それだけ本土復帰を願っていたということだ。

一〇月一日、和泊町民大会、四日に知名町民大会が開かれた。ここから、復帰運動に一般の島民も「我が身の問題」として取り組むようになった。

一一月六日、知名町全中学校生徒町内一周デモ、八日、知名町復帰祈願大会、九日、和泊と知名

の町長が陳情のため上京、一一日、沖永良部学童復帰協議会結成、一五日、知名町復帰貫徹断食決起大会、一一月一八日、和泊・知名合同断食祈願大会などと、立て続けに運動推進が図られていった。児童生徒・婦人会・青年団など、地域ぐるみの運動となった。

本土でも沖永良部島出身者が多く住む神戸市葺合区（現・中央区）で同年一〇月一九日、「沖洲会館」に隣接した「筒井八幡宮」境内において二島復帰反対集会が催された。名称は「鹿児島縣奄美全諸島完全復帰促進大会」（主催「鹿児島縣奄美全諸島完全復帰促進関西協議会」）となった。組織幹部の大半が沖永良部島出身者で、そこに与論島出身者が加わるといったかたちだったようだ。(註①)その際、鹿児島県に所属していたことが強調された。(註②)そちらの方が、説得力があったのであろう。

本土在住の奄美出身者の復帰運動も関東と関西で一本化され、昇曙夢らが率いていった。現地の泉芳朗らとの連携も取れていた。

一九五三（昭和二八）年一二月二五日、念願の奄美の本土復帰は実現。人々は歓喜し、政府による復興施策に期待した。

そんな復帰運動の盛り上がりを在沖縄奄美出身者は、複雑な心境で眺めていた。故郷の本土復帰自体は喜ばしいが、自分たちの立場が激変することを恐れていた。奄美群島が日本に還れば、自分たちは、「外国人」となるのだ。

懸念は的中した。「琉球人」として転籍しなかった人々は、それまで得ていた権利を失い「在留許可証」なしには、安心して外を歩けなくなった。公的な仕事に就いていた者は、一斉に職から追放された。滞留を認められても、差別的扱いを受けた。

奄美が米軍施政下にあった時期でも「オーシマ」と呼ばれ、地元民から偏見の目で見られていたが、いっそう激しくなった。「復帰したんだから、出ていけ！」と言われた。出身者たちは、冷たい視線に耐えた。出自を隠したりもした。よって、出身者たちが味わった苦闘と悲しみも、ほとんど公《おおやけ》に語られぬ秘事となってしまった。

奄美出身の有識者たちは「在沖縄奄美連合」を設立し地区ごとに支部を設け、同胞の相談に乗り支援した。しばらくして出身地単位の郷友会も、いくつかできた。

一九七二（昭和四七）年五月一五日、沖縄の施政権が日本に返還された。在沖縄奄美出身者にとっても、感慨深い日となった。

沖縄の祖国復帰は、在沖出身者にとって、堂々と胸を張れる時代の到来であり、島唄を聞き、八月踊りに涙し、島の特産品に飛びつき、奄美・沖縄の交流に一喜一憂する島人の姿は、この地に生きた者にしか解らない。

（奥田末吉編『愛郷無限　沖縄に生きる奄美人《あまみんちゅ》』沖縄奄美連合会、二〇一三年）

同書編者、奥田末吉氏の「万感の思い」を込めた言葉であろう。

沖縄が日本に返還されて同じ立場となり、それまでの息を潜めるような生活に終止符が打たれた解放感が、伝わってくる。また、「愛郷無限」というタイトル名が、胸に迫る。

「勝手世」運動（騒動）から「奄美本土復帰」運動まで通算すると、七八年の歳月過ぎた。長いように見えるが、人の一生に収まる期間だ。語り継がれる生の歴史として地域で共有される範囲である。時々の体験と思いは祖父母や父母から子へ伝えられ、心の底に溜め込まれていく。有事に際して人が立ち上がろうとするとき、その記憶にも生気が与えられる。

奄美における四度の民衆運動は、「三法方」運動が評されたように「東洋のアイルランド闘争」と呼ばれるにふさわしく長期にわたる自主権獲得運動として日本の歴史に刻まれるべき事柄であろうと思う。

だが、「奄美本土復帰運動」七〇周年記念日を迎えようとしている現在、「奄美の終焉」の日が訪れようとしている。過激な表現に見えるかもしれないが厳然たる事実である。

このまま人口が減っていき、懐かしさを生む「シマ」の風俗習慣が失われ、生活インフラさえ保てないようになったら、人通りの絶えた閑散とした風景だけが残り、もはや「故郷」とは呼べない状態となるだろう。むろん「なんら根本的な手を打つことなく、このままいけば――」の話であるが……。「杞憂《きゆう》」であれば、笑い飛ばしてよい。しかし、データによる未来予測は残酷である。

註① 中西雄二（東海大学文学部准教授）「奄美出身者の組織化と領域的アイデンティティ――神戸に

おける終戦から復帰運動までの事例をもとに――」『文明研究』第三五号、二〇一七年三月

註②「鹿児島県大島郡全町村日本完全復帰嘆願書」にも、次のように記されている。

「我々の郷土、鹿児島県大島郡は種々の考証に依って証明されるごとく民族的に歴史的に又風俗習慣に於いて将に文化経済産業等の総ゆる面に於いて当然日本人であり、日本古来の領土の一部であり、戦争に負けたからといへども一朝一夕に訂正されないことは何人たりとも否定しえない厳然たる事実である」

（「鹿児島縣奄美全諸島完全復帰促進大会」声明文、一九五二年一〇月）

間近に迫った「故郷」の消滅――急速に進む少子高齢化

本土復帰後、これといった民衆運動が起きなかったのは眠りを誘う「安寧《あんねい》の時」が続いたためと言えなくもない。だが、それは「奄美群島振興開発特別措置法」や「砂糖の価格調整制度」など国の政策によって維持されてきたといってもよいだろう。決して奄美経済の実力と言えない。日本の経済力が衰えてきた現在、こうした保護措置がいつまで続けられるのだろうか。急速な少子高齢化は、この点においても危惧される。

経済学の用語に「茹《ゆ》でガエルの法則」というのがある。カエルは鍋の中へ入れられ水温を少しずつ上げていかれると、気が付くことなく死んでしまうという警句だ。

また、心の働きに「正常性バイアス」というのがある。津波などの危険が身近に迫っても「自分は安全だ。何事も起きるはずがない」と思い込む心理状態だ。

同じく心理学では、難しそうな問題に直面したときの回避行動（問題のディスカウント）を次のように分類している。

「問題の存在自体を否定する＝そんなの問題ではない」「問題の存在を軽く見る＝たいした問題じゃないよ」「解決可能性を低く見る＝どうしようもないよ」「責任を他に振る＝○○のせいだ」。

「少子高齢化は、全国的な傾向だ」「大袈裟だよな」「そんなに急な話ではないだろ」「自分では何もできない」「役場がなんとかしてくれるはず」「いざとなったら本土へ移住すればよい」等々、心の声が聴こえてきそうだ。これらの声は無理からぬことで、非難されるべきことではない。状勢の流れに身を任せ、流されていくのも一つの選択であろう。

ただ先人たちが危機に際して地道な民衆運動をおこなってきたことだけは、知っておいていただきたい。本書は、そのために書き上げた。そして、一人でも多くの人が、「奄美人《アマミンチュ》」の自負の下に地域の再認識と発展のために立ち上がっていただければと思う。

歴史書を紐解《ひもと》けば、国の興《おこ》りは独りの人間の志から始まった例を数多く見いだすことができる。一人の人間が立ち上がって歩き出せば道ができ、後に続く人々が現れる。問題は、「誰が志を立て、動くのか」だ。それが、本書を読んでいただいている「あなた」であることを切に願っている。

あとがき

本書の内容は、縦軸と横軸で構成されている。

縦軸は、鹿児島県大島郡（奄美群島）の近代における「民衆運動史」であり、横軸は、それに伴う「故郷」意識の変遷についてである。

歴史的側面での主題は、鹿児島本土と沖縄本島を結ぶ「道之島（通り道の島）」として主体性を持たなかった島々と人々が明治以降、薩摩藩の支配体質を引き継いだ鹿児島県庁守旧派や商人たちなど外部からの圧力を跳ね返し自主自律の道を探っていく過程で、「シマ（集落）」を超えた広域かつ独自の地域性を持った「奄美《アマミ》」及び「奄美人《アマミンチュ》」として目覚めていった過程を描いたものだ。

その流れは戦後まで続き、米軍施政下における「奄美本土復帰運動」に至る通算七八年間にわたる民衆運動史として見ることも可能であろう。個人的には、明治期に自由民権運動の理論的指導者であった中江兆民が賛辞を呈したように、「東洋のアイルランド闘争」と称しても不適切ではないと思っている。

自主自律を得るための道程は険しく苦難に満ちていたが、それらを乗り越えるため優れた先覚者たちの主導の下に結集して民衆運動を起こし、地域の隅々にまで広げ、深化させていった。

本書を執筆するきっかけとなったのは一九八〇（昭和五五）年、鹿児島県を代表する歴史学者、原口虎雄さん（当時・鹿児島大学教授、故人）と泉さん（同専任講師、現・同大名誉教授）親子が、筆者の勤める小さな新聞社を訪れたことだ。

虎雄先生の話によると、「石井清吉」という人物について知りたいとのことだった。明治時代中頃に起こった民衆運動の指導者であるが、島の古老たちに尋ねても、名前を薄《うつす》らと憶えているだけであったと言う。「何か手掛かりはないか」と、立ち寄られたとのことだった。

当時、筆者は大学院生の身分のまま南島民俗の調査研究を志して徳之島へ移住していたので、その方面の知識はあったが奄美の歴史についてはほとんど知らなかった。

しかし、日本の民衆思想史に関しては学部時代から関心があったので、俄然やる気になって調査を約束した。

そこから聞き書きや資料集めを始め、故郷の愛知県に戻ってからも調査研究を続けた。まずは石井清吉の生まれ故郷である三重県伊勢市二俣町を訪ねて実家を突き止め、墓や肖像写真その他の資料を得た。次いで在籍していたという慶應義塾へも足を運び、福澤研究センターの協力で清吉の「学業勤惰表」（成績表）を入手した。その後も沖縄や種子島など足跡を追って調査をおこない、「『奄美の自由民権運動』研究ノート」（『徳之島郷土研究会報』第一九号、平成五年一二月）として論文をまとめた。そして、約束した調査報告書として原口泉教授の元へ送った（この論文は、奄美の近代史を知る上での文献として各方面で参照されている）。

その後も奄美の民衆運動史に関心を持ち続け、あれこれと調べて文章を書いているうちに、それらの運動の思想的原動力として新たな郷土性（故郷意識）「奄美《アマミ》」及び「奄美人《アマミンチュ》」が在ることに気づき、横軸として各箇所で論じた。

今になって思えば、学生時代に哲学者ハイデガーの「ハイマート・ロス（故郷喪失者）」を気取っていた筆者（榊原）が、東京で「沖縄出身勤労青少年の会　ゆうなの会」と出会い、その仲間意識（共同体感覚）に驚いて関心を持ったのが始まりであったようだ。

その延長線上で奄美（四年間）と沖縄（二年間）へ赴いて住み、自分とは異なる「共同体感覚」を肌で感じ、「人にとって『故郷』とは何か」を考え続けた。そして、政治学者ベネディクト・アンダーソンの「想像の共同体」という用語を知り、本書の構想と執筆に至った。

仕事の合間にボチボチと調査研究を進めていたため、完成までに四三年間の歳月を要したが、なんとか志を果たすことができた。

なお名瀬（現・奄美市）を中心とする「奄美本土復帰」運動の詳細に関しては、数多くの優れた研究や著作が存在するので本書では深く触れていない。

現在、大島郡（奄美群島）は急激な少子高齢化の波に洗われている。それは、日本全体の平均値を上回る勢いで進んでいるようだ。各市町村でも危機感を抱き、それぞれ対策を練っているが、郡全体として根本的な対策を講じなければ「焼け石に水」となるのではないかと危惧している。

先人たちは、こうした郡全体に関わる危機に関して各地の有識者たちが一堂に会して協議し、地元に戻って現状と対策を説き、大衆レベルで組織化して運動を推進していった。

それが、「三法方」運動の「大島有志総代会」であり、「川畑汽船」支援運動の「奄美大島自治研究会」であり、「奄美本土復帰」運動の「奄美大島日本復帰協議会」であった。

これらの動きに呼応して各地の農民・青年・壮年・婦人会などの地域団体を基として運動体が組織され、実働部隊として地に足の着いた活動を展開した。併せて島外の出身者たちも郷友会を基盤とした運動を進めた。

その過程で、「シマ（集落）」や町村などの自治体を超えた連帯感が形成されていった。連帯感（一体性）を支える思想的背景が、広範囲な郷土性「奄美」及び「奄美人」意識であった（明確に言語化されるようになったのは、戦後になってからであるが――）。

現在、これまでの民衆運動を受け継ぐ動きが必要ではないかと筆者は考えている。本書が、これまでの歴史と先人たちの努力を振り返る一助となれば、幸いである。

本書をまとめる過程で多くの機関や人々の協力を得た。一つ一つ挙げることはできないが、深い感謝の念を捧げたい。とくに島の民俗習慣に関しては、在島中の師匠であった松山光秀氏（故人・徳之島町徳和瀬）と、徳之島町文化財保護委員会会長の町田進氏（同町井之川）から多大な御教示を受けたことを記しておく。また、刊行に当たって快諾していただいた図書出版南方新社、向原祥隆社長並びにご助力いただいたスタッフの方々にも、心から感謝申し上げる。

■著者紹介

榊原洋史（さかきばら・ひろし）

奄美歴史文化研究家。

愛知県新城市在住、昭和30年1月生まれ。

國學院大學文学部文学科卒業、同大学院文学研究科博士課程前期中退。

現職は、研修講師（主に企業・団体の社員・職員教育を行う）。

心理学・経営学を学び、大手の社員教育会社を経て独立開業。

昭和55年3月、大学院在学中に徳之島へ移住。地元新聞社記者をしながら、奄美の歴史や民俗を調査研究。同59年2月、沖縄へ移住し、2年滞在。

著書に小説『ひとりぼっちじゃないよ』（海風社、2006年）がある。明治時代後期における徳之島の生活を描いている。描かれた民俗・風習の大半は、事実に基づく。

主要論文に「『奄美の自由民権運動』研究ノート」（『徳之島郷土研究会報』第19号、平成5年12月）がある。

奄美人入門
——歴史と、その意識の形成——

二〇二三年十二月二十五日　第一刷発行

著　者　榊原洋史
発行者　向原祥隆
発行所　株式会社 南方新社
〒八九二―〇八七三
鹿児島市下田町二九二―一
電話 〇九九―二四八―五四五五
振替口座 〇二〇七〇―三―二七九二九
URL http://www.nanpou.com/
e-mail info@nanpou.com

印刷・製本　シナノ書籍印刷株式会社
定価はカバーに表示しています
乱丁・落丁はお取り替えします
ISBN978-4-86124-507-7　C0021